新编大宗商品概论

主　编　王　瑞

副主编　李　军　林书平

浙江工商大學出版社
ZHEJIANG GONGSHANG UNIVERSITY PRESS
·杭州·

图书在版编目(CIP)数据

新编大宗商品概论 / 王瑞主编;李军,林书平副主编. — 杭州:浙江工商大学出版社,2022.11
ISBN 978-7-5178-5154-7

Ⅰ. ①新… Ⅱ. ①王… ②李… ③林… Ⅲ. ①商品学 Ⅳ. ①F76

中国版本图书馆 CIP 数据核字(2022)第 192473 号

新编大宗商品概论

XINBIAN DAZONG SHANGPIN GAILUN

主　编　王　瑞

副主编　李　军　林书平

责任编辑	沈敏丽
责任校对	都青青
封面设计	朱嘉怡
责任印制	包建辉
出版发行	浙江工商大学出版社
	(杭州市教工路 198 号　邮政编码 310012)
	(E-mail:zjgsupress@163.com)
	(网址:http://www.zjgsupress.com)
	电话:0571 - 88904980,88831806(传真)
排　版	杭州朝曦图文设计有限公司
印　刷	杭州高腾印务有限公司
开　本	787 mm×1092 mm　1/16
印　张	18.5
字　数	394 千
版 印 次	2022 年 11 月第 1 版　2022 年 11 月第 1 次印刷
书　号	ISBN 978-7-5178-5154-7
定　价	47.00 元

前　言

大宗商品是指那些进入流通领域,但非零售环节,被广泛用于工农业生产的大批量买卖的物质商品,包括能源化工、矿石金属、农产品三大类。当前大宗商品独特的属性使得其越来越受到政界、商界和学术界的共同关注。中国是全球最大的大宗商品进口国和消费国,大宗商品总消费量占全球的 18.7%,其中铁矿石、稀土、PTA(精对苯二甲酸)、煤炭、甲醇、精炼铜、铝、棉花等 8 种大宗商品消费量占全球的比重已经超过 40%。巨大的消费量并没有让中国形成相匹配的价格话语权,在围绕价格话语权的国际博弈中我国一直处于相对劣势,并出现所谓"中国买什么,贵什么;卖什么,便宜什么"的现象,引起广泛关注。传统供求因素外的地缘政治、气候变化、国际投机资本等因素对大宗商品价格产生了显著影响,也给大宗商品覆上了神秘面纱。

2011 年国务院正式批复《浙江海洋经济发展示范区规划》(以下简称《规划》),浙江省海洋经济发展战略上升为国家战略,其中大宗商品产业成为浙江海洋经济发展的关键战略支点。《规划》中明确提出要推进大宗商品交易中心和重要能源资源储运中心建设,进一步提升贸易现代化水平和国家能源安全保障能力;强化金融和信息支撑,将示范区建设成为我国重要的大宗商品国际物流中心;完善现有原油、棉花等交割(收)仓库功能,有序建设煤炭、钢材、铝等交割(收)仓库,从而带动物流金融、现货即期交易等业务发展。2021 年《浙江省国民经济和社会发展第十四个五年规划和二〇三五年远景目标纲要》提出浙江要打造以油气为核心的大宗商品资源配置基地、新型国际贸易中心,全面落实和持续创新油气全产业链开放发展政策,积极打造区域能源贸易结算中心,建设长三角期现一体化油气交易市场。

我国要积极培育、引进一批大宗商品国际运营商、贸易商、期货经纪商及会计、税务等相关机构,形成规范、透明的运营环境,提高大宗商品贸易现代化水平。保障产业链、供应链安全稳定,离不开一个关键:对大宗商品产业链高素质应用型人才的培养。本书尝试对大宗商品的历史沿革、基本理论、基本分类、基础品种及交易方式进行描述,还读者一个清晰的大宗商品认知框架,以期对大宗商品产业人才培养尽绵薄之力,这也是本书编写的缘由与初衷。本书结合浙江海洋经济发展战略背景,力图展现大宗商品产业发展全貌。内容包括大宗商品基本分类、发展历程、基本属性、市场发展、交易和赢利模式等基本概念和基本理论,大宗商品现货和期货市场基本理论与基本操作方法,以及对大宗商品从农产品、金属、能源化工三大板块的产业链角度进行的重点理解和品种分析。此外,本书结合大宗商品市场为实体企业服务的思想,应用套期保值和套利的基础知识让读者进行实务了解。

全书共十五章,每章根据内容的安排和讲解的需要,辅以导读、案例、扩展阅读、业界实例、推荐阅读、思考题等设计,将理论性和应用性融为一体,帮助读者熟悉大宗商品的基本概念、基本理论和基础运作,为从事大宗商品相关行业奠定基本的理论和实践基础,所有实例结合经济管理实际及社会现象,突出实用性和前瞻性。

本书是在编委会全体成员的辛勤努力与通力合作下完成的。编写的分工如下:第一章由王瑞、李军编写,第二章由王瑞、王丹华编写,第三章由王瑞、纪鸿聪编写,第四章、第五章由王瑞、黄勇编写,第六章由李军、张全编写,第七章、第八章由李军、吕小鹏编写,第九章由李军、王春泉编写,第十章、第十一章由王瑞、彭斐斐编写,第十二章由林书平、李军编写,第十三章由林书平、吕小鹏编写,第十四章由林书平、陈朝国编写,第十五章由王瑞、林书平编写。全书由王瑞负责统稿、修改和定稿。本书具有较强实用性,适合国际经济与贸易、金融学等经济管理类专业的本科生学习之用,也适合对大宗商品有兴趣的实际工作者参考之用。

本书在内容设计、企业调研和编写过程中,得到了大宗商品企业界朋友的大力支持,特别感谢宁波神化化学品经营有限责任公司、北京市长城企业战略研究所宁波业务中心、美尔雅期货经纪有限公司、宁波保税区高新货柜有限公司、浙江国储物流有限公司、世天威物流(上海外高桥保税物流园区)有限公司、理资堂(上海)物流有限公司等单位给予的实质性帮助。本书曾在 2013 年第一次出版发行,在全国大宗商品产业界和大宗商品新业态的人才培养高等教育领域形成广泛的影响,2022 年我校国际经济贸易专业依托大宗商品贸易人才培养获得浙江省教学成果二等奖,并获得国家级一流专业建设点立项。为更好地服务业界,也考虑到第一版的出版距今已十年,大宗商品产业发展的数据和案例亟待更新,编者决定推出第二版。第二版得到太平鸟集团全资子公司浙江鹏源供应链管理有限公司的大力支持,副主编李军总经理为本书的编写做了大量工作,特此感谢。

本书参阅了大量相关论著,在此向原著作者表示深深的敬意和感谢。另外,本书在教学实施中得到宁波财经学院国际经济与贸易(大宗商品交易)专业学生的大力支持和教学反馈,使得教学讲义逐渐理论化和系统化,在此表示感谢。由于编者的理论与实践经验等的局限,书中难免有疏漏或错误之处,故恳切希望广大读者对本书提出宝贵的意见和建议,以便今后进一步修订与完善。

编　者

2022 年 9 月

目 录

第一章 全球化视野下的大宗商品行业概述

大宗商品多属资源型商品。近 100 年来,随着人类科技水平的快速发展,全球资源被开采出来,一些发达国家通过抢夺资源首先完成了经济的腾飞。2010 年后,许多发展中国家已经进入快速发展时期,随着资源的过度开采和滥用,资源的稀缺性增强,价格飞涨。由于大宗商品主要是直接从自然界取得的,处于产业供应链中的基础环节和整个产业经济活动中的初级阶段,其生产是为后续产业提供初级产品,因此大宗商品的供求状况及其价格水平,直接影响着后续产业的发展状况。且对于大宗商品贸易而言,由于货物数量和物理占用空间较大,交易过程中除涉及商品贸易主体外,还会涉及仓储、物流、港口、检验机构等第三方主体。同时,大宗商品贸易由于带有部分金融属性,且对供应方或需求方存在较高的准入要求,所以大宗商品贸易从源头的生产方到终端的需求方会经历多个主体,形成较长的交易链条。大宗商品关乎国计民生,它的供需和价格波动备受关注成为必然。

金融危机、欧债危机、美债危机过后,世界各国都希望在全球范围内进行资源的第三次配置。美国、欧洲等经济体介入中东地区,希望通过政治途径等支配这次资源配置,但重重障碍使得愿望落空。随着大宗商品金融属性的日益凸显,特别是大宗商品期货价格发现、风险转移和提高流动性三大功能的日益成熟,大宗商品成为规避股票市场波动、信贷市场震荡、通胀以及美元贬值等风险的一种良好工具,更多的金融机构进入大宗商品市场,更多的金融资本投资于大宗商品期货,各利益主体对大宗商品的关注度进一步提高。因此,金融市场成为实现大宗商品资源配置的最佳渠道。

第一节　大宗商品概述

一、大宗商品相关概念

根据我国发布的《大宗商品电子交易规范》(GB/T 18769—2003)的解释,大宗商品是指"可进入流通领域,但非零售环节,具有商品属性,用于工农业生产与消费的大批量买卖的物质商品"。

在金融投资市场,大宗商品是指同质化、可交易、被广泛作为工业基础原材料的商品,如原油、有色金属、农产品、铁矿石和煤炭等。主要分为三大类别:能源化工产品、金属产品和农产品。其中,能源化工产品包括原油、取暖用油、无铅普通汽油、丙烷和天然橡胶等;金属产品包括金、银、铜、铝、铅、锌、镍、钯、铂等;农产品包括玉米、大豆、小麦、稻谷、燕麦、大麦、大豆粉、可可、咖啡、棉花、糖和菜籽油等,其中大豆、玉米和小麦称为三大农产品期货。如表1-1所示。

表1-1 大宗商品分类与消费

种类	品种	2020年全球消费		
		消费量/万吨	总金额/亿元	比例/%
金属产品	原铝	6406	8723	1.89
	精炼铜	2549	17842	3.86
	精炼镍	237	3549	0.77
	铁矿石	231570	15747	3.41
能源化工产品	煤炭	777261	77726	16.81
	PTA	6828	3755	0.81
	原油	486700	267685	57.91
农产品	大豆	36917	20304	4.39
	玉米	113737	22747	4.92
	棉花	12101	24202	5.24
总计		1674305	462280	

数据来源:同花顺 iFinD。

由上述定义可知,大宗商品主要是直接从自然界取得的,处于产业供应链中的基础环节和整个产业经济活动中的初级阶段,其生产是为后续产业提供初级产品。因此,大宗商品的供求状况及其价格水平,直接影响着国内生产总值。

大宗商品行业是资金密集型的行业,是大量金融资本与产业资本融合的集聚产业。根据每年全球主要的大宗商品产量折算出来的现货价值,从2010年以来,全球的消费量和大宗商品价格均有不同程度的上涨。如果我们把镍金属市场2020年的产值3549亿元当作1,那么,大宗商品中最大产值的原油,是其产值的75倍;排名第二的煤炭产业,相当于22倍的镍市场产值;排名第三的棉花,相当于7倍的镍市场产值。这是一年的产值,而且是一个静态的绝对值,实际上由于大宗商品的初级产品特性,大宗商品所影响的整个行业的产值还要大很多。从生产商到贸易商就产生了一道产值,从贸易商到另外一个贸易商又产生了一道产值。所以每个产品都要周转3—5次才能从工厂来到消费者的手上,因此需要在这些数字上乘以5,才是一年的总产值。由此可见,大宗商品在一定程度上对国内生产总值起着重要作用。

二、大宗商品的属性

大宗商品具有三大属性：商品属性、金融属性及政治属性。

(一)商品属性

商品属性是大宗商品的一般属性，各类大宗商品具有不同的商品名称、商品用途、生产厂家、商品品质、商品储运条件等基本特征。从商品价格角度来看，在商品市场中，大宗商品价格受到实体经济供求因素影响。一般来说，实体经济需求旺盛则大宗商品价格上涨；反之，则下降。以螺纹钢为例，螺纹钢是钢筋的主要组成部分，而钢材终端需求主要分布在建筑业(49.5％)、制造业(35.7％)和交通运输业(5.4％)。在某种程度上，我们可以认为建筑行业决定了螺纹钢的价格波动。中国经济基本面的回暖稳定发展迹象、政府高层强调"城镇化"使市场对中国未来一段时间的基础设施建设投资力度加大，这推动了市场对螺纹钢的需求，从而在一定程度上拉动了螺纹钢期货价格的上涨。

从供应角度来看，虽然大宗商品短期供应较为稳定，但其具有稀缺性和不可再生性，特别是能源类大宗商品，比如煤炭、石油等都是不可再生的资源。根据《BP 世界能源统计年鉴 2021》，截至 2020 年底，全球石油储量为 1.732 万亿桶，根据 2020 年的储产比，全球石油还可供生产 50 余年。在全球的石油储量分布中，委内瑞拉是全球探明石油储量最多的国家，达 3038 亿桶，占全球的 17.5％；沙特阿拉伯紧随其后，以 2976 亿桶的探明储量位居全球第二，占比 17.2％；加拿大排名第三，其探明石油储量为 1681 亿桶，占比 9.7％。由于石油是全球最重要的燃料之一，有着"黑色黄金"之称，很多国家都期望通过获得石油的控制权，控制整个世界经济的命脉。这也解释了为什么各种政治力量都想掌控中东地区的局势。

从交易角度来看，大宗商品的商品属性体现为：易于标准化，交易规模大，具有现货价值。

1. 大宗商品以标准化交易商品为主

大宗商品交易经历了从初级到高级的发展过程，即从"现货交易"到"中远期交易"再到"期货交易"的发展过程。从大宗商品交易市场的发展历程来看，标准化商品是市场的核心交易品种。如有色金属中的铝。国内铝的标准品是铝锭，符合国标《重熔用铝锭》(GB/T 1196—2017)中 AL99.70 的规定，即其中铝含量不低于 99.70％，伦敦金属交易所(LME)交割的铝的标准品是注册铝锭，符合 P1020A 标准的相关要求。煤炭作为可标准化的大宗商品，根据其发热量的不同来分类。

2. 大宗商品交易规模非常大

大宗商品由于是生产制造的基础原材料，具有大贸易、大物流的特点。大宗商品交易的成交数量和成交金额都非常大，远远超过一般消费类产品的交易数量和金额。在全球贸易中，大宗商品以万吨和亿美元为单位成交。原油、矿石和煤炭是全球交易量和贸易量最大的品种。据国际能源署(IEA)2021年公布的数据,全球2021年原油需求量已达到每天9658万桶,到2026年这一数据将增长到1.041亿桶。此外,粗钢、有色金属、橡胶、大豆和玉米在全球贸易中规模较大。

3. 大宗商品的现货价值

大宗商品由于是工业化生产中的重要原材料,要求有稳定的供货机制,库存量对商品价格的变动影响较大。社会总库存量直接反映了市场供求关系,影响商品的即期和远期价格。生产商通过调整产量获得有利的交易价格,贸易商通过库存现货数量保持货源稳定,获得更好的流通利润。大宗商品的现货稳定,直接影响了产业链的稳定和可持续发展。

(二)金融属性

大宗商品变为金融市场中的投资品种后,不可避免地具有金融属性,它受资金供给的显著影响,短期内受到机构资金冲击后价格波动剧烈。在贸易定价方面,大宗商品则是由美元定价的,由于同时具有现货、期货和期权等市场,大宗商品非常容易变现和进行贸易融资。

1. 商品市场成为金融市场的一部分

商品市场成为金融市场的一部分,石油、铜等大宗商品期货也就有了金融产品的属性。在现代市场体系中,期货市场的发现价格、转移风险和提高市场流动性三大功能更加明显。在商品市场丰厚回报的吸引下,很多国际大型投行和银行都有专门的商品部门投资商品市场或者为客户的商品投资提供帮助。大宗商品成为一个投资品种,市场整体的资金供给与商品价格之间有着一定的关系,即商品金融属性更加明显。近年来,一向活跃于股票、债券和汇率市场上的金融资本看好初级产品市场,原因是美国长期的贸易赤字和巨额外债使美元的地位在一定程度上受到了冲击。商品期货与证券和债券具有负相关性,与通货膨胀又呈正相关性,大量以美元存在的基金为了避免可能的汇率波动,试图以买进商品期货来规避风险。金融与贸易开始紧密结合,金融资本大量投资于商品期货成为金融资本运作的新特点。

2. 商品期货市场与现货市场交织成多层次商品市场

期货交易机制可以满足市场参与主体的风险规避需求。最早是农户,后来发展为有交易资格的企业和投资者需要自行进行风险规避。期货交易机制的存在,除了给市场参与者提供套期保值功能外,也带来了许多投资机会。期货交易具有高杠杆、"T+0"制度等制度设计,使得期货市场流动性充沛。期货市场的价格发现特点,得到了生产商、贸易商等参与者的认同,使得期货定价成为商品交易基准价格。

从资金面推动价格角度来看,大宗商品价格必然与美元汇率和国际利率变化紧密相关。大宗商品作为一个重要品种,和利率有着密切关系。例如,美联储在2020年后实施的低利率政策,将联邦目标利率区间维持在0—0.25%,使得2020年末美联储的负债总规模达到7.41万亿美元,相比2019年末扩张3.2万亿美元;英国央行也两次下调基准利率。从利率与大宗商品的长期关系看,全球性的低利率导致资金供给充足,市场上充满过剩的流动性,大量的投资者利用较低成本进入商品市场,导致了 2020 年至 2021 年的商品市场小牛市。然而,2022 年以来,由于美国激增的 CPI 指数和居高不下的通货膨胀率,美联储在 2022 年 3 月宣布加息,至 2022 年 7 月已同步加息 150 基点,市场预计实际利率将由 2022 年初的 0.25% 上调至 1%。英国央行和加拿大央行也同步加息,商品市场由此进入了回调期。随着美联储进一步的加息,商品市场将持续回调和震荡。

随着美元的持续贬值,以美元报价的商品价格与美元汇率之间表现出较强的负相关性:当美元贬值时,商品价格上涨;而当美元升值时,商品价格下跌。美联储多次降息使得美元不断走低,也促使其他投资者进入商品市场尤其是石油市场,规避美元下跌带来的损失,这加剧了油价上涨与高位运行。未来美元的持续走低必将推动油价上涨并支撑油价高位运行。目前国际金融秩序的核心是美元本位制,各国大量储备美元。在金本位制和布雷顿森林体系中,没有任何政府或企业可以凭空造出黄金来平衡国际收支逆差。但在美元本位制中,美元可以不受任何类似于黄金的实物支持,美国可以创造出各种金融工具来达到这个目的。美国能够不分区域地利用世界的剩余资金,无限期、无约束地负债运转。当一国外汇储备少时,它可以攻击这个国家的货币,使其贬值造成该国的货币危机;当一国外汇储备多时,如果它力推弱势美元政策,拉动全球资源价格暴涨,则直接打击其外储的购买力,使其数十年经济增长的成果顷刻化为乌有。

(三)政治属性

大宗商品市场与全球政治格局及地缘政治密切相关。另外从贸易和政治的关系来看,大宗商品的供应和各国的需求之间天然存在差异,政治关系的紧张程度经常影响到大宗商品贸易。

2012 年的"世界大选年"之所以会引起广泛关注并产生巨大影响,正是因为这个"大选年"的经济背景与以往不同。一般而言,在世界经济收缩背景下选举产生的新任领导人,在执政理念上更加趋于保守,民众对此也更加认同,该国发生政策调整或转向的可能性也越大。这种理念、政策上的变化也必然引起市场波动,特别是一些较大经济体领导人的更替。进入 2012 年 5 月,伊朗局势有所缓和,法国选出了新总统奥朗德,俄罗斯总统普京宣誓就职,希腊左翼政党组阁。地缘政治和选举政治的变化给市场带来了政策调整预期,国际金融市场十分敏感:欧美股市连续下跌,大宗商品期货价格出现了普跌态势,伦敦市场铜、铝、铅、锌、锡、镍 6 种金属期货价格均出现下滑,国际原油期货更是出现了暴跌。

在所有大宗商品中,原油的政治属性是最浓厚的。2021 年以来,布伦特原油的价格大幅上涨在一定程度上是受美联储的大幅降息影响的,但更重要的是受俄乌边境地缘冲突影响。另外也需要考虑到 2022 年美联储加息带来的流动性减弱和伊朗核谈达成一致带来的伊朗供给释放。

如果说 2008 年金融危机始于美国,并表现为美元危机的话,那么 2010 年以来的金

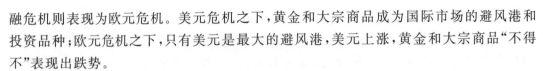

融危机则表现为欧元危机。美元危机之下,黄金和大宗商品成为国际市场的避风港和投资品种;欧元危机之下,只有美元是最大的避风港,美元上涨,黄金和大宗商品"不得不"表现出跌势。

地缘政治也会影响国际商品市场。2022年2月以来,俄乌地缘冲突升级,使得全球资本市场震荡,避险情绪急剧升温。国际海运指数大幅上涨,多品种国际大宗商品出现大幅涨价。尤其是占俄罗斯出口绝对地位的钯金、钴、镍和铝等资源,以及乌克兰出口较多的农产品等都出现了价格大幅上涨。

三、大宗商品行业的商业模式

如今大宗商品正在成为全球金融机构关注的焦点。但是,对其不可能再像20世纪时以战争的形式进行分配,只能通过金融市场进行再分配。

2008年金融危机之前,全球最大的金融衍生品都建立在房地产市场上。但是房地产市场有天然的弱点:一是房子建好了,没人住就等于资源的浪费;二是房地产不容易变现,当市场出现问题时找买家很困难。雷曼兄弟倒台就是因为其手上有大量的商业地产抵押品,而想把它们卖掉时,却没人买,因此公司的资金链断了,最终雷曼兄弟公司倒闭。

当所有的金融机构都意识到围绕房地产的金融创新产品的缺陷时,大家就把注意力从房地产市场转移到固定资产,又从固定资产转移到动产,而大宗商品就是这个动产中最主要的构成部分,原因如下:一是大宗商品交易大多属于批量交易,涉及资金规模大;二是大宗商品加工程度低,由于其是各产业的原材料,因此只要价格稍微便宜就容易出手变现;三是大宗商品有最终价值,比如铜等金属是交通运输、电力运输等产业的必需品;四是当前真正需要大宗商品的是发展中国家,发达国家通过控制大宗商品的价格,实现对发展中国家一遍遍"割羊毛"的过程。当大宗商品价格不断攀升,需求者开始心慌,眼看着它继续上涨、不断上涨,终于决定在现货和期货市场大量购进囤积,以避免以后价格上升所带来的损失。但当他们囤积后却发现,对手开始做空,把价格压得很低,从而使得这些前期囤积的企业的资金链断裂,以至于在低位清盘库存。经过这样一个回合,发达国家的金融机构就从发展中国家的企业中割走了一大笔钱。例如,国储铜事件、中航油事件等,都是他们在我们身上"割羊毛"的体现。

业界实例 1-1

国储铜价之争

出生于 1968 年、武汉大学世界经济学系本科毕业的刘其兵,于 1994 年进入国家物资储备(以下简称"国储")系统,不久后被重点培养成国储的核心交易员,并在 1997 年 7 月被授权为国储在伦敦金属交易所(简称 LME)开立交易账户的交易下达人。

作为当年操作期铜外盘交易的中国交易员中迅速崛起的一颗明星,刘其兵曾有过炫目的辉煌。事实上,在 LME 铜价从 1999 年初的 1000 多美元/吨上涨至 2004 年初的 3000 美元/吨期间,看多的刘其兵一路春风得意。其拿手的境内外期铜反向套利(做多国内期铜同时做空伦敦期铜)交易技术在国储铜事件最终处理完毕后,还为国储在国内期货账户上保留有 1.89 亿元盈利。

不过从铜价上涨至 3000 美元/吨开始,以熟练的技术分析著称的刘其兵认为大跌在即,于是不断地在 LME 开空仓。2004 年中国实施宏观调控后,受国内需求大幅下降的影响,国内铜价于下半年开始下滑,这加深了刘其兵看空铜市的判断。据称,至 2005 年 9 月中下旬,刘其兵已累计开出 8000 手空仓合约,其中致命的是投机性极强、风险巨大的结构性期权空头头寸。然而事实是,铜价从 2004 年 3 月初突破 3000 美元/吨开始,一路狂奔,到 2006 年 5 月中旬达 8790 美元/吨。这样敞口的巨额头寸很快就被国际资本大鳄盯住,一出逼空行情由此上演。刘其兵的空头开得越多,铜价就涨得越快,2005 年 9 月,LME 铜价从 3500 美元/吨上涨至 3700 美元/吨。而至合约到期前,铜价已经突破了 4000 美元/吨。至此,刘其兵的的确确成了一轮"铜牛"的制造者。2005 年 10 月,刘其兵留下一封遗书后失踪,起初伦敦的传言是这名交易员在度假。2006 年 6 月 21 日,"逃兵"刘其兵在云南昆明书林街富邦花园的一套住房内被捕。北京市第一中级人民法院一审判决认定,在先后任职国储调节中心进出口处副处长、处长并负责期货自营业务的 1999 年 12 月至 2005 年 10 月期间,刘其兵违反国家对国有单位进行期货交易的相关规定,将该中心资金用于境外非套期保值的期货交易,致使该调节中心损失折合人民币 9.2 亿元。

为了防止西方国家对我们"割羊毛",我们要善于发现大宗商品的特点,最重要的是理解大宗商品商业模式的竞争。

大宗商品是一个基于 WTO 规则运转的产业,这个规则对全世界都一样,灵活先进的商业模式是对规则的高级运用。因此,商业模式的竞争关键体现在 3 个层面:一是价格的竞争,二是资金的竞争,三是信息的竞争。

(一)价格的竞争

在 21 世纪前,大宗商品的价格是一条很平缓的线,但是现在价格波动不仅很频繁,而且波动幅度很大。而未来原材料的价格波动将更加剧烈。可以说,大宗商品价格的剧烈波动在未来是一个常态。

每一个工厂贸易商都将面临原材料价格波动的问题。而外国人制造的这些波动,不仅是风险,更是机会。如果贸易商看透了这些规则,就会在波动中用更低的价格买入,用更高的价格卖出,也就能够在价格波动中赢得先机,进而在市场中胜出。产业链上的企业要时刻想到公司的盈亏平衡,做好价格管理。同时,毕竟大宗商品价格的剧烈波动带来巨大风险,贸易企业要学会通过金融市场进行风险管理,可以说不会进行风险管理是无法做好价格管理的,最终会倒在残酷的资本市场中。

(二)资金的竞争

资金的竞争包括两个方面:

1. 国内外金融市场的监管不同导致企业的融资渠道、融资金额不同

目前中国的银行不能做期货,因此银行就无法承受由价格波动所带来的巨大风险。一般来说,银行以 3 个月的数据进行分析放款,如果 3 个月内价格最大波动达到 30%,那么银行就给予 65% 的钱。因此,企业融资的效果较差且要承担较大的风险。而在美国等发达国家,银行可以参与期货市场,可以对其企业进行存货相应价值 95% 的放贷,而银行自身可以在期货和现货市场进行对冲来降低风险。

2. 国内外融资成本不同

国内外融资成本不同,意味着我们要通过把企业的财务平台与国际对接,让国外的银行看懂我们企业的财务信息,来获得更低的融资成本,这就是资金的竞争。

(三)信息的竞争

顶级分析师的竞争力就在于造势、顺势和破势。

也许有些企业目前还不可能造势,那就可以顺势。要找到势在哪里,然后顺势去做,在趋势上也能收获足够的收益。

至于破势的概念,比如一些权威人士有话语权,但是他们讲的观点与事实真相有很大距离的时候,市场终究会反映基本面,如果专业人士懂得信息传播技术,就可以找到一个关键点,一针见血地破势,从中及早布局,就能有非常好的收益,资本市场不相信眼泪,甚至不相信所谓权威。

顶级分析师就是在造势、顺势和破势的有效过程中不断地探索,这是一个心理博弈的过程,而这个博弈的过程就是势的争夺过程。中国要在大宗商品的商业竞争中获得一席之地,一定要培养自己的顶级分析师,锻炼自己的商业运营团队,培养顶级的大宗商品运营企业和第三方评级机构。

四、大宗商品对经济的影响

大宗商品是关键的生产要素,稳定大宗商品的供应,对产业链整体竞争力有着重大影响。大宗商品交易市场对产业链中下游价格的形成影响巨大,产业地位突出,它的持续稳定运行是国家经济稳定、安全运行的重要保障。

大宗商品在产业链中的影响力主要表现在以下几个方面:

一是大宗商品的供求稳定直接影响产业链中下游的生产和消费稳定。

二是大宗商品的价格波动传导给中下游,从而影响最终消费品的价格。

三是大宗商品处于产业链上游,通过价格变化传导机制影响整个经济体系。

例如,铜价上涨将提高电子、建筑和电力行业的生产成本;石油价格上涨则会导致化工产品价格上涨;石化产品中的苯二甲酸、丙二醇等,是下游纺织行业的原材料,其价格水平和供应稳定对纺织服装行业的竞争力产生重要影响。价格不稳定或者过高的采购价格将削弱产业的整体竞争力。

大宗商品定义及其属性

第二节　大宗商品交易市场

我国大宗商品电子交易市场始于 1997 年,是经当时的国内贸易部(现商务部)批准,国家经贸委等八部委联合论证成立的一种新型现货交易模式,即通过电子商务平台的搭建,对相应物品进行即期现货或中远期订货交易的市场。

从市场特征来看,大宗商品交易市场大致分为两类:实体交易市场和虚拟交易市场。实体交易市场即现货交易市场,各种交易主体在空间上集聚;虚拟交易市场即期货期权交易所。近年来,国内出现一大批以电子商务平台为依托,以实体现货交易为基础,具有中远期交易功能的新型大宗商品交易市场。

一、国际大宗商品交易市场的发展

国外大宗商品交易市场起步较早,市场功能较为成熟。国外的大宗商品交易市场主要集中在纽约、伦敦、东京、鹿特丹等发达城市和地区。世界上著名的大宗商品交易市场包括纽约商业交易所、芝加哥商品交易所、伦敦金属交易所、新加坡商品交易所、东京工业品交易所和鹿特丹商品交易所,如表 1-2 所示。这些市场主要以具有套期保值和投资套利功能的期货交易为主,一些有交割地点的基本现货交易也比较活跃。

表 1-2　世界上主要的大宗商品交易市场

市场名称	交易类型	主要交易品种
纽约商业交易所	期货	石油、天然气、黄金
芝加哥商品交易所	期货	大豆、豆粕、COMEX 黄金
伦敦金属交易所	期货	有色金属（铜、铝、锌、镍、铅等）
新加坡商品交易所	现货、期货	橡胶
东京工业品交易所	现货、期货	工业品
鹿特丹商品交易所	现货	石油

　　国际大宗商品交易市场在能源化工、有色金属、农产品等大宗商品价格的形成中发挥了重要作用，特别是在石油、天然气等领域，国际期货市场占据大宗商品定价权制高点，其价格成为国际贸易的基准价格。纽约商业交易所、伦敦金属交易所和新加坡商品交易所建立了 24 小时全球动态交易系统，成为全球商品交易的定价中心。例如，目前在原油交易中，纽约商业交易所的原油价格成为全球定价基准；在燃料油交易中，新加坡普氏公开市场的价格成为定价基准；在有色金属交易中，伦敦金属交易所的有色金属价格是全球有色金属定价基准；在农产品交易中，芝加哥期货交易所的农产品价格是主要的农产品定价基准。

　　与这些大宗商品期货市场定价权的形成相匹配的，还有完善的现货交易交割功能，以及完善的金融服务和物流服务功能。在美国芝加哥和英国伦敦，活跃着一大批银行家、商品投资基金、对冲基金，这些机构和群体是全球商品定价的主导者。

二、大宗商品交易市场的形成条件和关键要素

　　生产商、贸易商和物流集聚是市场形成的基础条件。只有交易主体集中交易才可能形成市场，因此大宗商品市场往往在商品消费地、生产地和贸易中转地形成。沿海、沿江城市比内陆地区在地理位置上更具有区域优势，这些地方往往既是消费中心，又是生产制造中心，同时也是国际贸易中转地，最容易形成产业集聚。伦敦金属交易所的形成与英国当时是欧洲有色金属消费中心有密切关系；新加坡成为石油、橡胶等大宗商品交易中心是由亚洲转运中心的地理位置决定的；青岛利用港口橡胶贸易商的集聚条件逐渐发展成为中国及亚洲的橡胶交易中心。大宗商品市场的形成条件和因素如表 1-3 所示。

表 1-3　大宗商品市场的形成条件和因素

	市场名称	先天条件	后天因素
国外	伦敦金属交易所	消费地（历史）贸易金融优势	市场需求、交割体系、流动性
	新加坡商品交易所	国际贸易中转地	政策、金融、物流配套设施
	鹿特丹石油交易所	国际港口贸易地	港口和内陆交通发展

	市场名称	先天条件	后天因素
国内	上海期货交易所	贸易和金融优势	政策支持、金融配套
	大连商品交易所	生产集散地	政策支持、金融配套
	郑州商品交易所	生产集散地	政策支持
	无锡不锈钢交易市场	消费地	企业创新
	青岛国际商品交易所	国际贸易地	企业创新、政策支持（园区支持）
	余姚塑料城	消费地	企业创新、政策支持（政府支持）

大宗商品交易市场的形成与产业结构有密切关系。两头分散、多方参与的产业结构才能形成专业化市场，一些由垄断机构或者是政府管控的大宗商品很难形成集中的交易市场。寡头垄断的铁矿石很难形成集中的交易市场，因为这类大宗商品的定价往往采取协商的方式。例如，日照 2008 年曾经有 5 家贸易商建立铁矿石交易中心，但受国际垄断巨头和国内钢铁产业结构的影响而暂停。

大宗商品交易市场的形成需要以金融配套服务、物流服务为支撑。完善的金融配套服务需要解决大宗商品贸易中的资金占用问题，提高资金使用效率；物流服务则需要解决大宗商品流转中的搬运、存储、分包装、二次运输等问题，实现大宗商品交易的快捷性和便利性。

大宗商品交易市场的形成一般经历从初级到高级的发展过程，即从"现货交易"到"中远期交易"再到"期货交易"的发展过程。从国内外大宗商品的发展来看，一般从非标准化的现货交易起步，在形成产业规模之后，再逐渐进行标准化的产品交易，出现基于中远期合约的交易形态，期货期权交易是大宗商品交易的高级阶段，期货期权交易进一步使得大宗商品交易金融化、虚拟化，期货交易引入的跨时间、买卖双向选择的方式是人类交易模式的重大创新。

从大宗商品交易市场的发展历程来看，标准化商品交易是促进大宗商品交易市场发展并发挥影响力的关键因素之一。大宗商品交易市场只有进行产品的标准化交易，实现合约交易、仓单交易，简化交易环节，使交易具有公开性和公平性，提高交易结算效率，不断扩大交易对象和规模，提高市场交易的流动性，才能成为有影响力的交易中心。

大宗商品交易市场的发起者和管理者——商品交易所或交易市场管理公司对市场的规范化和繁荣发展发挥关键作用。由于大宗商品交易规模大，影响面广，对信用的要求程度很高，为确保交易的稳定进行，就需要有一个公正、公平、中立的机构来发挥中介平台的作用，这也是商品交易所和交易市场管理公司产生的重要原因。交易所的运行主体往往具有国家背景，国外商品交易所逐渐实行会员制，并受到严格的内外部监督。只有这样，生产商和贸易商才愿意在市场中进行交易。我国目前三大期货交易所归中国证监会管理，区域性的大宗商品交易市场由商务部管理，同时区域政府的商务和财政部门也会重点关注。

电子化交易技术特别是电子商务平台的应用推动了大宗商品交易市场的发展。电子化交易技术使大宗商品交易以跨区域、跨时区的方式进行,这对交易机制是一个十分重要的支撑,也是大宗商品交易市场得以快速发展的关键要素之一。大宗商品交易机制和交易主体如表 1-4 所示。

表 1-4　大宗商品交易机制和交易主体

交易形式	交易机制	交易主体	备注
期货交易	公开喊价	交易所	标准商品
期货交易	电子撮合交易系统	交易所	标准商品
期货交易	场外交易	交易所、做市商	标准商品
中远期交易	仓单交易	交易市场	标准商品
现货交易	纸质合同交易	贸易商之间	标准产品、非标准产品

三、国内大宗商品交易市场的发展阶段

随着中国经济的日益发展,大宗商品的产业主导权问题日益突出,为了保持产业链的健康发展,要尽量争取对上游大宗商品的话语权,借机提升市场竞争力。因此,我国势必要建立和完善大宗商品交易市场。因为建立大宗商品交易市场,有利于中国实现区域资源集中,将商品价格生成在中国国内,变被动为主动,提高中国在全球大宗商品市场的地位和影响力。大宗商品市场的发展,可以为国内企业提供现货交易、远期订货、套期保值等服务,满足企业对大宗商品的现货、资金和物流需求,并在一定程度上参与国际商品的定价过程,使得中国企业在全球价格波动中更具有主动权。

我国大宗商品交易市场的发展主要经历了 4 个阶段。

(一)第一阶段:萌芽阶段

20 世纪 80 年代开始,在计划经济体制下出现了商品批发市场,它们完全掌握在国有企业手里,依靠完全的行政手段,通过分配的方式,进行资源的配置。随着改革的深入,1985 年重庆率先提出建设工业和农产品的贸易中心,拉开了商品流通领域改革的序幕,把产品的商业批发模式改成自由贸易流通模式,产生了区域性的商品交易中心,这是一个重要的萌芽阶段。

(二)第二阶段:雏形阶段

1989 年,国家商业部决定在国内建立批发市场,并开始组建郑州粮食批发市场的建设领导小组。从那时开始,批发市场的发展就进入了第二个阶段。从展销摆摊的交易方式发展到可以开展中远期合约订货的交易方式。与此同时,国内开始筹建商品期货交易所。大宗商品交易市场期货和现货交易相结合的雏形基本确立。

(三)第三阶段:成长阶段

1998 年,我国在亚太经合组织会议上提出要用电子商务的方式推进中国的流通业

现代化。随后,国内相继建立了广西食糖、吉林玉米、湖南金属等大宗商品电子交易中心批发市场。经过一段时间的发展,一些大宗商品交易市场从区域性的有形市场发展成有全国影响力的市场。这是大宗商品交易市场发展的第三个阶段。

(四)第四阶段:持续规范阶段

大宗商品电子交易中心能够把有形的市场和无形的市场结合起来,既有网上拍卖和网上配对的即期现货交易,又有中远期的合同订货交易。2003 年,国家质量监督检验检疫总局发布了国家标准《大宗商品电子交易规范》,这是一份标志性的规范,规范明确规定了大宗商品电子交易可采取保证金制度、每日无负债结算制度,把"T+0"制度、双向交易引入大宗商品市场的交易中,为大宗商品市场的建设和发展提供了支撑,并提供了一个广阔的空间。《大宗商品电子交易规范》这一国家标准的发布,标志着批发市场的发展进入了一个崭新时代——电子商务时代。但同时某些大宗商品电子交易市场的不规范交易甚至违规违法交易给市场带来了风险,2011 年《国务院关于清理整顿各类交易场所切实防范金融风险的决定》定调"确保大宗商品中远期交易市场有序回归现货市场",2012 年《国务院办公厅关于清理整顿各类交易场所的实施意见》则首次给出大宗商品中远期交易的定义,即"以大宗商品的标准化合约为交易对象,采用电子化集中交易方式,允许交易者以对冲平仓方式了结交易而不以实物交收为目的或不必交割实物的标准化合约交易"。

四、国内大宗商品交易市场的基本特点

我国大宗商品交易市场虽然起步较晚,但经过几十年的发展,已形成了一定规模。除了上海期货交易所、大连商品交易所、郑州商品交易所 3 个国家级期货交易所,较为大型的大宗商品交易市场达到数十个,主要集中在上海、天津、青岛、大连和秦皇岛等重要港口,如秦皇岛煤炭交易市场、青岛国际商品交易所(原青岛橡胶交易市场)。初具规模的电子交易市场有百余家,主要分布在沿海地区以及产地和消费地较为集中的内陆地区,如广西食糖中心批发市场、无锡不锈钢电子交易市场、余姚塑料城等。如表 1-5 所示。

表 1-5　我国主要的大宗商品交易市场

	市场名称	交易类型	主要交易品种
期货市场	上海期货交易所	期货	有色金属
	大连商品交易所	期货	大豆、聚乙烯、棕榈油
	郑州商品交易所	期货	小麦、棉花、稻米、PTA
	上海能源交易所	期货	原油、低硫燃油

	市场名称	交易类型	主要交易品种
现货交易市场 （中远期）	秦皇岛煤炭交易市场	现货	煤炭
	吉林玉米中心批发市场	现货	玉米
	广西食糖中心批发市场	现货、中远期	白糖
	青岛国际商品交易所	现货、中远期	橡胶
	天津有色金属交易市场	现货、中远期	有色金属
	浙江余姚塑料城	现货、中远期	塑料（聚乙烯、聚氯乙烯）
	无锡不锈钢电子交易市场	现货、中远期	不锈钢

近年来，国内外大宗商品交易市场快速崛起，很多省（区、市）日益重视大宗商品交易市场，力争在专业领域取得产业主导权。其中，上海的大宗商品交易市场数量较多，其想要力争成为我国石油、钢铁以及有色金属的定价中心。青岛国际商品交易所的主要交易商品为橡胶，其现在已基本成为我国进口橡胶的定价中心和贸易中心。大宗商品交易市场的形成在一定程度上提高了这些城市在国内、国际贸易中的地位和影响力。我国大力发展大宗商品的城市及其发展目标如表 1-6 所示。

表 1-6　我国大力发展大宗商品的城市及其发展目标

城市	交易市场建设情况	发展目标
上海	上海期货交易所、石油交易所、钢铁交易市场	石油、钢铁、有色金属的定价中心
天津	天津有色金属交易市场	建立国际有色金属期货交割仓库
青岛	青岛国际商品交易所	成为中国进口橡胶的定价中心和贸易中心
大连	大连商品交易所	成为市场功能发挥充分、在国家经济建设中作用明显、商品价格具有国际影响力的综合性的一流农产品交易所
广东	广东塑料交易市场	发展成为世界级的塑料现货电子交易中心
秦皇岛	海运煤炭交易市场	巩固秦皇岛港作为国内最大煤炭贸易港和最大煤炭物流中心的地位
宁波	宁波大宗商品交易所	以塑料、化工原料、有色金属、稀贵金属、钢材等五大品种为特色的现货交易所

业界实例 1-2

余姚塑料城——中国最大的塑料原料现货集散地

余姚塑料城的前身是余姚塑料一条街,塑料原料交易原本是为了满足宁波和浙江本地家电制造业的需求,经过 20 余年的发展,其已成为全国知名的塑料交易市场。其关键发展历程如下:

1997 年,首创塑料信息服务平台(中国塑料信息网)。

1999 年,创建中国塑料制品网,成功承办第一届中国塑料博览会。

2000 年,成立余姚市中国塑料城电子商务有限责任公司。

2004 年,公司更名为浙江中塑在线有限公司。

2005 年,中塑在线网站成功改版,服务涵盖整个塑料产业链。

2007 年,中塑在线平台全新升级,中塑商务通及中塑电话通正式上线。

2008 年,成立中塑在线有限公司成都分公司,建立中塑西南塑化网。

塑料原料交易规模扩大,逐渐带动了其他产品交易的发展,如陶瓷、模具、塑料机械等产品的交易,促进了物流、技术服务、塑料成品制造等的兴起。近期随着信息平台——中塑在线的完善,余姚塑料城逐渐拓展成连接全国乃至世界的塑料原料、塑料机械交易市场。每年的吞吐量达到全国塑料树脂、共聚物原料产量的 10% 左右。

自 2003 年起,余姚塑料城的销售额和吞吐量增幅明显。经过 20 年的发展,余姚塑料城已成为中国塑料交易市场中最具影响力的品牌、中国商品交易五星级市场,进入"中国商品专业市场竞争力 50 强",被商务部列为第一批全国重点联系市场,成为名副其实的"塑料王国"。到 2007 年,余姚塑料城经营企业达 1438 家,这些企业多为大型贸易公司、化工品制造商的低级别代理商和分销商。市场交易额为 705 亿元,交易量为 546 万吨,上缴税费为 2.5 亿元。2019 年,余姚塑料城实现市场交易额 1029 亿元,交易量 970 万吨。其中,现货市场交易额 702 亿元,同比增加 9.7%,交易量 595 万吨,同比增加 15.5%;网上交易额 327 亿元,交易量 375 万吨;甬易支付完成支付结算额 315 亿元,实现营业收入 1830 万元,净利润 500 万元。

余姚塑料城的运营模式为管委会负责塑料城规划、辖区内的政府职能,物业开发与经营由若干地产开发公司、物业管理商负责,塑料城信息中心负责向外推广。该交易市场的交易模式可以概括为合同单证式交易、现货交易和中远期交易。交易特点是入驻企业业务两头在外,相互之间不存在产业价值链关联,以点对点交易为主,驻商对贸易链条的控制力弱。

大宗商品行业市场体系

第三节　我国大宗商品行业的现状和发展

一、大宗商品行业在我国发展的 20 年

2001—2010 年是中国制造业崛起的 10 年。10 年间,越来越多的产品被印上了"中国制造"。北京市长城企业战略研究所发布的《科技创新与中国制造》中指出,2002 年中国 160 多种产品产量位居全球第一;直至 2008 年已有 220 多种产品的产量位居全球第一。以前,我国对外贸易依存度很高,进口产品比例较高。逐渐地,企业开始进行来料加工并发展成进料加工,国际贸易也由逆差转为顺差。随后,我国沿海城市开始研发和生产自主产品,我国的对外贸易依存度有所下降。这使中国所需要的原料越来越多,对资源的占有要求越来越高,对大宗商品的需求上升到战略层面。这些因素为大宗商品产业在我国的发展奠定了基础。

2011—2020 年是中国大宗商品市场由大变强的 10 年。10 年间,从需求角度而言,市场进入了平稳期,大部分商品的剧烈需求已达到峰值,步入稳定增长期。从产业角度而言,市场度过了调整期,产能过剩的问题已经通过供给侧结构性改革得到了解决。从流通角度而言,市场进入了提升期,已经较好地解决了资源配置和市场化定价的问题,物流无序混乱的局面也得到了解决,市场能更好地实现商品的使用价值。从企业角度而言,大部分大宗商品企业度过了转型期,完成了从普通贸易商到流通商的转型,其服务不再局限于简单的一买一卖。

中国转型升级制造业有 3 条途径:技术创新、品牌创新和大宗商品。大宗商品是目前最为迫切而且基础最好的,管理好大宗商品的价格是关键,要避免在价格波动过程中被"暗箭"射中。而要管理大宗商品的价格,首先要研究我国的 3 条经济带。我国的 3 条经济带,分别是东部、中部和西部经济带。东部经济比较发达,企业自主研发生产能力强,出口额占全国的 1/2 以上。但是东部地区资源匮乏,对大宗商品的需求量比较大。中部是劳动密集型的产能发展集中地,其产量在满足东部的现代化需求后再进行出口。西部是政府大力开发的地区,并且有很多的资源,其对 GDP 的贡献中有一部分是来自大宗商品的出口。那么,在东部大宗商品稀缺,而西部还在大量出口的状况下,如何利用这些资源,如何在各经济带之间进行分配,以更好地促进 3 条经济带的发展,是一个亟须思考的问题。

业界实例 1-3

业内人士大宗商品的 10 年

以一名在大宗商品行业工作了 10 年的业内人士为例,让大家更好地认识了解大宗商品行业过去 10 年的发展。

在该业内人士进入这个行业的初期,铜价为每吨 1500 美元,接着持续上涨到 2500 美元,稍稍调整后涨到 8800 美元,金融危机时又降为 2900 美元,2009 年又涨到 10020 美元,整个价格就像过山车般运动。价格波动对很多企业来说是一种风险也是一种机遇,没有波动就没有利润。

但是,大宗商品行业与纯粹实业不一样,它是介于实体与金融之间的行业。管理运作中的手段、技术和风控都是以金融化为基石的。因此,该业内人士顺应大流,设计了中国第一个基于大宗商品的金融衍生产品——镍的 ETF,这是基于镍的库存而证券化的全球金融业衍生产品。

然而,在全球化进程中,中国人在争夺大宗商品定价权上所迈出的每一步都是非常艰难的。中国人往往没有大宗商品价格的定价权,具体表现在:中国买进的东西往往是贵的,卖出的东西往往是便宜的。

二、大宗商品的中国时刻

"中国时刻"是指中国对某种大宗商品由净出口转为净进口。表 1-7 列出了一些商品的"中国时刻"和 2020 年该品种的进口依存度。

表 1-7　部分商品的"中国时刻"和其 2020 年进口依存度

品种	出现"中国时刻"的时间	2020 年该品种的进口依存度
石油	1993 年	77.80%
大豆	1996 年	88.00%
铜	1998 年	85.00%
铁矿石	2000 年	81.80%
天然橡胶	2002 年	85.50%
镍	2003 年	95.05%
黄金	2008 年	63.12%
煤炭	2009 年	76.43%
棉花	2009 年	20.76%

数据来源:同花顺 iFinD。

中国在改革开放后的短短 40 多年间,就已经动了世界的"奶酪"。表 1-8 统计了中国大宗商品消费量的全球占比。数据显示,从 1978 年至 2020 年,中国大宗商品消费总量的全球占比呈现上涨趋势。如镍的消费在 1978 年只占了世界镍资源的 1.0%,而 2020 年已经上升到了 51.4%。截至 2020 年,许多大宗商品消费量已经排在世界第一。也就是说,许多大宗商品对于中国来说,都到了"中国时刻"。

表 1-8　1978—2020 年主要大宗商品中国消费量对比

大宗商品	1978 年		2020 年		
	总消费量/万吨	占全球比/%	总消费量/万吨	占全球比/%	消费在全球排名
铁矿石	5560	4.5	139700	52.3	1
精对苯二甲酸(PTA)	14	4.7	7000	58.0	1
煤炭	40400	13	498300	46.0	1
精炼铜	58	6.0	1350	53.4	1
原铝	38	3.3	3910	56.3	1
棉花	200	14.7	740	30.9	1
精炼镍	1.2	1.0	130.32	51.4	1
大豆	680	10.9	11200	29.6	1
PVC	—	—	2281	43.8	1
玉米	4800	12.9	29600	27.2	2
原油	9205	2.6	73600	14.3	2
糖	227	2.6	12198.4	9.0	2

数据来源:同花顺 iFinD。

我国目前正处于工业化和城市化进程加快的时期,对能源资源和矿产资源的需求迅速增加。发达国家非常乐意以高价将原料卖给中国。但是未来,巴西等金砖国家将进入快速发展时期,他们同时也需要大量的大宗商品,这势必造成各国之间对资源的争夺。然而,国际上的大宗商品定价中心主要集中于美英等发达国家,贸易定价话语权掌控在跨国公司和垄断资本手中,因此如何平衡各国之间的利益,如何控制大宗商品的价格必然会被提上全球经济问题的议程。

近年来,大宗商品价格暴涨暴跌,如此剧烈的波动引发了全球各界对于引致这种现象的讨论。在众说纷纭中,一个词语频频出现于各类报纸、网站和研究报告中,对于它对大宗商品价格的影响几乎是众口一词,这就是"中国时刻"。从我们直观上观察到的数据来看,"中国时刻"似乎确实对大宗商品价格的波动发挥着某种程度的影响。大宗商品价格暴涨的 10 年(2001—2010 年),正是中国经济高速增长的 10 年,GDP 年均增长率接近 10%。同时,中国大宗商品消费量占世界总消费量的比重也持续上升。以铁矿石为例,从 2001 年至 2010 年间,中国铁矿石进口量从 9000 多万吨增长至 6 亿多吨。2010 年,中国铁矿石的消费量为 9.5 亿吨,占世界总消费量的 57%,铁矿石进口价格也从每吨 27 美元上涨至 128 美元。

中国对大宗商品价格的形成有一定的影响,主要原因是中国的大宗商品依赖进口,本身的资源存量无法支撑巨大且高速增长的需求,因此许多商品都必须通过国际市场进口,如中国进口铁矿石消费量约占国内消费量的 63%。2009 年,煤炭的"中国时刻"正式到来。虽然中国是一个产煤大国,但是中国地大人多,已经到了需要进口大量煤炭的时期了。由此造成了国际市场上大宗商品的需求量随着中国的经济增长而增加的现象。

三、大宗商品价格的高位震荡

当"中国时刻"发生,大量的购买量使大宗商品的价格不断上升,导致价格高位震荡。1900 年之前全世界有 2 亿人享受现代化生活,每年每个人消费的金属大约是 20 千克;经过 100 年,另外 8 亿人进入现代化生活;10 年后世界上又有 10 亿人进入现代化生活,每年每个人消费的金属大约在 200 千克。这 3 组数据说明了现代化的进程是不断加速且不可逆的。

目前导致大宗商品价格高位震荡的另一个原因是大宗商品供给增速缓慢。大宗商品供给增速缓慢的原因:一是现在大宗商品的配套开发成本高;二是可以开采的地区条件恶劣;三是大多数矿石品位下降;四是新增探明的储量递增;五是环保要求的限制。

未来我国企业面临的压力是非常大的,从需求的角度来说,未来,需求会加速增长。从供给的角度来说,目前大宗商品的供给增速会较为缓慢。因为可开发的原材料已经被开发得差不多了,尽管中国还有很多储量,但新增的储量大都在青藏高原、热带雨林等地。而要把这些资源开发出来,成本很高。比如我国自主开采铁矿石要花上百亿元,从巴西购买铁矿石只需 10 亿元,所以现在供给的增长幅度很慢。从经济学角度来讲,如果需求曲线指数式上涨,而供给曲线延缓增长,随着时间的推移,矛盾会越来越大,那么价格的增幅也会越来越大。

四、大宗商品在中国的现状

1990—2021 年,我国几类主要大宗商品消费量的全球占比总体呈上升趋势。然而,我国主要大宗商品的储量占全球比例远不及消费量,其中石油储量占比仅达 1.5%,钢铁占 11.8%,天然气仅有 3.1%,煤炭占 13.2%,呈现出较为明显的供不应求局面。由于我国主要大宗商品产量受资源制约,随着我国经济的发展,其贸易逆差也将持续扩大。因此,协调进出口贸易和供需平衡问题成为大宗商品市场平稳发展的关键。

以铁矿石为例,我国一年大约要消费 13—17 亿吨铁矿石,自主开发 7—8 亿吨,需要进口 6—10 亿吨。2022 年,中国成立了中国矿产资源集团,集中采购铁矿石和其他金属资源。中国虽然是铁矿石的消费大国,但始终没有掌握铁矿石的定价权,其中一个主要的原因就是我们的采购较为分散。我国的钢铁企业有好几千家,在与澳大利亚必和必拓等世界铁矿石巨头谈判时,都是各谈各的,没有齐心协力拧成一股绳。较低的集中度使得中国钢铁企业在议价方面站在相对弱势的地位,而国外的出口商则长期占据优势地位。中国矿产资源集团有限公司的成立,将原来分散的企业整合在一起,有利于提高中国对铁矿石的议价能力,从而提升国内钢铁企业的盈利。如稀土行业,中国稀土集团国际贸易有限公司的成立,就实现了中国对稀土企业的管理,达到了让国内稀土企业聚合起来,增强业务的效果。

目前国际上的大宗商品定价中心仍主要集中于美英等发达国家,贸易定价话语权掌控在跨国公司和垄断资本手中,因此我国产业界在国际贸易中损失惨重,国民财富大量流失。2004 年的中航油事件、2005 年的国储铜事件、2009 年的铁矿石长协机制瓦解事件、2020 年的中国银行原油宝事件、2022 年的青山镍事件等,无不反映出我国在大宗商品定价上处于被动局面。

近年来,我国在争取大宗商品的定价权上采取了不少措施。第一,推进"人民币结算"。这得益于我国在需求端的影响和适宜的政策环境,大宗商品人民币计价结算已具有较好的基础和条件。第二,建设大宗商品国际交易平台。逐步搭建起现货、期货、场外市场相结合,境内境外投资者均可参与的大宗商品市场平台和体系,形成全球大宗商品交易枢纽(2020 年 11 月 19 日上市的国际铜期货)。第三,增加境外投资。例如,2015 年 10 月 21 日,建行收购某英国金属交易公司,获得了伦敦金属交易所公开喊价圈内交易的权利;2012 年港交所收购伦敦金属交易所;等等。第四,发展现代供应链平台经济。将供应链管理与金融结合在一起,形成完整的产业生态圈,多方企业互联网化,整合产业链,大力发展新供应链平台经济。如 2022 年新成立的中国矿产资源集团,有利于提高国内铁矿石采购的行业集中度,有利于提升国内钢铁企业的行业话语权,有利于铁矿石资源的集中分配。

业界实例 1-4

世界原油市场定价机制演变

世界原油市场定价机制的演变充分反映了资源性大宗商品价格形成过程中力量与利益的博弈,是所有资源性大宗商品定价机制演变的缩影,对理解资源性大宗商品定价机制的客观规律具有重要的参考价值。

第一阶段是石油工业的早期阶段,从 1859 年现代石油工业的起点到 1928 年。这一阶段的石油还不具备现代资源性大宗商品的基本特征,其定价的竞争性比较充分。

第二阶段是"七姐妹"时期,大约从 1928 年到 1973 年。其标志性事件是 1928 年 8 月英荷壳牌石油公司、新泽西标准石油公司和英国石油公司在苏格兰签订《阿奇纳卡里协定》,该协定为了限制恶性价格竞争,规定 3 家公司按当时状况瓜分世界石油市场。后来海湾和美孚等另外 4 家石油公司也加入该协定,并以"七姐妹"闻名于世。该协定规定国际原油价格只按墨西哥湾的离岸价加上从墨西哥湾到目的地的运费计算,后来增加了一个波斯湾的离岸价加上从波斯湾到目的地的运费计算标准。这一定价规则完全是"七姐妹"垄断的结果。但这一定价规则过分剥夺了石油资源国的利益,首先导致委内瑞拉在 1948 年要求提高利润分成比例,进而在石油资源国导致了广泛的国有化运动,促使了欧佩克(石油输出国组织 OPEC 的汉语音译)的形成。

第三阶段即欧佩克时期,大约从 1973 年到 1986 年。其标志性事件是欧佩克于 1973 年单方面宣布收回石油定价权,并将原油价格从每桶 3 美元提高到每桶 12 美元。1979 年进一步大幅度提价至每桶 30 美元以上。欧佩克时期是国际石油定价权从"七姐妹"向石油资源国转移的时期,也是石油利益从英美等发达国家向拥有石油资源的发展中国家转移的时期。定价权和利益的转移伴随着石油价格的大幅度攀升,引起了发达国家两次大的经济衰退。

第四阶段是交易所时期,从 1986 年到现在。两次石油危机之后,以美国为首的发达国家开始试图打破欧佩克的垄断定价地位。当时出现了两个积极的变化:一是石油价格上涨引起欧佩克以外的油田的加速发现和开采;二是由于原油需求的无弹性,价格上涨反而引起了原油需求者对原油现货的恐慌性购买。现货价格比长期协议价格高的事实,使得欧佩克成员在原油供应方面逐渐用现货代替长期协议,推动了现货市场的发展,从而逐渐形成了欧洲鹿特丹和美国纽约两大原油交易市场,并分别发展出北海布伦特轻质原油和西得克萨斯中质原油两个价格标准,正式打破了欧佩克在原油市场上的垄断定价权。

五、我国大宗商品交易市场存在的主要问题

(一)未参与到国际商品定价体系中

目前我国大宗商品期货市场以区域性市场为主,很难参与到国际商品定价体系中。上海期货交易所、大连商品交易所和郑州商品交易所,过去曾经被认为是国际期货市场的"影子市场",经过多年的发展虽然已经成为国内价格风向标,但是参与者主要是国内生产商、贸易商,几乎没有国际机构参与。从长远来看,三大期货交易市场如果不能与国际期货市场对接,或者向国际生产商、贸易商和投资机构开放的话,就很难参与到国际大宗商品价格形成体系中。

(二)未建立国际转口贸易和分拨渠道

大宗商品交易市场与周边国家和地区还缺乏互动关系。随着全球制造业向亚洲转移,大宗商品国际贸易和物流也在向亚洲转移,亚洲地区大宗原材料的需求日益增长,中国的许多沿海城市具有成为亚洲地区分销、分拨中心的区域优势,但是中国目前还没有形成真正意义上的大宗商品分销和分拨中心。目前转口功能开展相对完善的地区是上海,尽管青岛、日照、宁波地区借助保税区的特殊优势,提出建立国际分拨中心的设想,但仍处于起步阶段。这些市场面临的是港口服务功能如何完善,如何与其他国家建立对接通道的问题。

（三）创新能力缺乏,发展步伐受限

大宗商品交易市场,尤其是具有中远期合约交易功能的电子交易市场,由于曾经存在不规范操作,引起市场的大起大落,出现"坐庄""携款潜逃"等问题,引起了相关部门的重视。为加强市场监管,商务部、证监会对不规范市场进行检查和处罚,取缔了一些严重违规的交易市场,并且对现有交易市场进行了严格规定(比如交割制度、保证金管理等)。一些大宗商品交易市场,为尽量避免出现制度风险,近几年采取保持现状的策略和方针,由于缺乏交易和服务功能创新,逐渐有交易萎缩的迹象。

（四）现代金融和物流服务配套能力不足

大宗商品市场需要现代金融服务、仓储物流等专业服务提供支持,但是国内与大宗商品市场发展相配套的金融服务和仓储物流功能仍很不完善。国内目前的金融配套服务还比较薄弱。在仓单融资方面,银行发展贸易融资的积极性不高、融资额度有限、办理手续烦琐。商业银行提供贸易融资服务时,要求企业进行商品抵押和其他财产抵押,融资金额为抵押物价值的60%—70%。而国际大宗商品贸易中,企业将货物存放到指定仓库即可获得仓单凭据,凭仓单可以在国际银行便利地获得80%—90%的融资额度。此外,国内与大宗商品交易相结合的商品风险管理、委托代理交易等服务也不完善。

国内大宗商品市场一般缺乏相配套的物流规划。国内大宗商品市场,尤其是以民营企业为主体的市场,都是先有市,后有场,逐渐形成产业集聚。这符合市场形成的一般规律,但是后期缺乏物流功能和设施的配套发展,市场运营能力提升有限。以余姚塑料城为例,它虽然起步早,但是整个市场环境还是零散的商户状态,电子交易市场发挥了一个价格发现的作用,对组织仓单流通发挥了重要的作用,但是与国际化大型大宗商品物流基地相比,标准化程度低,作业规模有限,产业链的整合力度不强,还很难成为国际化的交易中心和物流中心。

六、我国大宗商品行业的局限性

在我国,煤炭、稀土、能源、农产品等都是国有化的大宗商品。其中,煤炭是中国占主导地位的大宗商品。然而,国有企业普遍存在着决策时效性较长的问题。大宗商品价格波动频繁且剧烈,在一瞬间价格可能下跌10%。需要在第一时间做出反应,要认识并改善这方面的问题,我们还有较长的路要走。

另外,在我国的大宗商品行业,法律制定还不够完善。这主要是说仓单交易。仓单是指仓库保管人员应存货人的请求而填发的有价证券。根据我国法律规定,存货人交付仓储物的,保管人员应当给付仓单。例如,铁矿石还在海上,但是代表货权的凭证可以先在一个平台上挂牌,可以比货提前流转。这就意味着货权和货物是可以分开的。所以仓单的交易到底是属于金融的,还是属于实体的,现在尚缺明确的法律规定。

下一个20年,中国要成为世界大宗商品定价中心,不仅需要期货交易所,同时需要承载大宗商品国际贸易的现货交易中心和物流中心。由于中国是一个大宗商品消费大国,对于

稀缺资源,中国要在沿海城市布局,建立专业的交易中心和物流中心。中国为大宗商品贸易服务的金融产品要不断创新,完善大宗商品高端环节,为企业提供更多的金融服务。

中国要谋求大宗商品价格主导权,就要引导期货交易市场融入世界平台,要吸引全球买家、卖家和投资者参与。中国企业要参与全球大宗商品价格的形成过程,要主动掌握价格的变化,并采取及时的运营策略。

大宗商品行业发展现状

 小 结

在本章,我们初步了解了大宗商品未来发展的核心。在对大宗商品的概况做了介绍之后,又对大宗商品的 3 个属性进行了分析,从属性中发现大宗商品以及金融衍生品的特点。通过总结中国大宗商品行业的现状以及未来的发展趋势,得出要更好地发展大宗商品行业必须明确其商业模式,培养该行业的优秀人才,以更好地面对未来的发展。

推荐阅读

[1]约翰·C.赫尔:《期货与期权市场导论(第七版)》,郭宁、汪涛、韩瑾译,中国人民大学出版社 2014 年版。

名词解释

①大宗商品
②头寸
③衍生品
④做空和做多

思考题

①中国是大宗商品的消费大国,但是在世界上掌握不了定价权。怎样才能更好地拥有这个话语权?

②从数据上来讲,大宗商品市场其实和股票市场存在一个交替发展过程。罗杰斯提出,一般商品繁盛持续 15 年左右,按照这个逻辑来说,此次大宗商品的繁盛是否会告一段落?

第一章课后练习资料

第二章 大宗商品投资理论概述

大宗商品投资是一个令人捉摸不透的领域。国际大宗商品牛市起点可以追溯到 20 多年前。从 2001 年"9·11"事件之后不久，美元指数从 121 点附近开始掉头向下，进入下跌通道，这种贬值趋势在 2008 年金融危机和 2010 年欧债危机中出现过暂时的中断，但随着全球经济复苏，美元贬值趋势继续。可以说，长达 10 年的反恐战争从某种程度上动摇了美元霸权。美元经历了长达 10 年的贬值，以美元计价的国际大宗商品也出现了长达 10 年的牛市。在这 10 年间，国际白银现货价格上涨了 935％，黄金价格上涨了 5 倍，其他大宗商品如石油、粮食、大豆、棉花等都有不俗表现。这足以证明大宗商品成为方兴未艾的投资热潮。那么对于投资者来说如何投资大宗商品领域呢？

第一节 大宗商品投资市场发展

一、股票市场与大宗商品投资

股票最早出现于资本主义国家。在 17 世纪初，随着资本主义大工业的发展，企业生产经营规模不断扩大，由此而产生的资本短缺，制约着资本主义企业的经营和发展。为了筹集更多的资本，出现了以股份公司形态，由股东共同出资经营的企业组织，进而又将筹集资本的范围扩展至整个社会，产生了股票这种表示投资者投资入股，并按出资额的大小享受一定的权益和承担一定的责任的有价凭证，并向社会公开发行，以吸收和集中分散在社会上的资金。

股票交易市场可远溯到 1602 年，荷兰人开始在阿姆斯特河大桥上买卖荷属东印度公司股票，这是全世界第一只公开交易的股票，而阿姆斯特河大桥则是世界最早的股票交易场所，东印度公司成为世界上第一家可上市交易的股份公司。东印度公司成功地将社会分散的财富，变成了自己对外扩张的资本。同时，买入该公司股票的人也可以拥有丰厚的利润，形式有黄金、货币或是船队运回来的货物，多种多样。1608 年全球第一家股票交易所——阿姆斯特丹证券交易所在荷兰成立。那时候荷兰市民基本上都将钱投资于购买股票，并按出资额的大小享受一定的权益，承担一定的责任。股份有限公司这种企业组织形态出现以后，很快为资本主义国家广泛利用，成为资本主义国家企业组织的重要形式之一,其通过向社会公开发行股票,吸收和集中分散在社会上的资金。

股票是一种有价证券,是股份公司在筹集资本时向出资人公开或私下发行的、用以证明出资人的股本身份和权利,持有人根据所持有的股份数享有权益和承担义务的凭证。股票代表着其持有人(股东)对股份公司的所有权,每一股同类型股票所代表的公司所有权是相等的,即"同股同权"。股票可以公开上市,也可以不上市。

在二级市场上投资大宗商品股票,是一种风险较小和收益稳定的投资方式。国际大宗商品矿业巨头都是上市公司,持有淡水河谷、力拓、必和必拓、嘉能可等公司的股份,在大宗商品上涨周期内能获得不错的收益。

国内资源类、开采挖掘类原材料股票有铁矿石类股票:金岭矿业、广东明珠、大成股份、万力达、创新置业、西藏矿业;煤炭类股票:盘江股份、冀中能源、西山煤电、平煤股份、潞安环能、开滦股份、国际实业、中国神华;稀土永磁类股票:包钢稀土、广晟有色、五矿发展、中色股份、包钢股份、厦门钨业;有色金属类股票:江西铜业、铜陵有色、云南铜业、西部资源、雄震矿业、西部矿业、中国铝业、焦作万方、云铝股份、中孚实业、南山铝业、关铝股份、云南锗业、驰宏锌锗、中金岭南、罗平锌电、锡业股份、吉恩镍业、贵研铂业等。投资大宗商品上市公司同样要关注公司的基本面和技术面的情况,可以从股票分析和交易软件中调取上市公司信息,并用基本面和技术面手段进行分析。

以云南铜业(000878)为例,云南铜业公司由云南铜业(集团)有限公司独家发起并将其全资附属企业云南冶炼厂的主要经营性净资产经评估后折股,以社会募集方式设立的股份有限公司。公司成立后原改制主体云南冶炼厂法人地位继续保留并管理其剩余资产,与公司共同成为云南铜业(集团)有限公司的子企业。投资者要了解公司目前的股本结构、主要股东、流通股东基金持股的情况,要知晓公司的最新公告、各项公开的财务数据、重大事项。要通过分析软件了解云南铜业的当前价格、交易量、大单变化、持仓量、各项技术指标诸如 K 线、均线、MACD、KDJ、BOLL、OBV、RSI 等,综合进行行情判断。

二、商品期货市场与大宗商品投资

期货市场最早萌芽于欧洲,其历史可以追溯到中世纪。最初创建期货市场的目的是满足农民和商人的需要。早在古希腊和古罗马时期,就出现过中央交易场所、大宗易货交易,以及带有期货贸易性质的交易活动。当时的罗马议会大厦广场、雅典的大交易市场就曾是这样的中心交易场所。到 12 世纪,这种交易方式在英、法等国的发展规模很大,专业化程度也很高。1251 年,英国正式允许外国商人到英国参加季节性交易会。后来,在贸易中出现了对在途货物提前签署文件,列明商品品种、数量、价格,预交保证金购买,进而买卖文件合同的现象。1571 年,英国创建了世界上第一家集中的商品市场——伦敦皇家交易所,在其原址上后来成立了伦敦国际金融期货期权交易所。其后,荷兰的阿姆斯特丹建立了世界上第一家谷物交易所,比利时的安特卫普开设了咖啡交易所。1666 年,伦敦皇家交易所毁于伦敦大火,但交易仍在当时伦敦城的几家咖啡馆中继续进行。17 世纪前后,荷兰在期货交易的基础上发明了期权交易方式,在阿姆斯特丹交易中心形成了交易郁金香的期权市场。1726年,另一家商品交易所在法国巴黎诞生。

现代意义上的期货交易在19世纪中期产生于美国中北部地区。1848年芝加哥的82名商人发起组建了芝加哥期货交易所,并采用远期合约方式进行交易。到了1865年,又推出了标准化合约,同时实行了保证金制度,向签约双方收取不超过合约价值10%的保证金作为履约保证。之后又有许多交易所诞生:1874年芝加哥商业交易所诞生;1876年伦敦金属交易所诞生;1885年法国期货市场诞生。期货交易与现货交易、远期交易的关系可概述如下:期货交易是一种特殊的交易方式,它的形成经历了从现货交易到远期交易,最后到期货交易的复杂演变过程,它是人们在贸易过程中不断追求交易效率、降低交易成本与风险的结果。

从早期的农产品期货开始,100多年来,期货交易的对象不断扩大,种类日益繁多,花样不断翻新。有传统农产品的期货,如谷物、棉花、小麦、油菜籽、燕麦、黄豆、玉米、糖、咖啡、可可、猪、猪肚、活牛、木材等;有金属期货,如黄金、白银、铂、铜、铝等;有方兴未艾的能源期货,如原油、汽油等;有20世纪70年代后迅速崛起的金融期货,如外汇、利率、股票指数等。

期货市场在中国的发展也慢慢壮大起来,中国现在有三大交易所,上海期货交易所、郑州商品交易所、大连商品交易所。期货交易所由四部分组成,分别为期货交易所、期货结算所、期货经纪公司和期货交易者。

商品期货交易的参与者简单分为两类,一类是套期保值者,一类是投资者。套期保值是期货交易所成立的初衷,很多企业为了分散经营中的风险,锁定利润或预期的亏损,就要进行套期保值。第二个就是投资者。像期货市场上10%左右的交易是套期保值者完成的,90%或90%以上的交易由投资者完成。一个市场如果没有投资者的参与,那这个市场基本上就是死水一潭,没有大的市场波动,或者这个市场会慢慢消失。

三、大宗商品电子交易市场与大宗商品投资

大宗商品现货电子交易平台为生产商和销售商的大宗商品买卖提供了网上交易、行情分析的平台,通过平台就可实现大宗商品的下订单、竞买、竞卖、招标、撮合、挂牌等多个交易处理环节。

大宗商品电子交易市场当前典型的交易模式有以下几种。

(一)现货中远期交易

现货中远期交易一般以6个月内的标准化电子交易合同为交易标的,交易商采用保证金、多对多集中撮合动态定价的交易方式,在合同有效期内根据浮动盈亏实行当日无负债结算,在交收日以仓单进行现货交收。现货中远期交易是目前各电子交易中心最常用、最基本的一种交易模式。

(二)现货延期交易

现货延期交易,也叫连续现货交易、现货订单延期交易,是指交易商通过交易中心

电子交易系统进行交易品种的买入或卖出的价格申报,经电子交易系统撮合成交后自动生成电子交易合同,交易商可根据该电子交易合同约定,自主选择当日交收或是延期交收的交易方式。交易中心在指定时间段接受交易商的交收请求,对符合交收条件的请求进行交收处理。为解决申请交收时买卖数量不等造成的交收差额,由交易中心认定的中间仓交易商弥补交收差额。

(三)网上商城交易

网上商城是指在互联网上建设的"多个商铺对多个采购者"的大型商城,是一种"多对多"的网上交易模式,各供货商可以在网上商城分别建立自己的网上商铺,各采购者可以浏览各商铺展示的在售商品,进行在线购物。网上商城为供货商提供便利的自助开店、展示商品和店铺管理功能,为购物者提供方便的检索商品、浏览店铺、在线购物服务,为商城管理人员提供对会员、商铺及整个商城的后台管理功能。

(四)现货挂牌洽谈交易

现货挂牌洽谈交易可分为现货要约销售和现货要约采购两种。交易商首先进行现货挂牌要约(销售或采购),感兴趣的采购商查阅到挂牌要约信息后,可以应约(采购或销售),在买卖双方确认成交后,可以通过交易系统签署详尽的电子合同,双方可以打印合同,签字盖章后进入货物交收处理、货款了结、违约处理和违约金支付流程。

(五)现货挂牌撮合交易

现货挂牌撮合交易是指卖方在交易市场委托销售订单/销售应单,买方在交易市场委托购买订单/购买应单,交易市场按照价格优先、时间优先原则确定双方成交价格并生成电子交易合同,再按交易订单指定的交收仓库进行实物交收的交易方式。

(六)网上超市交易

网上超市交易类似于现实生活中的超市购物。电子交易市场运营方负责所售货物的采购和销售,通过网上超市,可以发布各种类型的商品信息,采购者可以在网上超市中浏览、选购所需的商品(进购物车),在收银台确认支付即可完成交易。网上超市是能够以较快的速度、立竿见影带来人气和业务量的电子交易模式。

(七)竞价拍卖交易

竞价拍卖交易是指类似于现场拍卖会的、卖方交易商对自己的现货进行竞价拍卖的"一对多"的竞价交易模式。卖方交易商填写、发布竞价销售商品委托报单的详细信息,买方交易商可以下单竞买,在交易期限内按照价格(高)优先、数量优先、时间优先的原则成交。

(八)竞价招投标交易

竞价招投标交易是指买方交易商提出自己的要求,在电子交易市场进行招标购买,卖方交易商进行投标的"一对多"的竞价交易模式。买方交易商可在限定的商品范围内选择某种商品进行招标购买,填写、发布竞价采购商品委托报单的详细信息,预计交货日能有符合买方采购条件的商品的卖方交易商可以下单竞卖,在交易期限内按照价格(低)优先、数量优先、时间优先的原则成交。

(九)专场交易

专场交易是可对以上各种交易模式进行"特定专场"交易的特殊交易模式,即可以对某些商品或某批商品限定生产厂家、产地、交货地或交货日期等相关条件进行专场交易。

(十)团购交易

团购交易模式既可以作为系统的功能模块来使用,也可以单独使用为客户快速建立团购平台。此平台既为广大客户提供联合起来向商家进行大宗商品廉价购买的消费服务,又可为商家带来巨大的营业额。

第二节 大宗商品投资基本工具

一、货币与商品货币

在目前的经济条件下,任何一个产品想要表现它的价格都要用货币表示,导致货币演变成交易品种。全球的货币可以简单分为两大类,一种是商品货币,一种是全球结算货币。

商品货币是货币形态发展的最原始形式。在原始社会中,出于商品交换的需要,人类在不断地寻找一种能够被人们普遍接受的交换媒介。在漫长的人类发展历程中,兽骨、贝壳等原生态的物品都曾经发挥过货币的职能。随着人类文明的进步和冶炼技术的成熟,金、银等贵金属成为早期稳定的货币形态。无论是原生态的物品,还是金属,都同时具有商品本身的价值和属性,在执行货币职能时是货币,在不执行货币职能时是商品,并且作为货币时的价值与作为商品时的价值相同,因此把这个阶段的货币形态称为商品货币。

资源型国家发行的货币,像澳大利亚的澳元,南非的兰特,都是大家公认的资源型商品货币,特别是澳元,只要铁矿石价格涨了,它们就会升值。南非的兰特主要是和黄金等贵金属相关。现在中国取代了南非成为全球最大的黄金生产国,但是南非还是全球第二大黄金生产国,同时还是全球最大的铂金生产国。很多投资者把南非的货币和贵金属价格挂钩。另外一些小的国家,像利比亚,其货币币值之前基本上跟石油价格相关。而很多非洲国家,其收入基本上都是来源于大宗商品的出口,经济命脉就在大宗商品的价格上。像智利,它的货币币值跟铜的价格关联很大,只要铜的价格低于每吨6000美元,就可能会发生财政赤字。

商品货币的特点:第一,商品性。商品货币本身既是货币又是商品,且作为货币和作为商品时价值相同。换句话说,商品货币具有很强的保值能力。正因为这样,大量的商品货币(如金银)被用于储藏。因此在商品货币时期,对于货币的管理需求主要体现为对货币的计量和存储。第二,实物性。从原始的贝壳到金银,再到贵金属货币,商品货币始终没有脱离实物形态,具有体积大和质量大的特点。当进行大宗商品买卖时,人们只能用车马等交通工具运送货币。商品货币的实物性特点极大地降低了其流通的效率,提高了流通成本。第三,多样性。在商品货币时代,货币的形态不止一种,如银圆和铜钱就在明清时期并存多年。多种货币形态同时存在的特点,使货币兑换业务成为一种重要的金融活动。

扩展阅读 2-1

影响中国的海上白银之路

股票市场的出现,第一次把经济要素组织起来。东印度公司成立以后在亚洲和美洲有一个大三角的航行路线,将墨西哥和秘鲁的白银运到中国来,然后从中国运茶叶和瓷器到欧洲。这个时间在中国是明朝万历年间,那时候白银和新的贵金属进入中国市场。中国从以前的铜圆时代进入银圆时代,逐渐变成了银本位的国家。

明朝白银的海外来源主要是日本和美洲,明朝巨大的白银需求直接刺激了相关国家和地区的白银开采,并逐渐形成了以明朝为中心的白银贸易体系。15世纪,当葡萄牙人发现中日间的丝银贸易可以获得巨大利润的时候,就积极参与其中,开展了活跃的中介贸易,以中国丝绸换日本白银,并将贸易范围扩大到欧洲。

在随后的历史时期,日本白银产量的绝大部分,以及占美洲产量3/4的世界白银流入了中国,总数极为庞大(日本白银开采的时间大约只有90年)。明朝经海上贸易流入中国的白银,远超其270余年间国内开采的白银总量。而最为关键的是:白银成为世界货币,在世界经济一体化的历史进程中起到极其重要的作用。

16世纪初,由于葡萄牙人垄断了绕过非洲到亚洲的东印度航线,西班牙被迫另辟他途,即向西越过大西洋,经过墨西哥西渡太平洋,再到亚洲。1571年,西班牙又占领马尼拉,从此开通了阿卡普尔科—马尼拉之间的大帆船贸易,而1567年(即隆庆元年),明朝正式解除海禁。中国人能生产世界上最好的商品,而驱动中国不断扩大商品生产的却是在中国紧缺的贵金属——白银,西班牙人手里掌握着经墨西哥出口的白银,支配了漫长的16世纪的墨西哥—菲律宾—中国福建海上跨国大帆船贸易体系就此形成。

大帆船航线既可称"海上丝绸之路",也可称"海上白银之路"。

二、商品股票

商品股票相对于商品来说，最大的区别就是有更高的大众参与度。商品股票有90%以上是普通投资者在参与，而且商品股票不像期货，比如铜，只有这么一种——跟铜相关的股票上市公司有几十家，在全球范围内可能有上百家。

国内主要的铜冶炼企业都已经上市，像江西铜业、云南铜业、铜陵有色，这些股票在前几年的股票和商品大牛市中表现得非常好，很多股票的价格都可能翻了10倍以上。商品股票市场全球范围内总市值庞大，至少是1万亿美元以上，而且流动性非常好。现在很多商品投资者都已参与到商品股票的投资中来。

作为资产配置的一部分，投资商品股票不但可以起到分散风险的作用，而且可以提高整体投资回报率。商品股票主要可分为三大类：能源类股票、农业类股票、金属行业类股票。下面就当前国内外形势分别介绍一下三大类商品股票的投资策略。

能源类商品的投资策略主要以政策导向为风向标。回顾过去的20年，受到政策扶持的资源类、消费类板块均表现出了"弱市抗跌，牛市领涨"的特征。近年来，扶持产业的政策陆续出台。其中，区域均衡发展与城镇化、产业升级、大消费、节能减排与循环经济四方面得到了政策的大力支持。在经济复苏利好的驱动下，2020年，中国的一次能源需求增长2.1%。2020年，中国是为数不多的几个能源需求增长的国家之一。

就农业类商品的投资策略而言，未来我国将在产业增效、产品提质、生态改善、制度创新等方面切实发力，提升社会消费能力，为政府主导的"三品一标"高端农产品消费带来机遇。提高农业生产的效益和竞争力要以促进农民增收、产业增效、生态增值为目标，注重市场引导和政策支持，促进农业由增产向提质转变，加快推进乡村产业振兴。打造高质量生态，解决农业农村生态环境保护问题，全面贯彻"一控两减三基本"要求，切实推行绿色生产方式，推动实现投入品减量化、生产清洁化、废弃物资源化、生产模式生态化，从根本上解决农业面源污染问题。要进一步深化改革，增强乡村发展活力，实现农业农村高质量发展，归根结底要靠深化改革。一是巩固和完善农村基本经营制度。二是深化农村土地制度改革。三是深入推进农村集体产权制度改革。四是完善农业支持保护制度。

就金属类商品的投资策略而言，综观当前全球经济状况和各国货币政策发展趋势，不难发现经济复苏与通胀压力并存。美联储及欧洲央行的鹰派政策，俄乌的地缘冲突都给未来的经济增加了诸多不确定性。随着能源危机的困境缓解，工业生产的触底反弹，以及需求拐点的出现，有色金属价格有望出现支撑。综合来看，基本面可以支撑价格，但可能处于震荡行情，有望震荡上行。

在商品股票市场，国外有非常多的基金公司都会参与进来，国内这种现象也有，但相对于国外来说少很多。这两年来，中国各种各样的私募基金越来越多，对中国商品股票市场的影响力也越来越大。

三、商品期货

期货与现货相对,是现在进行买卖,在将来进行交收或交割的标的物。这个标的物可以是某种商品,例如黄金、原油、农产品,也可以是金融工具,还可以是金融指标。商品期货指标的物为实物商品的期货合约。

商品期货投资的基本特征:第一,标准化的合约。指由期货交易所统一制定的、规定在将来某一特定的时间和地点交割一定数量和质量商品的标准化合约。第二,通过场内集中竞价的方式,中国的期货交易所都是通过计算机进行撮合交易。第三就是保证金交易。比如铜,交易所规定的比例是8%,相当于有12.5倍的杠杆。第四就是它的对冲性,期货市场是零和游戏的市场,不像股票市场会随着市场发展和公司的成长把蛋糕做大。期货交易的结算是由交易所统一组织进行的。期货交易所实行每日无负债结算制度,又称"逐日盯市",指每日交易结束后,交易所按当日结算价结算所有合约的盈亏、交易保证金、手续费、税金等,对应收应付的款项同时划转,相应增加或减少会员的结算准备金。

期货市场的交易规模非常大,自2018年起,中国期货成交金额逐年攀升,2020年,中国期货成交金额达437.3万亿元,较2019年增加了146.71万亿元,同比增长50.5%。之所以金额如此庞大,第一是因为期货的一个特征,即保证金交易的杠杆原理;第二是因为期货的交易非常活跃,95%以上的期货合约都不会发生交割,期货的持有人95%以上都不会到交易所交割产品,既不会把铜拉到交易所,也很少会把铜从交易所拉出来,经常发生实物交割的企业很多都是做套期保值的,投资者基本上不会进行实物的交割。

套期保值是指把期货市场当作转移价格风险的场所,把期货合约作为将来在现货市场上买卖商品的临时替代物。套期保值的基本特征是在现货市场和期货市场对同一种类的商品同时进行数量相等但方向相反的买卖活动,即在买进或卖出现货的同时,在期货市场上卖出或买进同等数量的期货,一段时间后,价格变动使现货买卖出现的盈亏可由期货交易上的亏盈抵消或弥补。从而在"现"与"期"之间、近期和远期之间建立一种对冲机制,以使价格风险降到最低。

知识拓展 2-1

现货交易、远期交易和期货交易的区别

表 2-1　现货交易、远期交易和期货交易的区别

	现货交易	远期交易	期货交易
交易对象	商品本身	商品本身	期货合约
交易目的	一手交钱,一手交货,以获得或转让商品所有权	获得或转让商品所有权,锁定价格风险	转移现货市场的价格风险(套期保值者),从期货市场的价格波动中获得风险利润(投资者)
交易场所	没有固定交易场所	没有固定交易场所	必须在期货交易所内进行交易
交易方式	一对一谈判签订合同,具体内容由双方商定	一对一谈判签订合同,具体内容由双方商定	以公开、公平竞争的方式进行交易,私下对冲属违法行为
交割方式	现货交割	现货交割	大多通过对冲平仓
商品范围	进入流通的商品	交易品种较多	农产品、石油、金属及一些初级原材料等"特殊化的商品"和金融产品

四、商品期权

期权又称选择权,是在期货的基础上产生的一种衍生性金融工具。从本质上讲,期权是在金融领域中将权利和义务分开进行定价,使得权利的受让人在规定时间内对是否进行交易行使其权利,而义务方必须履行。在期权交易时,购买期权的一方称作买方,而出售期权的一方称作卖方。

期权主要有如下几个构成因素:①执行价格(又称履约价格、敲定价格),即期权的买方行使权利时事先规定的标的物买卖价格。②权利金。期权的买方支付的期权价格,即买方为获得期权而付给期权卖方的费用。③履约保证金,即期权卖方必须存入交易所用于履约的财力担保。④看涨期权和看跌期权。看涨期权,是指在期权合约有效期内按执行价格买进一定数量标的物的权利;看跌期权,是指卖出标的物的权利。当期权买方预期标的物价格会超出执行价格时,他就会买进看涨期权,相反就会买进看跌期权。

期权是中国未来金融创新的重要发展方向。目前在中国,场内期权已经有了股票指数期权和一部分商品期权(如表 2-2)。场外期权包括个股等期权品种。场内期权起步时间较晚,有些品种的交易并不活跃。

表 2-2　场内商品期权品种

交易所	期权品种
上海期货交易所	橡胶、黄金、铜、铝、锌
大连商品交易所	豆粕、玉米、铁矿石、液化石油气、PP、PVC、塑料、棕榈
郑州商品交易所	白糖、棉花、甲醇、PTA、菜粕、动力煤
上海能源交易所	原油

期权的发行期跟信用违约掉期(CDS)比较类似。由于杠杆操作具有高风险,按照正常的规定,银行不运行这样的冒险操作,所以有人想出一个办法,把杠杆投资拿去做"保险"。这种保险就叫 CDS。具体情况在拓展阅读 2-2 中会详细介绍。买的人对未来市场状况有个预期,愿意付一部分的钱来锁定利润或者亏损,相当于一个是期权买方,一个是期权卖方。因为拿了买方的钱,卖方给自己附加了义务,当期权要行权的时候他必须要保证期权的行权。

在市场上为了让期权的卖方履行职责,采用在交易所规定的账户内放足够额度资金的方式,来保证期权的履行。在进行期权交易时,首先要有期权行权的价格。

看涨期权策略:1月1日,标的物是铜期货,它的期权执行价格为 1850 美元/吨。A 买入这个权利,付出 5 美元;B 卖出这个权利,收入 5 美元。2 月 1 日,铜期货价上涨至 1905 美元/吨,看涨期权的价格涨至 55 美元。A 可采取两个策略:第一,行使权利。A 有权按 1850 美元/吨的价格从 B 手中买入铜期货。B 在 A 提出这个行使期权的要求后,必须予以满足,即便 B 手中没有铜,也只能以 1905 美元/吨的市价在期货市场上买入而以 1850 美元/吨的执行价卖给 A,而 A 可以 1905 美元/吨的市价在期货市场上抛出,获利 50 美元/吨。B 则损失 50 美元/吨。第二,售出权利。A 可以 55 美元的价格售出看涨期权,A 获利 50 美元/吨。如果铜价下跌,即铜期货市价低于敲定价格 1850 美元/吨,A 就会放弃这个权利,只损失 5 美元权利金,B 则净赚 5 美元。

看跌期权策略:1月1日,铜期货的执行价格为 1750 美元/吨,A 买入这个权利.付出 5 美元;B 卖出这个权利,收入 5 美元。2 月 1 日,铜价跌至 1695 美元/吨,看跌期权的价格涨至 55 美元/吨。此时,A 可采取两个策略:第一,行使权利。A 可以按 1695 美元/吨的市价从市场上买入铜,而以 1750 美元/吨的价格卖给 B,B 必须接受,A 从中获利 50 美元/吨,B 损失 50 美元/吨。第二,售出权利。A 可以 55 美元的价格售出看跌期权。A 获利 50 美元/吨。如果铜期货价格上涨,A 就会放弃这个权利而损失 5 美元权利金,B 则净赚 5 美元。

通过上面的例子,可以得出以下结论:一是作为期权的买方(无论是看涨期权还是看跌期权),只有权利而无义务。他的风险是有限的(亏损最大值为权利金),但在理论上获利是无限的。二是作为期权的卖方(无论是看涨期权还是看跌期权),只有义务而无权利,在理论上他的风险是无限的,但收益是有限的(收益最大值为权利金)。三是期权的买方无须付出保证金,卖方则必须支付保证金以作为必须履行义务的财务担保。

业界实例 2-1

中航油事件

中航油于 2001 年 12 月 6 日批准在新加坡交易所上市。在其上市《招股说明书》中，中航油的石油贸易涉及轻油、重油、原油、石化产品和石油衍生品等 5 个部分，公司的核心业务是航油采购，公司交易的衍生品包括纸货互换和期货。

中航油于 2002 年 3 月起开始从事背对背期权交易，从 2003 年 3 月底开始进行投资性期权交易。这项业务仅限于公司两位交易员进行。在 2003 年第三季度前，由于中航油对国际石油市场价格判断准确，公司基本上购买"看涨期权"，出售"看跌期权"，产生了一定利润。

2003 年底至 2004 年，中航油错误地判断了石油走势，调整了交易策略，卖出看涨期权并买入了看跌期权，导致期权盘未到期时面临亏损。为了避免亏损，中航油分别在 2004 年 1 月、6 月和 9 月先后进行了三次挪盘，即买回期权以关闭原先盘位，同时出售期限更长、交易量更大的新期权。但每次挪盘均成倍扩大了风险，该风险在油价上升时呈现指数级的扩大，直至中航油不再有能力支付不断高涨的保证金，最终导致财务困境，并宣布破产。

对于中航油事件，市场人士颇多疑问。其中重要的疑团就是，为何此次中航油在进行投资操作时，竟会选择"卖出看涨期权"。在油价涨至每桶 40 美元左右时，如果中航油真的看空油价，完全可以选择更安全的期权产品——"买入看跌期权"。中航油石油期货交易出现巨额亏损的时候，正值纽约原油期货价格飙升至每桶 55.67 美元的高点。"为什么国际投机力量推动的原油期货最高价，与中航油爆仓的价位这么接近？且最高价出现的时间点，与中航油爆仓的时间点几乎同步？"这是一位原油资深人士的疑惑。而这正是市场人士认为的此次中航油事件的另一大疑团。在中航油爆仓后，油价便开始连续回落，从这些迹象看，很可能此次中航油中了国际炒家的圈套，故意逼空中航油。

商品期权介绍

五、商品互换

商品互换是指没有直接关系的商品生产者和用户之间的合约安排，通过这种安排，双方在规定的时间内针对给定的商品和数量，定期用固定价格的付款来交换浮动价格的付款。其可以细分为固定价格及浮动价格的商品价格互换、商品价格与利率互换两类。由于固定价格及浮动价格的商品价格互换最为常见,下面着重介绍其特点及应用。

从基本概念上看,固定价格及浮动价格的商品价格互换是指交易双方中,A 为一定数量的某种商品按照每单位的固定价格定期对 B 支付款项,B 为相等数量的某种商品按照每单位的浮动价格定期向 A 支付款项,这里的浮动价格是以定期观察到的即期价格为基础计算的平均数。结算可以通过实物交割,但大多数情况下是通过现金交割的。从本质上看,商品互换是固定风险与浮动风险之间的互换。

假设 A 是消费方,B 是生产方。消费方 A 为锁定生产成本,通过互换合约,定期支出固定的采购成本,并且从清算机构得到等同于该种商品浮动市价的现金流,从而规避现货市场采购价格波动带来的成本风险。生产方 B 为获得固定收益,支付等同于浮动市价的现金流给清算机构,与此同时,获得合约中的固定价格,从而规避产品销售价格波动带来的风险,达到套期保值的目的。需要注意的是,这里提到的浮动市价并非当日的现货市场价格,通常是指固定观测期内现货价格的平均值。根据不同商品、不同合约,这一观测期的长短不等。

由于互换交易属于场外交易,其合约并不像期货合约那样具有标准化性质,而是根据客户的个性化需求制订的。企业和经纪公司可以根据保值数量(重量)、地理位置、合约期限、交割方式等进行自主协调。因此,其受到众多有保值需求企业的追捧。商品互换被广泛应用于供给和需求波动性较大的行业,如能源、化工、农产品等领域。原油互换交易受到很多相关企业的青睐,每年消耗巨量燃油的航空公司及其他交通物流公司就是原油互换市场的积极参与者。

下面通过钢厂利用互换交易锁定成本的案例,简单介绍一下商品互换的应用。

2010 年 1 月,CFR 中国含铁量为 62% 的铁矿粉即期价格为 106 美元/吨。

A:买方(钢厂)。

国内某钢厂达成一笔于 2010 年供应钢板产品的合同,预期在 2010 年 3 月用好望角型船舶进口总量为 75000 吨含铁量为 62% 的铁矿粉。由于钢厂预计铁矿石价格将会在 3 个月内大幅上涨,为锁定采购成本,该钢厂将出价 105 美元/吨,购买 2010 年 3 月的 CFR 中国含铁量为 62% 的铁矿粉互换合约。

B:卖方(铁矿石供应商)。

与此同时,某家拥有铁矿石存货的供应商,为了规避铁矿石价格下跌可能引起的存货价值减少的风险,希望以互换对冲的方式来抵消现货市场的潜在亏损。该供应商想把铁矿粉的价格锁定在 107 美元/吨。

C:经纪人。

作为交易双方的中介,场外经纪人把双方撮合在一起,组织其协商后,同意将价格定在 106.5 美元/吨。

虽然钢厂依然蒙受了由现货价格走高导致的亏损,但互换合约的使用对冲掉了大部分的价格波动风险,大幅降低了钢厂的亏损。综上所述,商品互换是一种特殊类型的金融交易,交易双方同意交换与商品价格有关的现金流,以管理商品价格波动所带来的风险。

六、商品指数

以大宗商品价格编制的指数就是大宗商品指数,目前国际上知名的大宗商品指数有 CRB 指数、MSCI 商品指数、道琼斯商品指数等。比如说 MSCI 商品指数会选 20 个产品,不同的产品有不同的权重,占比最高的是能源。比如 CRB 指数占比最高的是金属。不同的商品按照不同的权重组合在一起就构成了商品的指数。不同的商品指数每年都会调整百分比。所以,每年的商品指数都不一样。这些商品指数的长期持有者一年之内很少操作,只会买一次也只会卖一次。在每年年初买入,在每年年底重新调整权重之后卖出。

目前,道琼斯商品指数包括 19 种商品,各种商品的权重是根据最近 5 年的全球平均产量与全球平均贸易量来调整的,每年调整一次,在 1 月上旬实施调整。道琼斯商品指数的设计最明显的特点是多样性。道琼斯商品指数中没有一种商品的权重超过 33% 或者小于 2%。2005 年可可这种商品从该指数中被剔除,因为它的权重低于 2%。同样,能源期货的权重被限定为不得超过 33%。这种规则使得该指数波动性比较小,指数运行相对稳定,适合大型机构投资者参与。目前道琼斯商品指数在芝加哥期货交易所上市。

CRB 指数是最早创立的商品指数,诞生于 1957 年,最早由 28 种商品组成,其中 26 种在美国和加拿大大上市。1986 年该指数在纽约商业交易所开始交易。CRB 指数是以一揽子的商品价格为组成成分,在此基础上计算而得到的商品指数,反映的是美国商品价格的总体波动,能使机构和个人投资者利用指数交易获得商品价格综合变动带来的收益。CRB 指数原来赋予了各构成商品同等的权重,因此某一商品价格的反向变动不会导致 CRB 指数值出现异常巨大的变动。同时,在计算指数值时,CRB 指数利用了合约延期和几何平均技术,这对指数价格的波动起到了平抑作用,从而创造了相对平滑的价格走势。2005 年 6 月 20 日,CRB 指数更名为路透/Jefferies 商品研究局指数(Reuters/Jefferies CRB Index,简称 RJ/CRB)。原来的商品指数中所有商品的权重是等同的,而新的商品指数将所有商品分成 4 个权重等级,最高的原油权重为 23%,最低的橘子汁、镍、小麦权重只有 1%。该指数每个月调整一次,选择的商品价格采用期货合约的近期月份,而不是以前采用的 6 个合约月份的平均价格。

CRB 指数由于能有效地反映出大宗商品价格的总体趋势,同时也为宏观经济是否景气提供有效的预警信号,成为最为著名的商品指数。目前该指数在国内外市场中被广泛关注和应用。

七、商品 ETF

ETF 是交易型开放式指数基金,又被称为交易所交易基金(Exchange Traded Funds,简称"ETF"),是一种在交易所上市交易的、基金份额可变的开放式基金。

交易型开放式指数基金属于开放式基金的一种特殊类型,它综合了封闭式基金和开放式基金的优点,投资者既可以在二级市场买卖 ETF 份额,又可以向基金管理公司申购或赎回 ETF 份额,不过申购或赎回必须以一揽子股票(或有少量现金)换取基金份额或者以基金份额换回一揽子股票(或有少量现金)。由于同时存在二级市场交易和申购赎回机制,投资者可以在 ETF 二级市场交易价格与基金单位净值之间存在差价时进行套利交易。套利机制的存在,可使 ETF 避免封闭式基金普遍存在的折价问题。

商品 ETF 是一种以实物为基础资产,追踪现货实物价格波动的金融衍生产品。ETF 能让更多的人,特别是很多散户、小的投资者参与商品投资。黄金 ETF 基金以黄金为基础资产,可以在证券市场交易。因黄金价格较高,黄金 ETF 通常以 1/10 盎司为一份基金单位,每份基金单位的净资产价格就是 1/10 盎司现货黄金价格减去应计的管理费用。

2003 年,世界上第一只黄金 ETF 基金在悉尼上市。2004 年是黄金 ETF 大发展的一年。3 只黄金 ETF 相继设立,并成就了自 2004 年以来黄金 ETF 市场的巨无霸——StreetTracks Gold Trust 基金(纽交所代码 GLD)。该基金由世界黄金信托服务机构发起,于 2004 年 11 月 18 日开始在纽约证券交易所交易,高峰时期持有黄金超过 400 吨。此后黄金 ETF 产品在全球引发了认购热潮。个人可以很简单地买入 ETF 并持有,黄金 ETF 的运作如图 2-1 所示。

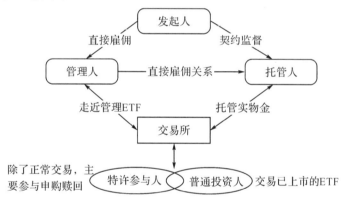

图 2-1 实物黄金 ETF 运作结构

投资者对黄金的投资需求强烈,导致黄金 ETF 持有的黄金量增长非常迅猛,甚至超过许多国家的黄金储备规模。以全球最大的黄金 ETF 为例,StreetTracks 持有的黄金数量已经超过了 600 吨,这一庞大规模是在不到 4 年的时间里达到的。

这也揭示出黄金交易市场一个令人关注的难题。先来看看另外一个与黄金完全不同的商品:可可。可可的供给来自非洲、南美洲及亚洲,而需求绝大部分来自遍及全球的巧克力行业。当一个投资者决定投资可可时,他通常在商品交易所买卖可可期货合约,而不是在其家里储存大量的可可。通常情况下可可交易商也不打算进行可可的实物交割,在合约到期前,90% 的合约都会被平仓,只剩下 10% 左右的合约会在生产商和消费商之间进行交割。因此,几乎可可的所有未平仓合约都由交易商所持有,他们不会直接影响可可的实际供给和需求。这也意味着可可交易市场可以反映可可供给和需求的动态变化。

然而，这种情况对于黄金交易却不适用。随着黄金需求增长，金价不断上扬，而黄金 ETF 持有的黄金数量增长，却使得流向终端消费者的黄金数量在不断降低，最终世界黄金实物的供给下降。

黄金 ETF 持有的黄金数量增加，会使得黄金市场运行转化为牛市自我实现的情形，这也是过去几年里金价上涨很难单单从供给和需求基本面来判断的重要原因。

扩展阅读 2-2

其他金融衍生品交易

国际上金融衍生品种类很多，各国在活跃的金融创新活动中接连不断地推出金融衍生品。在世界各地，金融衍生品交易的三大品种——股指期货、利率期货、汇率期货及与三者相对应的期权交易可以说已经非常普及。我国现阶段的金融衍生品交易主要指以期货为中心的金融业务。

全球各类金融市场市值的情况如下：各类金融市场在 1998 年之后进入爆发增长期，不同的产品都会有这样的特点。从 1998 年到现在，金融市场的发展一直在突飞猛进。1998 年外汇期货的市值约为 18 万亿美元，2008 年 6 月，金融危机爆发前外汇期货的市值已接近 63 万亿美元。

利率衍生品从 1998 年最初的 42 万亿美元到 2008 年的 458 万亿美元规模。股票衍生品从 1 万亿美元的规模，到超过 10 万亿美元的规模。商品期货也非常类似，从 400 多亿美元到超过 13 万亿美元，已经超过了股票衍生品的规模。

另外一个臭名昭著的就是信用违约掉期（CDS），在 1998 年之前这个市场还不存在，到 2008 年已经超过 62 万亿美元的规模。像外汇、利率、股票、商品，都是在交易所进行交易的，大家都看得到，但信用违约掉期很多都是看不到的。

（信用违约掉期：债权人通过支付一定的溢价保证金，当发生坏账违约时能领到相应赔偿的一种合约方式。特点：酷似保险但运行机制不同，有做多和做空机制，保险是双方参与，CDS 则是三方或多方参与，缺乏监管，没有中央清算系统。传统保险理论是概率问题，新保险理论是风险交换，而 CDS 源于风险交换理论。）

关于信用违约掉期的情况，具有代表性杀伤力的表现就是 2008 年的次贷危机。全球第二大保险公司——美国 ARG 集团就是因此亏损超过 1 万亿美元。信用违约掉期原理就是对债券进行保险，债券的投资人买了债券之后担心债权发生违约，所以买保险。之前在墨西哥、阿根廷、俄罗斯都发生过这种债券违约，欠债人不还钱，债权人血本无归的情况。

第三节　大宗商品投资周期

一、典型经济周期下的投资时钟

投资时钟的本质是将行业盈利特征与经济周期相结合,从而刻画经济周期运行下股市的行业变动规律,但在实际运行中还需要与行业基本面和市场环境相结合。

图2-2是典型经济形势下的投资时钟。这里面分类比较细,不仅包含了大宗商品,还包括其他的产品。一般而言,典型经济周期下的投资时钟,最先上升的是股票市场,第二轮上升的是商品市场,第三轮上升的是房地产市场。它的下跌正好是相反的,最先下跌的是股票市场,第二轮下跌的是商品市场,第三轮下跌的是房地产市场。投资市场的投资时钟非常像抛物线里面的钟形曲线。从经济周期的理论来讲,只有政府的强烈干预才能够使市场暂时脱离节奏,从大的方向来看,市场都会遵循这样的曲线。

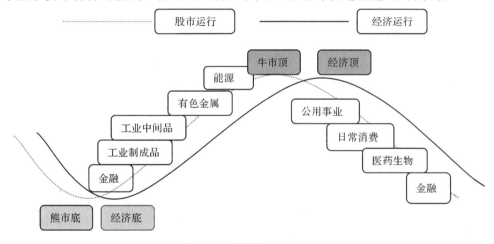

图 2-2　典型投资时钟

如果再细分一下,最先探底回升的是金融行业,第二是工业制成品,第三是工业中间品,第四是有色金属,最后是石化产品。股票市场最先启动,工业制成品企业业绩开始好转,对中间品零配件的需求增加,接着对金属原料的需求加大,最后是能源。能源是工业的血液,当能源价格上升到一定程度,所有行业的成本都会开始增加,所以它会立于牛市的顶端和熊市的开始。

在经济形势非常低迷的时候,对企业来说有两条准则。一方面很多企业以现金为王,保证自己现金流的健康和有足够的储备资金来应对未来不利的经济形势,缺乏现金流的企业可能会破产或以很低的价格卖出资产。另一方面就是软资产硬负债。你的资产随时在波动,但你的负债是不会变的,而且随着利息、时间的变化,负债会越来越多。所以很多企业都会采用库存模式,把自己的原料库存、制成品库存、中间品库存,压到一个最低的限度。

二、美林投资时钟

美林投资时钟刻画法是一种将经济周期与资产和行业轮动联系起来的经济规律刻画方法。这种方法将经济周期划分为四个不同的阶段——衰退、复苏、过热和滞胀,每个阶段都对应着某一特定类别的资产:债券、股票、大宗商品和现金。在衰退阶段,经济增长停滞,通胀率处于低谷,企业盈利微弱并且实际收益率下降;央行降息以刺激经济,进而导致收益率曲线急剧下行;此时投资债券是最佳选择,或者选择债券型基金。在复苏阶段,经济刺激政策发挥作用,GDP 增长加速,企业盈利大幅上升。这个阶段是股权投资者的"黄金时期",股票是最佳选择,或者选择股票型指数基金。在过热阶段,企业生产能力增长减慢,开始面临产能约束,通胀抬头;央行加息以控制通胀和过热的经济;此时投资大宗商品是最佳选择。在滞胀阶段,GDP 的增长率降到潜能之下,但通胀却仍在继续,股票表现非常糟糕,此时现金是最佳选择,或者选择货币型基金。下面比较几类资产的收益率,列出每个阶段的收益率排序。

Ⅰ衰退:债券>现金>大宗商品>股票。

Ⅱ复苏:股票>债券>现金>大宗商品。

Ⅲ过热:大宗商品>股票>现金>债券。

Ⅳ滞胀:现金>大宗商品>债券>股票。

具体如图 2-3 所示。

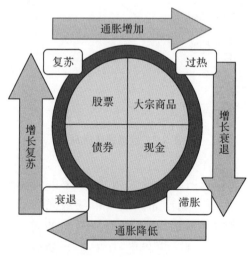

图 2-3 美林投资时钟

美林投资时钟

第四节　大宗商品投资基本方法

一、基本面分析方法

基本面分析就是对市场的供给和需求进行分析,本书以后的章节将以基本面分析为主。当市场供大于求时,从长期的角度来讲价格肯定会下跌;当市场需求大于供给时,从长期角度来讲价格肯定会上涨。短期可以去压制操纵价格,但从中长期角度来说基本面决定价格未来发展的趋势。商品供求状况及影响其供求的众多因素对现货市场商品价格产生重要影响,也必然会对期货价格产生重要影响。通过分析商品供求状况及其影响因素的变化,可以帮助商品交易者预测和把握商品现货、期货价格变化的基本趋势。

二、技术面分析方法

目前技术交易可以分为两大类,一类是人主导的技术交易,第二类就是计算机主导的技术交易,各种技术指标和图形不在本书重点论述之内。很多技术交易是根据各种各样的金融模型通过数学运算来进行的,计算机的计算速度远远超过人脑。目前,国外流行的高频交易和CTA交易实际上就是以电脑为主导的交易。国内现在有很多交易是以计算机和人工智能为主导的。

2011年6月17日,路透社分析文章称,基于计算机算法的高频交易是大宗商品价格暴涨暴跌的元凶。

自从2010年5月美股市场那次臭名昭著的"闪电崩盘"事件后,所谓高频交易已经被大家熟知。经验丰富的交易员说,暴力而且莫名其妙的价格波动正在变得越来越普遍,而价格随后的快速回弹也使得那些对市场反应足够快的人轻松获益。

三、情绪面

巴菲特认为:相同的股票今天1块钱有人要,明天10块钱有人要,还有人愿意1毛钱卖掉。市场参与者并不是始终保持理性的,而是常被恐惧与贪婪这两种情绪所主导,市场情绪成为市场价格最大的变量。像数学方程式一样,恒量就像市场的系数和常量,而这些变量才是未知数,是决定价格发展的动力。

情绪面是变化最多、最快的因素,因为人的情绪变得非常快,刚刚非常开心但接下来可能乐极生悲,买入和卖出完全由当下的情绪所决定。怎样观察情绪面,可以用数据来进行观测。

人的情绪可以通过面对面的交流或者通话交流觉察出。但是市场太大,除非你已经了解对手的情况,否则都是要借用各种各样的指标来考察市场的情绪的。第一,是市场情绪的指数。市场情绪指数还没有一个完整的定义,但它是目前的研究热点。市场指数反映市场的乐观或悲观程度,是投资者心理的反映,也是投资者对市场表现的反应。第二,是市场的波动率。市场的波动率越大,说明市场的情绪变化越快。第三,是市场的成交量。如果成交量变化非常大,那说明市场对立情绪非常严重,有时候通过成交量比通过价格更能判断市场的发展趋势。

基本面和技术面分析方法

 小 结

在本章中,我们初步了解了大宗商品投资理论,从大宗商品的投资市场发展一节了解股票市场、期货市场和中远期电子交易市场的起源及现状;从大宗商品投资的基本工具一节了解货币与商品货币、大宗商品现货、商品股票、商品期货等交易及其他金融衍生品交易;从投资时钟一节了解大宗商品投资周期,最后通过大宗商品投资的基本面、情绪面和技术面分析框架掌握大宗商品投资分析方法。

推荐阅读

[1] 汤姆·陶利:《大宗商品投资从入门到精通》,中国农业大学期货与金融衍生品研究中心培训部译,人民邮电出版社 2013 年版。

[2] 姜立钧:《交易解码——外汇、黄金、大宗商品、股票投资技巧》,上海交通大学出版社 2012 年版。

名词解释

①商品 ETF

②商品货币

③套息交易

④美林投资时钟

思 考 题

①能源为什么会在所有的大宗商品中最后上涨?

②从商品现货发展到远期合约、期货、期权的逻辑是什么?

第二章课后练习资料

第三章　大宗商品期货市场概述

期货市场是市场经济中金融体系的高端组成部分,其在对大宗商品的定价方面,无论是从宏观还是从微观角度来看都具有十分重要的经济意义。近年来,随着中国经济总量的增长,我国正逐步成为全球知名的制造业中心和贸易中心。在大宗商品领域,由于原材料的进口和交易剧增,对期货交易的发现价格和规避风险的要求也与日俱增。在宏观背景向好的趋势下,中国期货市场的发展空间是巨大的,我们现在急需一个完善、合理的期货市场以使中国企业的发展更上一层楼。

第一节　商品期货市场的基本知识

一、商品期货及期货市场的概念

期货是相对于现货的一个概念,是在现货的基础上逐步产生和发展起来的。从严格意义上来说,期货不是商品,而是一种标准化的远期商品合约,是指现在进行买卖,但是在将来进行交收或交割的标的物。这个标的物可以是某种商品,如黄金、原油和农产品等,也可以是金融工具,还可以是金融指标。交割期货的日子可以是一个星期之后、一个月之后、三个月之后,甚至是一年之后。

期货合约是一种由交易所设计的在未来特定时间和特定地点交收某一特定商品的合约。期货合约的条款是标准化的,合约的数量、质量、交货时间和地点都是既定的,买卖双方在交易时不需要再一一进行协商,只需要确定交易价格。

期货交易即期货合约的买卖,它由远期现货交易衍生而来,是与现货交易相对应的交易方式。根据参与目的不同,期货交易可分为期货投资和期货套期保值。前者是通过期货合约的买卖赚取价差收益,后者是通过期货交易规避现货市场价格变动的风险。

期货市场是进行期货交易的场所,是多种期货交易的总和。它是按照"公开、公平、公正"的原则,在现货市场的基础上发展起来的高度组织化和高度规范化的市场形式。它既是现货市场的延伸,又是市场的又一个高级发展阶段。从组织结构上看,广义上的期货市场包括期货交易所、结算所或结算公司、经纪公司和期货交易员;狭义上的期货市场仅指期货交易所。我国期货市场的主体结构如图 3-1 所示。

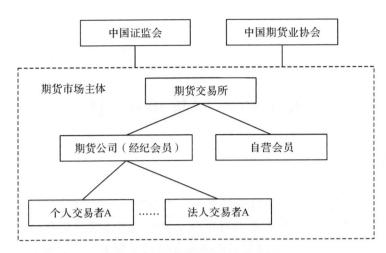

图 3-1 我国期货市场的主体结构

比较成熟的期货市场在一定程度上相当于一种完全竞争的市场,是经济学中最理想的市场形式。所以期货市场被认为是一种较高级的市场组织形式,是市场经济发展到一定阶段的必然产物。

商品期货概念及特征

二、商品期货合约的主要条款

在此,以上海期货交易所阴极铜标准合约(如表 3-1 所示)为例,介绍期货合约的主要条款。

表 3-1 上海期货交易所阴极铜标准合约

项目	阴极铜
交易单位	5 吨/手
报价单位	元(人民币)/吨
最小变动价位	10 元/吨
每日价格最大波动限制	不超过上一交易日结算价±3%
合约交割月份	1—12 月
交易时间	上午 9:00—11:30,下午 1:30—3:00,以及交易所规定的其他交易时间
最后交易日	合约交割月份的 15 日(遇法定假日顺延)
交割日期	最后交易日后连续 2 个工作日

项目	阴极铜
交割品级	标准品:标准阴极铜,符合国标 GB/T 467—2010 关于标准阴极铜的规定,其中主要成分铜加银含量不小于 99.95%。替代品:高纯阴极铜,符合国标 GB/T 467—2010 关于高纯阴极铜的规定;或符合 BS EN1978:1998 关于高纯阴极铜的规定
交割地点	交易所指定交割仓库
最低交易保证金	合约价值的 5%
交易手续费	不高于成交金额的万分之二(含风险准备金)
交割方式	实物交割
交易代码	CU
上市交易所	上海期货交易所

资料来源:上海期货交易所网站。

(一)合约名称

合约名称注明了该合约的品种名称及其上市交易所名称。在表 3-1 中,该合约名称为"上海期货交易所阴极铜标准合约"。

(二)交易单位

交易单位是指在期货交易所的每手期货合约所代表的标的物的数量。在国际市场上,交易单位也称为合约规模。期货价格乘以交易单位等于一手期货合约的价值。在表 3-1 中,期货合约的交易单位为 5 吨/手。在进行期货交易时,只能以交易单位(合约价值)的整数倍进行买卖。

对于商品期货来说,确定期货合约交易单位的大小,主要应当考虑合约标的物的市场规模、交易者的资金规模、期货交易所的会员结构、该商品的现货交易习惯等因素。一般来说,某种商品的市场规模较大,交易者的资金规模较大,期货交易所中愿意参与该期货交易的会员单位较多,则该合约的交易单位就可以设计得大一些,反之则小一些。

(三)报价单位

报价单位是指在公开竞价过程中对期货合约报价所使用的单位,即每计量单位的货币价格。例如,该合约中的阴极铜期货合约的报价单位以元(人民币)/吨表示。在表 3-1 中,当阴极铜期货价格为 58000 元/吨时,每手阴极铜期货的合约价值为 29 万元。

(四)最小变动价位

最小变动价位是指在期货交易所的公开竞价过程中,对合约每计量单位报价的最小变动数值。在期货交易中,每次报价的最小变动数值必须是最小变动价位的整数倍。最小变动价位乘以交易单位,就是该合约价值的最小变动值。例如,该期货合约的最小变动价位是 10 元/吨,即每手合约的最小变动值是 10 元/吨×5 吨＝50 元。

商品期货合约最小变动价位的确定,通常取决于该合约标的物的种类、性质、市场价格波动情况和商业规范等。设置最小变动价位是为了保证市场有适度的流动性。一般而言,较小的最小变动价位有利于市场流动性的增加,但过小的最小变动价位将会增加交易协商成本;较大的最小变动价位,一般会减少交易量,影响市场的活跃程度,不利于交易者进行交易。

(五)每日价格最大波动限制

每日价格最大波动限制规定了期货合约在一个交易日中的交易价格波动不得高于或者低于规定的涨跌幅度。每日价格最大波动限制一般是以合约上一交易日的结算价为基准确定的。期货合约上一交易日的结算价加上允许的最大涨幅构成当日价格上涨的上限,称为涨停板,而该合约上一交易日的结算价减去允许的最大跌幅则构成当日价格下跌的下限,称为跌停板。在我国期货市场,每日价格最大波动限制设定为合约上一交易日结算价的一定百分比。该期货合约中的每日价格涨跌停板幅度为上一交易日结算价的 3%。

每日价格最大波动限制的确定主要取决于该标的物市场价格波动的频繁程度和波幅的大小。一般来说,标的物价格波动越频繁和越剧烈,该商品期货合约允许的每日价格最大波动幅度就应设置得越大一些。

(六)合约交割月份

合约交割月份是指某种期货合约到期交割的月份。商品期货合约交割月份的确定一般受该合约标的商品的生产、使用、储藏、流通等方面的影响。例如,许多农产品期货的生产与消费具有很强的季节性,因而其交割月份的规定也具有季节性特点。该合约规定的交割月份为 1—12 月。

(七)交易时间

期货合约的交易时间由交易所统一规定。交易者只能在规定的交易时间内进行交易。期货交易所一般每周营业 5 天,周六、周日及国家法定节假日休息。在该合约中规定,交易时间为每周一至周五(法定节假日除外),上午 9:00—11:30,下午 1:30—3:00,以及交易所规定的其他交易时间。

(八)最后交易日

最后交易日是指某种期货合约在合约交割月份中进行交易的最后一个交易日,过了这个期限的未平仓期货合约,必须按规定进行实物交割或现金交割。期货交易所根据不同期货合约标的物的现货交易特点等因素确定其最后交易日。在该合约中,最后交易日为合约交割月份的 15 日(遇法定假日顺延)。

(九)交割日期

交割日期是指合约标的物所有权转移,以实物交割或现金交割方式了结未平仓合约的时间。在该合约中,最后交割日为最后交易日后连续 2 个工作日。

(十)交割等级

交割等级是指由期货交易所统一规定的、准许在交易所上市交易的合约标的物的质量等级。在进行期货交易时,交易双方无须对标的物的质量等级进行协商,发生实物交割时按交易所期货合约规定的质量等级进行交割。

对于商品期货来说,期货交易所在制定合约标的物的质量等级时,常常把国内或国际贸易中最通用和交易量较大的标准品的质量等级作为标准交割等级。

一般来说,为了保证期货交易顺利进行,许多期货交易所都允许在实物交割时,实际交割的标的物的质量等级与期货合约规定的标准交割等级有所差别,即允许用与标准品有一定等级差别的商品做替代交割品。期货交易所统一规定替代品的质量等级和品种。交货人用期货交易所认可的替代品代替标准品进行实物交割时,收货人不能拒收。用替代品进行实物交割时,价格需要升贴水。交易所根据市场情况统一规定和适时调整替代品与标准品之间的升贴水标准。

在该合约中规定,交割标准品为符合国标 GB/T 467—2010 规定的阴极铜,其替代品为符合国标 GB/T 467—2010 规定的高纯阴极铜,或符合 BS EN1978:1998 规定的高纯阴极铜。

(十一)交割地点

交割地点是由期货交易所统一规定的进行实物交割的指定地点。交割仓库的位置不同,涉及的运输成本也不尽相同,交易所通常会规定异地交割的升贴水,来反映运输成本的差异。商品期货交易大多涉及大宗实物商品的买卖,因此,统一指定交割仓库可以保证卖方交付的商品符合期货合约规定的数量与质量等级,保证买方收到符合期货合约规定的商品。期货交易所在指定交割仓库时主要考虑的因素是:指定交割仓库所在地区的生产或消费集中程度,指定交割仓库的储存条件、运输条件和质检条件,等等。

在该合约中,上海期货交易所阴极铜指定的交割仓库名录如表 3-2 所示。

表 3-2 上海期货交易所阴极铜指定的交割仓库

序号	仓库名称	存放地址	到达站/港	异地升贴水标准
1	上海国储天威仓储有限公司	上海市嘉定区黄渡工业园区星塔路 1289 号	黄渡站(国家物资储备局上海七处)	标准价
		上海市外高桥保税区荷丹路 68 号	无	标准价
2	中储发展股份有限公司	上海市宝山区铁山路 495 号	上钢五厂专用线(中储吴淞分公司)(暂停)	标准价
		上海市宝山区南大路 310 号、257 号	桃浦站(中储大场公司专用线)	标准价
		江苏省无锡市城南路 32—1 号	周泾巷	标准价
3	上港物流金属仓储(上海)有限公司	上海市宝山区安达路 240 号	4—9 外贸五条专用线	标准价
		江苏省苏州市高新区钢城路 8 号	苏州西站	标准价
4	上海裕强供应链管理有限公司	上海市闵行区剑川路 2222 号	上海闵行站	标准价
5	上海中储临港物流有限公司	上海市洋山港双惠路 195 号	无	保税
6	国家粮食和物资储备局浙江局八三七处	浙江省宁波市镇海区大通路 331 号	宁波镇海西站(国家物资储备局浙江八三七处专用线)	标准价
7	宁波港九龙仓仓储有限公司	浙江省宁波市镇海区平海路 299 号	宁波镇海西站	标准价
8	无锡市国联物流有限公司	江苏省无锡市惠山区洛社镇石塘湾梅径村南	无锡北站	标准价
9	国家粮食和物资储备局广东局八三〇处	广州市萝岗区开发大道 1330 号	下元(广)	标准价
		广州市增城区永宁街创强路 123 号	无	标准价
10	南储仓储管理集团有限公司	广东省佛山市禅城区佛罗公路 166 号	街边站(广)南储专用线	标准价
11	江西国储物流有限公司	江西省鹰潭火车南站鹰潭市平安路 11 号仓库	鹰潭火车南站	贴水120 元/吨
12	常州融达现代物流有限公司	江苏省常州市钟楼区新闸镇运河路 298 号	新闸站(常州融达现代物流有限公司专用线)	标准价
13	上海添马行物流有限公司	江苏省宜兴市十里牌文庄村火车北站	宜兴北站(上海添马行物流有限公司)	标准价
14	中国外运华东有限公司	上海市逸仙路 4088 号	中外运张华浜储运公司专用线	标准价
15	中远海运物流有限公司	上海市宝山区宝杨路 2249 号	无	标准价
16	上海洋山保税港区世天威物流有限公司	上海市浦东新区海旺路 288 号	无	标准价

资料来源:上海期货交易所网站。

金融期货交易不需要指定交割仓库,但交易所会指定交割银行。负责金融期货交割的指定银行,必须具有良好的金融资信、较强的进行大额资金结算的业务能力,以及先进、高效的结算手段和设备。

(十二)交易手续费

交易手续费是期货交易所按成交合约金额的一定比例或按成交合约手数收取的费用。交易手续费的高低对市场流动性有一定影响。交易手续费过高会增加期货市场的交易成本,扩大原套利区间,降低市场的交易量,不利于市场的活跃,但也可起到抑制过度投机的作用。在该合约中,每手合约交易手续费不高于成交金额的万分之二(含风险准备金)。

(十三)交割方式

期货交易的交割方式是指在交割环节所采取的具体形式。一般来说,期货交易的交割方式分为实物交割和现金交割两种。商品期货、股票期货、外汇期货和中长期利率期货通常采取实物交割方式,股票指数期货和短期利率期货通常采用现金交割方式。在我国,商品期货均采用实物交割的方式。在该合约中,规定阴极铜进行实物交割。

(十四)交易代码

为便于交易,交易所对每种期货都规定了交易代码。我国期货市场正在交易的各合约代码如表 3-3 所示。

表 3-3　我国期货品种及其代码(截至 2021 年 6 月 30 日)

交易所	品种	代码
大连商品交易所(DCE)	玉米	C
	黄大豆 1 号	A
	黄大豆 2 号	B
	豆粕	M
	豆油	Y
	棕榈油	P
	线型低密度聚乙烯(LLDPE)	L
	聚氯乙烯(PVC)	V
	冶金焦炭	J
	焦煤	JM
	生猪	LH
	玉米淀粉	CS
	粳米	RR
	纤维板	FB
	鸡蛋	JD
	胶合板	BB

续　表

交易所	品种	代码
郑州商品交易所（ZCE）	强麦	WH
	普麦	PM
	棉花	CF
	白糖	SR
	精对苯二甲酸（PTA）	TA
	菜籽油	RO
	早籼稻	ER
	甲醇	ME
	玻璃	FG
	油菜籽	RS
	菜籽粕	RM
	棉纱	CY
	晚籼稻	LR
	苹果	AP
	粳稻	JR
	红枣	CJ
	花生	PK
上海期货交易所（SHFE）	铜	CU
	铝	AL
	锌	ZN
	铅	PB
	黄金	AU
	白银	AG
	螺旋钢	RB
	线材	WR
	燃料油	FU
	天然橡胶	RU
	镍	NI
	锡	SN
	热轧卷板	HC
	不锈钢	SS
	原油（上海能源交易所）	SC
	低硫燃料油（上海能源交易所）	LU

交易所	品种	代码
上海期货交易所(SHFE)	石油沥青	BU
	20 号胶(上海能源交易所)	BB
	纸浆	SP
中国金融交易所	中证 500 指数	IC
	沪深 300 指数	IF
	上证 50 指数	IH
	10 年国债	T
	5 年国债	TF
	2 年国债	TS

三、商品期货上市需具备的条件

现货市场中的商品不计其数,但并非都适合作为期货合约的标的。交易所为了保证期货合约上市后能有效地发挥其功能,在选择标的时,一般需要考虑以下条件。

(一)规格或质量易于量化和评级

期货合约的标准化条款之一是交割等级,这要求标的物的规格或质量能够进行量化和评级。这一点对金融工具和大宗初级产品如小麦、大豆、金属等来说很容易做到,但对于工业制成品等来说,则很难,因为这类产品加工程度高,品质、属性等方面存在诸多差异,甚至不同的人对完全相同的产品可以有完全不同甚至相反的评价,如时装等,这类产品不适宜作为期货合约的标的。

(二)价格波动幅度大且频繁

期货交易者分为套期保值者和投资者。套期保值者利用期货交易规避价格风险,投资者利用价格波动赚取利润。没有价格波动,就没有价格风险,现货交易者也就没有规避价格风险的需要,对投资者而言就失去了参与期货交易的动力。所以价格频繁波动既迫使保值者又刺激投资者投身期货市场,否则期货市场将不能生存和发展。

(三)供应量较大,不易为少数人控制和垄断

能够作为期货品种的标的在现货市场上必须有较大的供应量,否则其价格很容易被操纵,即通过垄断现货市场在期货市场进行买空交易,一直持仓到交割月,使交易由于无法获得现货进行交割,只能按高价平仓了结。如果价格过高,交易可能会发生巨额亏损,由此引发违约风险,增加期货市场的不稳定性。

(四)宜储藏和运输

期货合约是一种远期合约,大量存货的持有人可以选择预先在期货市场出售,以稳定销售价格,这就要求商品具有可储存性,可长途运输,以保证期货实物交割的顺利进行。

四、商品期货品种

期货品种按其标的物的不同,主要可以分为商品期货和金融期货两大类。此外,期货市场还在不断推出一些创新性的期货品种。商品期货是标的物为实物商品的一种期货合约。

商品期货是最早的期货交易种类。国际商品期货交易的品种随着期货交易发展而不断变化,交易品种不断增加。目前,商品期货主要包括农产品、金属产品和能源产品等。具体如图 3-2 所示。

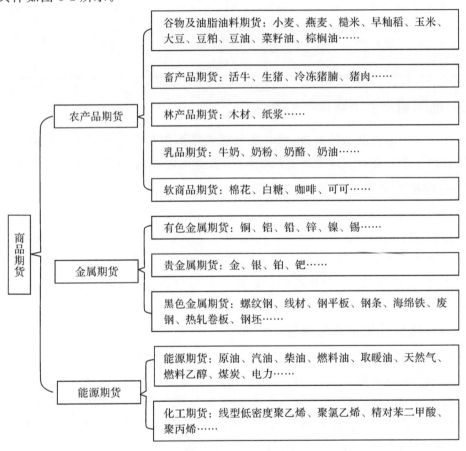

图 3-2 商品期货的分类

(一)农产品期货

农产品主要包括粮食产品、经济作物和畜产品。1848 年成立的芝加哥期货交易所是全球最大的农产品期货交易所,交易玉米、大豆、小麦、豆粕、豆油等多种农产品期货合约。从 19 世纪后期到 20 世纪初,随着新的交易所在芝加哥、纽约等地不断出现,棉花、咖啡、可可等经济作物期货,黄油、鸡蛋以及后来的生猪、活牛、猪腩等畜禽产品期货,以及木材、天然橡胶等林产品期货也陆续上市。

(二)金属期货

金属期货主要为有色金属期货。目前,世界上的有色金属期货交易主要集中在伦敦金属交易所、纽约商业交易所和东京工业品交易所。其中,伦敦金属交易所不仅是全球金属期货的发源地,也是全球最大的有色金属期货交易中心,其期货价格是国际有色金属市场的晴雨表。

(三)能源期货

能源期货的出现源于20世纪70年代初发生的石油危机。这次危机给世界石油市场带来了巨大冲击,石油等能源产品价格剧烈波动,直接导致了石油等能源期货的产生。能源期货主要包括原油、取暖油、燃料油、汽油、天然气等多个品种,其中原油期货合约最为活跃。原油的生产主要集中在中东地区,而消费主要集中在北美和欧洲。多年来,石油作为最主要的一种能源,其价格波动直接影响各国经济的发展。石油期货已经成为全球最大的商品期货之一。目前,纽约商业交易所和伦敦国际石油交易所是世界上最具影响力的能源产品交易所,上市的品种有原油、汽油、取暖油、天然气和丙烷等。

五、商品期货市场的功能和作用

期货市场自产生以来,之所以不断发展壮大并成为现代市场体系中不可或缺的重要组成部分,就是因为其具有难以替代的功能和作用。正确认识期货市场的功能和作用,可以进一步加深对期货市场的理解。

(一)期货市场的功能

规避风险和价格发现是期货市场的两大基本功能,是建立和发展期货市场的理论基石。

1. 规避风险功能及其机理

规避风险功能是指期货市场能够规避现货价格波动的风险。这是期货市场的参与者通过套期保值交易实现的。从事套期保值交易的期货市场参与者包括生产商、加工商和贸易商等。套期保值之所以能够规避现货价格风险,是因为期货市场价格与现货市场价格同方向变动,而且最终趋同(如图3-3所示)。为什么两个市场的价格呈现出这样的特征呢?这是因为期货市场价格与现货市场价格受到相同的供求因素影响。

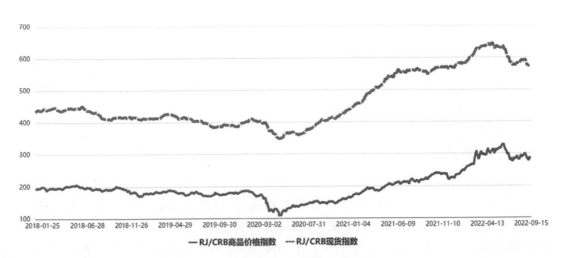

图 3-3　同品种现货与期货的价格走势

数据来源：同花顺 iFinD。

应当指出的是，规避价格风险并不意味着期货交易本身无价格风险。实际上，期货价格的上涨或下跌既可以使期货交易盈利，也可以使期货交易亏损。在期货市场进行套期保值交易的主要目的，并不在于追求期货市场上的盈利，而是要实现以一个市场上的盈利抵补另一个市场上的亏损。这正是期货市场规避风险基本功能的要义所在。

还应当指出的是，期货在本质上是一种风险管理工具，并不能消灭风险，现货市场价格波动的风险是客观存在的。那么，经由期货市场规避的风险，也就是套期保值者转移出去的风险，到哪里去了呢？是由套期保值者的交易对手承担了。在这些交易对手当中，一部分是其他套期保值者，但主要是期货市场中的投资者。这样，投资者就会与套期保值者成为交易对手。

为什么投资者愿意承担风险呢？因为在竞争性市场中风险与收益呈正相关关系，正是对风险收益的追逐让大量投资者参与期货交易。

2. 价格发现功能及其机理

价格发现功能是指期货市场能够预测未来现货价格的变动，发现未来的现货价格。期货价格可以作为未来某一时期现货价格变动趋势的"晴雨表"。价格发现不是期货市场所特有的，但期货市场比其他市场具有更高的价格发现效率。这是基于期货市场的特有属性实现的。

现代经济学的最新进展已经表明，信息不完全和不对称导致价格扭曲和市场失灵，而期货市场是一种接近于完全竞争市场的高度组织化和规范化的市场，拥有大量的买者和卖者，采用集中的公开竞价交易方式，各类信息高度聚集并迅速传播。因此，期货市场的价格形成机制较为成熟和完善，能够形成真实有效的反映供求关系的期货价格。这种机制下形成的价格具有公开性、连续性、可预测性和权威性等特点。

（1）公开性。期货价格及时向公众披露，从而能够迅速地传递到现货市场。

（2）连续性。期货合约是标准化合约,转手极为便利,因此能不断地生成期货价格,进而连续不断地反映供求变化。

（3）可预测性。期货价格是众多的交易者对未来供求状况的预期的反映。这些交易者是生产商、加工商、贸易商或者投资者。由大量这样的交易者集中在场内公开竞价形成的期货价格,就较为客观地反映出未来的供求关系和价格变动趋势。

（4）权威性。基于以上 3 个特点,期货价格被视为一种权威价格。期货价格不仅能够指导实际生产和经营活动,还被作为现货交易的定价基准。

现实的市场经济发展已充分证明,期货市场发现价格的基本功能在很大程度上弥补了现货市场的缺陷,推动了价格体系的完善,促进了市场经济的发展。

（二）期货市场的作用

期货市场的作用是期货市场基本功能的外在表现,其发挥的程度依赖于社会、政治等外部条件的完善程度。期货市场的作用是多元的、综合的,对于国民经济、行业和企业等不同层面均产生重要影响。

1.期货市场的发展有助于现货市场的完善

现货市场和期货市场是现代市场体系的两个重要组成部分,在市场经济条件下它们共同合理配置资源。从历史上看,期货市场由现货市场衍生而来,是现货市场发展到一定阶段的产物。期货市场的产生反过来又促进了现货市场的发展。其一,期货市场具有价格发现功能,期货价格具有示范效果,从而有助于形成合理的现货市场价格。其二,期货市场能够规避现货价格波动的风险,从而有助于现货市场交易规模的扩大。其三,期货市场的交易对象是标准化合约,合约中规定了标的物的品质标准,在交割时不同品级的现货会有升水或贴水出现,体现优质优价原则。这有助于现货市场中商品品质标准的确立,促进企业提高产品质量。

2.期货市场的发展有利于企业的生产经营

从微观角度来看,期货市场的发展对企业生产经营活动的开展发挥了积极作用。其一,作为信号的期货价格,可以有效地克服市场中的信息不完全和不对称,在市场经济条件下有助于生产经营者做出科学合理的决策,避免盲目性。其二,通过期货市场进行套期保值,可以帮助生产经营者规避现货市场的价格风险,达到锁定生产成本、实现预期利润的目的,使生产经营活动免受价格波动的干扰。例如,黑龙江等大豆主产区在确定播种面积时,一般都要参考大连商品交易所的大豆期货价格;我国的农垦企业、有色金属生产企业和大宗物资流通企业多年来在期货市场开展套期保值,取得了良好的效果。

3.期货市场的发展有助于稳定国民经济和政府的宏观决策

大宗商品(以主要农产品、能源产品为代表)和金融产品价格的剧烈波动,必然引起宏观经济的不稳定甚至是大起大落。大宗商品和金融产品期货交易,不仅可以通过其风险规避功能发挥稳定生产和流通的作用,而且可以通过其价格发现功能调节市场供求。可见,期货市场的发展有助于稳定国民经济。例如,以芝加哥期货交易所为代表的农产品期货市场促进了美国农业生产结构的调整,保证了农产品价格的基本稳定;美国芝加哥商业交易所和芝加哥期权交易所为国债和股市投资者提供了避险的工具,促进了债市和股市的平稳运行。

现货市场的价格机制对经济的调节有滞后性,而期货市场价格反映了未来一定时期价格的变化趋势,具有信号功能和超前预测的特点。因此,以期货价格为参考依据,有助于科学合理地制定和调整宏观经济政策。例如,2003年针对天然橡胶期货价格的快速上涨,政府相关部门数次抛售库存天然橡胶,年末又宣布2004年取消进口配额管理,同时将国内两大垦区8.8%的天然橡胶农林特产税改为5%的农业税,这些措施使天然橡胶的供给增加,平抑了天然橡胶价格。

4. 期货市场的发展有助于增强在国际价格形成中的主导权

在经济全球化背景下,国与国之间的经济联系日益紧密,国际贸易的快速发展使国内市场演变成世界市场,国内价格随之演变成国际价格。期货价格在国际价格形成中发挥了基准价格的作用,发达的期货市场因其交易规模大、规范化和国际化而成为世界市场的定价中心。20世纪80年代以来,美英等发达国家的期货交易所集中了全球绝大多数的农产品、石油和金属的期货交易,由此形成的期货价格已成为世界市场的基准价格。美英等发达国家在国际价格的形成中掌握着话语权和主导权,在国际贸易中处于主动和有利地位。

期货的功能及作用

第二节　大宗商品期货市场的形成与发展

一、商品期货市场的发展历程

(一)从现货到远期合约

19世纪三四十年代,芝加哥作为连接中西部产粮区与东部消费市场的粮食集散地,已经发展成为当时全美最大的谷物集散中心。随着农业的发展,农产品交易量越来越大,但由于农产品生产的季节性特征、交通不便和仓储能力不足等原因,农产品的供求矛盾日益突出。具体表现为:每当收获季节,农场主将谷物运到芝加哥,谷物在短期内集中上市,交通运输条件难以保证谷物及时疏散,使得当地市场饱和,价格一跌再跌,加之仓库不足,致使生产者遭受很大损失。到了来年春季,又出现谷物供不应求和价格飞涨的现象,使得消费者深受其苦,粮食加工商的经营因原料短缺而困难重重。在这种情况下,储运经销商应运而生。当地经销商在交通要道设立商行,修建仓库,在收获季节向农场主收购谷物,来年春季再运到芝加哥出售。当地经销商的出现,缓解了季节性的供求矛盾和价格的剧烈波动,稳定了粮食生产。但是,当地经销商面临着谷物过冬期间价格波动的风险。为了规避风险,当地经销商在购进谷物后就前往芝加哥,与那里的谷物经销商和加工商签订来年交货的远期合同。

随着谷物远期现货交易的不断发展,1848 年,82 位美国商人在芝加哥发起和组建了世界上第一家较为规范的期货交易所——芝加哥期货交易所。交易所成立之初,采用远期合同交易的方式。交易的参与者主要是生产商、经销商和加工商,其特点是实买实卖,交易者利用交易所来寻找交易对手,在交易所缔结远期合同,待合同期满,双方进行实物交割,以商品货币交换了结交易。当时的交易所对供求双方来说,主要起稳定产销、规避季节性价格波动风险等作用。

随着市场逐渐发展,越来越多的大宗商品被引入期货交易所进行交易。就商品期货而言,大宗商品可以说是期货市场交易的“最理想的品种”,或者说,大宗商品具有的特点与期货市场成功运行所需要的必要条件密不可分。而且大宗商品可以设计为期货、期权,作为金融工具来交易,这就可以更好地实现价格发现和规避价格风险。

(二)保证金制度和对冲合约的发明

随着交易量的增加和交易品种的增多,合同转卖的情况越来越普遍。为了进一步规范交易,芝加哥期货交易所于 1865 年推出了标准化合约,取代了原先使用的远期合同。同年,该交易所又实行了保证金制度(又称按金制度),以消除交易双方由于不能按期履约而产生的诸多矛盾。1882 年,交易所允许以对冲合约的方式结束交易,而不必交割实物。

一些非谷物商看到转手谷物合同能够盈利,便进入交易所,按照“贱买贵卖”的商业原则买卖谷物合同,赚取一买一卖之间的差价,这部分人就是投资商。为了更有效地进行交易,专门联系买卖双方成交的经纪业务日益兴隆,发展成为经纪行。为了处理日益复杂的结算业务,专门从事结算业务的结算所也应运而生。

随着这些交易规则和制度的不断健全和完善,交易方式和市场形态发生了质的飞跃。标准化合约、保证金制度、对冲机制和统一结算的实施,标志着现代期货市场的确立。

(三)期货市场发展自身规律

从芝加哥期货交易所的产生历程可以看到,期货市场的形成经历了从现货交易到远期交易,最后到期货交易的复杂演变过程,它是人们在贸易过程中不断追求交易效率、降低交易成本与风险的结果。期货市场是现货市场发展的产物,两者相辅相成、互相补充、共同发展。

期货市场产生的最初动因是现货市场存在的价格风险。由于价格波动频繁且难以预测,客观上要求生产者、加工者及贸易商通过确立远期贸易合同,稳定产销关系,减缓价格的季节性波动。要确立远期贸易合同,需要有大量的市场参与者,汇集大量的供求信息,从而为合理确定价格创造条件。

但远期的贸易合约仍可能带来诸多问题:第一,远期合约依赖于双方信用,在价格剧烈波动或交易一方的经营出现问题时,合约的履行将缺少保障;第二,远期合约条款由买卖双方协商而定,具有个性化特点,难以适应普遍的交易需求;第三,一对一协商确定的远期合约难以实现灵活的转让。

基于此,标准化合约和保证金制度应运而生,成为期货市场的重要特征。之后,对冲平仓制度引入,使交易者可以通过反方向操作实现合约了结,合约转让更加灵活方便。有组织的结算制度进一步提高了交易的安全性和转让的便利性。

这些制度创新在为现货企业提供高效率的交易方式的同时,也吸引了纯粹以获取价差收益为目的的投资者。合约标准化使期货交易对象"符号化",投资者买卖时不必关注合约条款的细节,交易更加便利。保证金制度使投资者只需要支付少量资金便可进行较大金额的操作,提高资金使用率,这对投资者产生了吸引力。对冲平仓制度,则使投资者不必担心实物交割环节,可频繁进行合约买卖。

经过一系列的制度创新,在套期保值者和投资者的共同参与下,期货市场逐渐成为基于现货市场而又不同于现货市场的更高级的市场形式。期货市场不再像现货市场那样以实现商品所有权转让为目的,而是成为套期保值者规避价格风险、投资者获取价差收益的场所。

二、商品期货市场发展特征

在经济全球化背景下,国与国之间的经济联系日益紧密,国际贸易的快速发展使国内市场演变成世界市场,国内价格随之演变成国际价格。期货价格在国际价格的形成中发挥了基准价格的作用。发达的期货市场因其交易规模大、规范化和国际化而成为世界市场的定价中心。

(一)期货种类的增加

期货市场的发展首先表现在期货种类的不断增加上。20世纪80年代以来,美英等发达国家的期货交易所集中了全球绝大多数的农产品、石油和金属的期货交易。

从19世纪中叶现代意义上的期货交易产生到20世纪70年代,农产品期货一直在期货市场中居于主导地位。随着农产品生产和流通规模的扩大,新的期货品种也在不断涌现。除了小麦、玉米、大米等谷物以外,棉花、咖啡、白糖等经济作物,生猪、活牛等畜产品,木材、天然橡胶等林产品也陆续在期货市场上市交易。

19世纪下半叶,伦敦金属交易所开创了金属期货交易的先河,先后推出铜、锡、铅、锌等期货品种。伦敦金属交易所和纽约商业交易所已成为目前世界上最主要的金属期货交易所。

20世纪70年代初发生的石油危机给世界石油市场带来巨大冲击,石油等能源产品价格剧烈波动,直接导致了能源期货的产生。纽约商业交易所已成为目前世界上最具影响力的能源期货交易所,上市的品种有原油、汽油、取暖油、天然气和电力等。

20 世纪 70 年代,布雷顿森林体系解体,浮动汇率制取代了固定汇率制,世界金融体制发生了重大变化。随着汇率和利率的剧烈波动,市场对风险管理工具的需要变得越来越迫切。商品期货的发展为金融期货交易的产生发挥了示范作用,期货业将商品期货交易的原理应用于金融市场,金融期货便应运而生。1972 年,芝加哥商业交易所设立了国际货币市场分部,首次推出包括英镑、加拿大元、德国马克、意大利里拉、法国法郎、日元和瑞士法郎等在内的外汇期货合约。1975 年,芝加哥期货交易所推出第一张利率期货合约——政府国民抵押协会抵押凭证期货合约,1977 年美国长期国债期货合约在芝加哥期货交易所上市。继外汇和利率期货推出之后,1982 年堪萨斯期货交易所开发出价值线综合指数期货合约,使股票价格指数也成为期货交易品种。1995 年,中国香港开始股票期货交易。2010 年 4 月 16 日,我国内地推出的第一个股指期货“沪深 300 股指期货合约”正式上市交易。

随着商品期货和金融期货交易的不断发展,人们对期货市场机制和功能的认识不断深化。期货作为一种成熟、规范的风险管理工具与一种高效的信息汇集、加工和反应机制,其应用范围可以扩展到经济社会的其他领域。因而,在国际期货市场上还有天气期货、房地产指数期货、消费者物价指数期货和碳排放期货等期货品种。

(二)期货市场的联合与合并

在期货市场的发展进程中,联合和合并的脚步从来都没有停歇过。

20 世纪 90 年代以来,随着期货业竞争的加剧,这一脚步走得更急更快了。在美国,1994 年,纽约商业交易所与纽约商品交易所合并为纽约商业交易有限公司;此后,纽约棉花交易所与咖啡、糖和可可交易所合并为纽约期货交易所;2007 年,芝加哥期货交易所与芝加哥商业交易所合并为芝加哥商业交易所集团;此后,纽约商业交易有限公司并入芝加哥商业交易所集团。在日本,10 多家交易所在 20 世纪 90 年代合并为 7 家。在欧洲,1992 年伦敦国际金融交易所与伦敦期权交易所合并,1996 年又合并了伦敦商品交易所。1998 年,德国法兰克福期货交易所与瑞士期权和金融期货交易所合并为欧洲交易所。2000 年,法国巴黎、荷兰阿姆斯特丹和比利时布鲁塞尔的 3 家交易所合并为欧洲联合交易所。2002 年,欧洲联合交易所又合并了伦敦国际金融交易所。期货交易所的联合和合并使得在同一时区内,活跃品种只在一家或少数几家交易所上市交易。交易的集中化有利于形成更大的规模效应和更权威的期货价格。

同时,期货市场的创新发展大大推进了期货市场的国际化和一体化。一是公司制交易所的股东或出资人已经开始多元化,并不局限于本国或本地区的范围,如“某某国家的期货交易所”的含义,更多的是指交易所的所在地,而非所有权归属于该国(公民或法人)。二是市场参与者来自世界各地,期货市场为世界各地的投资者提供交易平台和服务。三是期货品种跨国界推出,如新加坡交易所上市了中国香港、中国台湾等地区和日本等国家股票指数的期货合约,伦敦国际金融交易所上市了德国、日本国债的期货合约。可见,一国的期货市场打破了地域界限,交易所、市场参与者和期货品种都呈现出国际化特点。

三、国际期货市场发展现状

期货交易和期货交易所经过 100 多年的发展壮大,已遍布世界上的许多国家。其中具有代表性的是:美国芝加哥商业交易所集团、欧洲期货交易所、泛欧证券交易所、伦敦金属交易所、洲际交易所等。表 3-4 列出了目前全球主要的期货交易所。

表 3-4　全球主要期货交易所一览表

国家	交易所名称	代码	英文名称
中国	上海期货交易所	SHFE	Shanghai Futures Exchange
	大连商品交易所	DCE	Dalian Commodity Exchange
	郑州商品交易所	CZCE	Zhengzhou Commodity Exchange
	中国金融期货交易所	CFFE	China Financial Futures Exchange
美国	芝加哥期货交易所	CBOT	The Chicago Board of Trade
	芝加哥商品交易所	CME	Chicago Mercantile Exchange
	芝加哥商业交易所国际货币市场	IMM	International Monetary Market
	芝加哥期权交易所	CBOE	Chicago Board Options Exchange
	纽约商业交易所	NYMEX	New York Mercantile Exchange
	纽约期货交易所	NYBOT	New York Board of Trade
	美国(纽约)金属交易所	COMEX	Commerce Exchange
	堪萨斯商品交易所	KCBT	Kansas City Board of Trade
加拿大	加拿大蒙特利尔交易所	ME	Montreal Exchange Markets
英国	伦敦国际金融期货及选择权交易所	LIFFE	London International Financial Futures and Options Exchange
	伦敦商品交易所	LCE	London Commerce Exchange
	英国国际石油交易所	IPE	International Petroleum Exchange
	伦敦金属交易所	LME	London Metal Exchange
法国	法国期货交易所	MATIF	—
德国	德国期货交易所	DTB	Deutsche Boerse
瑞士	瑞士选择权与金融期货交易所	SOFFEX	Swiss Options and Financial Futures Exchange
	欧洲期权与期货交易所	Eurex	The Eurex Deutschland
瑞典	瑞典斯德哥尔摩证券交易所	OM	OM Stockholm

国家	交易所名称	代码	英文名称
西班牙	西班牙固定利得金融期货交易所	MEFFRF	MEFF Renta Fija
	西班牙不定利得金融期货交易所	MEFFRV	MEFF Renta Variable
日本	日本东京国际金融期货交易所	TIFFE	The Tokyo International Financial Futures Exchange
	日本东京工业品交易所	TOCOM	The Tokyo Commodity♯Exchange
	日本东京谷物交易所	TGE	The Tokyo Grain Exchange
	日本大阪纤维交易所	OTE	—
	日本前桥干茧交易所	MDCE	—
新加坡	新加坡国际金融交易所	SIMEX	Singapore International Monetary Exchange
	新加坡商品交易所	SICOM	Singapore Commodity Exchange
澳大利亚	澳洲悉尼期货交易所	SFE	Sydney Futures Exchange
新西兰	新西兰期货与选择权交易所	NZFOE	New Zealand Futures & Options
南非	南非期货交易所	SAFEX	SouthAfrican Futures Exchange
韩国	韩国期货交易所	KRX	Korea Exchange

（一）全球期货交易规模

美国期货业协会公布的 2021 年上半年全球 80 多家交易所衍生品交易情况报告显示，2021 年上半年全球期货与期权成交 289.08 亿手，与 2020 年同期相比增长了 32.1%。其中全球期货成交 144.23 亿手，期权成交 144.85 亿手。截至 2021 年 6 月底，全球期货与期权持仓总量为 10.85 亿手，与 2020 年同期相比增长了 11.6%。期权持仓占总持仓的 75.3%。

20 世纪 80 年代以后，世界衍生品市场发展出现了新趋势。

从交易的种类来看，长期居于主导地位的农产品期货的交易量虽仍在增加，但其市场占有率却大幅下降。金融期货和以石油为代表的能源期货发展迅猛，金融期货的交易量超过商品期货，至今仍占据着期货市场的主导地位。金融期货的后来居上，改变了期货市场的发展格局，期货市场的交易结构发生了显著变化。2021 年，全球衍生品共成交 625.85 亿手。其中金融类衍生品共交易 519.92 亿手，居各大类期货和期权交易量首位，同比增长 36.89%；商品类衍生品总成交量为 105.93 亿手，其中商品期货成交 100.98 亿手，商品期权成交 4.95 亿手，如表 3-5 所示。

表 3-5　全球衍生品交易量

类别	2019 年/张	各板块占比/%	2020 年/张	各板块占比/%	同比变化/%
个股期权	4,367,749,490	13.0	6,916,162,698	14.9	58.3
个股期货	1,697,258,231	5.0	3,305,194,094	7.1	94.7
股指期权	6,319,664,077	18.8	9,000,499,507	19.4	42.2
股指期货	4,072,377,049	12.1	6,244,133,704	13.4	53.3
ETF 期权	2,406,600,999	7.2	4,012,595,122	8.6	66.7
ETF 期货	1,204,335	0.0	933,574	0.0	−22.5
权益类衍生品总计	18,864,854,181	56.1	29,479,498,699	63.5	56.2
利率期权	863,076,047	2.6	646,069,693	1.4	−25.1
利率期货	3,653,842,197	10.9	3,264,591,916	7.0	−10.7
外汇期权	983,711,526	2.9	855,589,124	1.8	−13.0
外汇期货	2,341,689,240	7.0	2,880,881,232	6.2	23.0
商品期权	262,724,638	0.8	331,438,913	0.7	26.2
商品期货	6,678,436,113	19.8	8,972,412,014	19.3	34.3
总计	33,648,333,942	100.0	46,430,481,591	100.0	38.0

数据来源:美国期货产业协会(FIA)。

近年来全球场内衍生品市场发展迅速,2020 年延续了这一趋势,全球衍生品市场交易量不断突破新高。根据世界交易所联合会(WFE)统计,2020 年,全球主要市场的场内衍生品合约交易量达 464.3 亿张,较 2019 年增长 38%。从产品形式看,2020 年期权合约交易量为 217.6 亿张,较 2019 年增长 42%;期货合约交易量为 246.7 亿张,较 2019 年增长 43.1%。从交易量的地区分布看,美洲地区交易量占比为 40.5%,亚太地区交易量占比为 43.5%,欧洲、中东等地区交易量占比为 15.9%

亚太地区期货、期权交易量已经超越了美国期货交易所,亚太地区许多期货交易市场的衍生品交易在成交量和收益方面都取得了引人注目的增长。2021 年我国期货市场成交量为 75.14 亿手,占全球总成交量的 12%。在全球品种成交量排名中,农产品方面,中国品种包揽前 11 名;金属方面,中国品种占据前 10 强中的 9 席;能源方面,中国品种在前 20 强中占有 7 席。中国期货市场愈来愈成为全球期货市场的重要组成部分。新加坡亚太交易所、韩国交易所、俄罗斯交易系统下的期货和期权衍生品的附属机构——俄罗斯期货交易所,均有不同程度的崛起(如图 3-4 所示)。

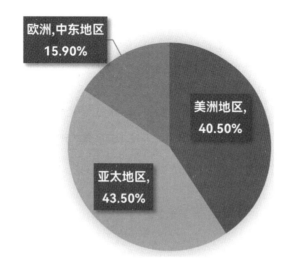

图 3-4　2020 年全球主要场内衍生品交易地区分布

　　按月份来看,2020 年各月全球主要场内衍生品合约交易量较 2019 年均有不同程度的上升。其中,2 月、3 月、11 月同比增长超过 50%;6 月、7 月、9 月、10 月同比增长超过40%。经对比 2020 年衍生品市场与现货市场同比变化情况发现,除 10 月外,全球衍生品市场与现货市场交易量较 2019 年同比变化的走势基本一致(如图 3-5 所示)。

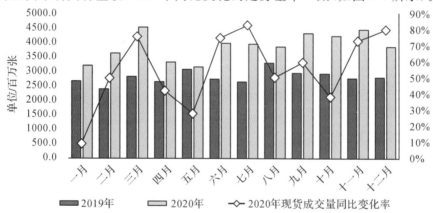

图 3-5　全球主要场内衍生品各月成交量及现货交易量同比变化率

　　从衍生品类型看,2020 年全球场内权益类衍生品交易量仍居所有品种的首位,达到294.8 亿张,相比 2019 年增长 56.3%,占全球场内衍生品主要合约交易量的 63.5%。其中,权益类期权的交易量占场内权益类衍生品交易量的 67.6%,较权益类期货更为活跃。全球权益类衍生品中,ETF 类衍生品的交易量增长至 40.1 亿张,较 2019 年增长了66.7%。个股类衍生品市场交易量增长至 102.2 亿张,较 2019 年增长了 68.5%。股指类衍生品交易量增长至 152.4 亿张,较 2019 年增长了 46.7%。2020 年,全球场内商品类衍生品合约交易量达到 93 亿张,占全球场内衍生品主要合约交易量的 20%,较 2019

年增长了 34.0%。此外,2020 年全球场内利率类衍生品及外汇类期权产品交易量有所下降。外汇类期权的下降可能是受疫情影响,全球贸易进出口走弱,导致外汇对冲需求降低。利率类衍生品的下降可能是由于越来越多的市场进入低利率乃至负利率时代,利率类衍生品的交易空间小。

表 3-6 列举了 2018—2019 年全球衍生品市场交易量居前 20 位的交易所。

表 3-6 **2018—2019 年全球衍生品市场交易量居前 20 位的交易所**

2019 年排名	2018 年排名	交易所	2019 年/张	2018 年/张	变化/%
1	2	印度国家证券交易所	5,960,653,879	3,790,090,142	57.3
2	1	芝加哥商业交易所集团	4,830,045,369	4,844,857,131	−0.3
3	3	巴西交易所	3,880,624,283	2,574,073,178	50.8
4	4	洲际交易所	2,256,762,531	2,474,223,217	−8.8
5	6	欧洲期货交易所	1,947,144,196	1,951,763,081	−0.2
6	5	芝加哥期权交易所	1,912,075,382	2,050,884,142	−6.8
7	7	纳斯达克	1,785,341,204	1,894,713,045	−5.8
8	9	韩国交易所	1,546,717,194	1,408,259,039	9.8
9	8	莫斯科交易所	1,455,043,932	1,500,375,257	−3.0
10	10	上海期货交易所	1,447,597,054	1,201,969,095	20.4
11	12	大连商品交易所	1,355,584,225	981,927,369	38.1
12	13	郑州商品交易所	1,092,703,580	817,969,982	33.6
13	11	孟买证券交易所	1,026,425,811	1,032,693,325	−0.6
14	15	迈阿密国际交易所	440,049,131	421,320,501	4.5
15	14	香港交易所	438,690,021	480,966,627	−8.8
16	19	伊斯坦布尔交易所	387,996,034	236,393,421	64.1
17	16	日本交易所集团	361,063,321	411,945,912	12.4
18	20	印度多种商品交易所	306,592,744	230,339,630	33.1
19	17	台湾期货交易所	260,765,482	308,083,576	−15.4
20	18	澳大利亚交易所	260,478,736	248,003,922	5.0

数据来源:根据 FIA 的资料整理。

(二)美国的期货市场

最早的现代化期货交易所出现在美国芝加哥。目前,美国的交易所不仅数量多、规模大,而且交易品种丰富。

1. 芝加哥期货交易所

芝加哥期货交易所是当前世界上交易规模最大、最具代表性的农产品交易所。该交易所成立于1848年,是历史最悠久的期货交易所,也是最早上市交易农产品和利率期货的交易所。芝加哥期货交易所除了提供玉米、小麦、大豆等农产品期货外,还提供中长期政府债券、股票指数、黄金和白银等期货,以及农产品、金融、金属的期权。

2.芝加哥商品交易所

芝加哥商品交易所是全球最大的衍生品交易市场,是买卖期货和期货期权合约品种最多的交易所。芝加哥商品交易所创立于1874年,其前身为农产品交易所,由一批农产品经销商创建,当时该交易所上市的主要商品为黄油、鸡蛋、家禽及其他不耐储藏的农产品。1919年改组为目前的芝加哥商品交易所,是世界最主要的畜产品期货交易中心。1972年,其国际货币市场分部组建并最先上市交易外汇期货,成为世界上最早开展金融期货交易的交易所。此后,又增加了90天的短期美国国库券和3个月期的欧洲美元定期存款期货交易。1982年又成立了指数和期权市场分部,主要进行股票指数期货和期权交易。目前,芝加哥商品交易所主要提供以下四类产品的期货和期权:利率、股票指数、外汇和商品。

3.纽约商业交易所

纽约商业交易所是美国第三大期货交易所,也是世界上最大的实物商品交易所。该交易所成立于1872年,为能源和金属提供期货和期权交易,其中以能源产品和金属为主。

4.堪萨斯期货交易所

堪萨斯期货交易所成立于1856年,是世界上最主要的硬红冬小麦(面包的主要原料)交易所之一,也是率先上市交易股票指数期货的交易所。

(三)英国的期货市场

英国的有色金属期货交易,在世界期货发展史上占有举足轻重的地位。英国的期货交易所主要集中在伦敦。伦敦金属交易所、伦敦国际金融交易所和伦敦国际石油交易所共同确立了伦敦国际期货交易中心的地位。

1.伦敦金属交易所

伦敦金属交易所成立于1876年,也是开展时间最早、品种最多、制度和配套设施最完善的金属交易所。该交易所的国际化程度高,外国公司、与外国公司合资的公司在会员中占有很大比重。伦敦金属交易所的交易品种主要有铜、铝、铅、锌、镍、银的期货和期权,以及LMEX指数的期货和期权等。

2.伦敦国际金融交易所

伦敦国际金融交易所成立于1982年,是欧洲最早建立的金融期货交易所,也是世界最大的金融期货交易所之一。开始时交易仅限于7个金融期货品种,1985年引入期权交易,1992年与伦敦期权交易所合并,1996年合并伦敦商品交易所,引入农林产品期货交易,1999年改制为公众持股公司,2002年与欧洲联合交易所合并,成为欧洲联合交易所集团的下属公司。其交易品种主要有欧元利率、英镑利率、欧洲美元利率,英镑、瑞

士法郎、日元,《金融时报》股票价格指数及 70 种股票期权等期货和期权合约,其中欧元利率期货的成交量最大。

3.伦敦国际石油交易所

伦敦国际石油交易所成立于 1980 年,是英国期货市场的后起之秀,是欧洲最大的能源期货市场。该交易所主要的交易品种为石油和天然气的期货及期权,2001 年 3 月开始上市交易电力期货合约,2001 年 7 月成为洲际交易所的全资子公司。

(四)欧元区的期货市场

20 世纪 90 年代后期,交易所间联网、合并的浪潮席卷全球,欧洲各国的交易所经过战略整合,形成了两家跨国界的以证券现货和期货、期权为主要交易品种的交易所联盟——欧洲期货交易所和欧洲证券交易所。

1.欧洲期货交易所

为了应对欧洲货币联盟的形成及欧元时代的来临,1998 年 9 月,德国法兰克福期货交易所与瑞士期权和金融期货交易所合并为欧洲期货交易所,总部设于瑞士苏黎世。欧洲期货交易所是全面电子化交易所,全球的银行、专业贸易公司和金融机构投资者等成员公司都可以使用该系统。欧洲期货交易所的主要交易品种为股票指数期货和期权。

2.欧洲证券交易所

欧洲证券交易所成立于 2000 年 9 月,由法国的巴黎证券交易所、荷兰的阿姆斯特丹证券交易所、比利时的布鲁塞尔证券交易所合并而成。2002 年初,欧洲证券交易所又收购了葡萄牙里斯本证券交易所和伦敦国际金融期货交易所,成为欧洲首家跨国交易所。至此,该交易所集合了比利时、法国、荷兰、葡萄牙四国的证券交易所,以及四国和英国的衍生产品市场。

2007 年 3 月底,欧洲证券交易所与纽约证券交易所合并组成纽约-泛欧交易所。

(五)亚洲地区的期货市场

欧美等主要工业发达经济体都相继建立了期货市场,日本、韩国、新加坡等也陆续建立了期货交易所。

1.日本的期货交易所

日本是世界上较早建立期货市场的国家之一,其拥有以东京工业品交易所(主要是能源和贵金属期货)、东京谷物交易所(主要是农产品期货)等为主的商品交易所,以及以东京证券交易所(主要交易国债期货和股指期货)、大阪证券交易所(主要交易日经225 指数期货)和东京金融期货交易所(主要交易短期利率期货)为主的期货交易所。其中,在国际上影响较大的是东京工业品交易所和东京谷物交易所。东京工业品交易所成立于 1984 年,是日本唯一的综合性商品交易所。该交易所以贵金属交易为主,上市品种有黄金、白金、银、钯、棉纱和毛线等。20 世纪 90 年代后期上市交易石油期货,巩固了其作为日本第一大商品交易所的地位。东京谷物交易所成立于 1952 年,1985 年以前一直是日本第一大商品交易所,上市品种有大豆、小豆、白豆和马铃薯粉等。日本的期货交易所只接纳公司会员,这与美国不同。

2.韩国的期货交易所

在 1987 年全球股灾后不久,韩国决意建立自己的期货市场。1999 年初,韩国期货交易所在釜山正式成立,当年就推出了美元期货及期权、CD 利率期货、国债期货、黄金期货。2005 年 1 月,韩国合并韩国证券交易所、韩国期货交易所及韩国创业板市场,成立韩国证券期货交易所,并逐渐发展成全球成交量最大的衍生品交易所。目前,该交易所由五大部门组成,分别是行政后台服务部、股票市场分部、Kosdaq 市场分部、期货市场分部、市场监管分部。其中,期货市场分部主管各种衍生品交易。

3.新加坡的期货交易所

自 20 世纪 60 年代起,凭借着良好的经济和金融基础、亲商的法律和经商环境、战略性的地理位置等因素,新加坡逐步发展成为国际金融中心。同时,其期货市场不断发展。

新加坡交易所是亚太地区首家集证券及金融衍生产品交易于一体的企业股份制交易所,由新加坡证券交易所与新加坡国际金融交易所于 1999 年 12 月合并成立。其中,新加坡国际金融交易所成立于 1984 年,是亚洲第一家金融期货交易所。该交易所的交易品种涉及期货和期权合约、利率、货币、股指、能源和黄金等。新加坡国际金融期货交易所的期货品种具有典型的离岸金融衍生品的特征,如日经 225 指数期货、3 个月期欧洲美元期货等。1984 年,新加坡国际金融期货交易所与芝加哥商业交易所联网建立了相互对冲机制,扩大了交易品种。

2010 年 8 月,新加坡商品交易所成立。这是全球最新成立的交易所之一,也是东南亚地区最大的天然胶期货交易场所。新加坡商品交易所作为期货市场,期货结算价对国际橡胶现货贸易有指导性意义。

第三节 中国的商品期货市场

我国期货市场的发展经历了起步探索阶段、治理整顿阶段,目前处于规范发展阶段。当前,我国期货市场的交易品种不断丰富,市场交易持续活跃,投资者结构不断优化,市场运行日益成熟,市场国际化程度逐步加深,市场基础性制度建设不断完善。

一、我国期货市场的发展历程

改革开放以来,我国的期货市场作为新生事物历经了 20 多年的发展,从无到有,从小到大,从无序逐步走向有序。随着中国成为国际贸易组织(WTO)的成员,国内期货市场也在逐渐融入世界期货市场。国内期货市场的发展过程可以划分为 3 个阶段:起步探索阶段、治理整顿阶段和规范发展阶段。

(一)起步探索阶段

1978 年,中国经济体制改革的大幕徐徐拉开。随着家庭联产承包责任制在全国农村的推广,农业生产力很快恢复并得到很大发展。同时,价格改革从农产品开始起步,国家逐步放开对农产品流通和农产品价格实行多年的管制,实行价格双轨制,除计划订购之外,可以议购议销,市场调节的范围不断扩大。随着改革的深化,农产品价格出现较大的波动,农产品价格的大升大降使农业生产出现大起大落,价格上涨与卖粮难问题此消彼长,政府用于农产品补贴的财政负担日益加重。

如何既推进改革,又保持经济的平稳运行?能否通过运用市场机制,既提供指导未来生产经营活动的有效价格信号,又防范价格频繁波动带来的风险?面对上述状况和问题,一批学者开始思考并提出建立农产品期货市场的设想。1988 年初,国务院发展研究中心、国家体改委、商业部等部门根据中央领导的指示,组织力量开始进行期货市场研究,并成立了期货市场研究小组,考察期货市场的历史和现状,积累有关期货市场的理论知识。在 1988 年到 1990 年的近 3 年时间里,为中国建立期货市场做了先期的理论准备和可行性研究工作。

1990 年 10 月,郑州粮食批发市场正式成立。它以现货交易为基础,同时引入期货交易机制,标志着新中国商品期货市场的诞生。郑州粮食批发市场的积极作用和示范效应很快反映出来,全国各地纷纷仿效,积极创办期货交易所。例如,1991 年 6 月深圳有色金属交易所成立,1992 年 5 月上海金属交易所成立。

在经济过热和利率驱动下,期货市场诞生不久就陷入盲目发展的局面。各地的期货交易所如雨后春笋般建立起来。据统计,1993 年初,全国期货交易所或具有期货交易性质的交易所仅 7 家;但到 1993 年底,国内各类期货交易所达 50 多家,而此时国际上的期货交易所还不到 100 家。同时,期货经纪公司也相继创办。例如,1992 年 9 月广东万通期货经纪公司成立,同年底中国国际期货经纪公司开业。至 1993 年底,国内的期货经纪机构已近千家。

一方面,重复建设造成期货交易所数量过多,这必然使上市品种重复设置,造成交易分散,期货市场发现价格的功能难以发挥;另一方面,过度投机、操纵市场、交易欺诈等行为扰乱了市场秩序,恶性事件频频发生,期货市场不仅难以发挥规避风险的功能,而且多次酿成了系统风险。究其原因,主要在于:一是人们缺乏相关实际经验且对期货市场缺乏深入研究,从而对期货市场的认识存在偏差;二是缺乏统一监管从而导致监管不力,相关法规政策不完善而且滞后,致使市场规则不健全甚至缺失。这样的局面无疑违背了建立期货市场的初衷。

(二)治理整顿阶段

由于对期货市场缺乏足够理解,加上市场规则、法律法规等制度不健全,期货市场很容易被投机力量左右,导致扭曲,市场发生诸如市场操作、恶意炒作或逼仓等事件,期货市场偏离了服务国民经济发展的轨道。

　　针对期货市场的混乱现象,1993 年 11 月,党的十四届三中全会做出严格规范少数期货市场的指示,标志着中国期货市场治理整顿的开始。1993 年 11 月,国务院发布《关于坚决制止期货市场盲目发展的通知》,开始对期货交易所进行了历时 7 年的治理整顿。

　　1999 年 6 月,国务院颁布《期货交易管理暂行条例》,代表着市场清理整顿工作基本完成。经过调整与撤并,期货交易所剩下上海期货交易所、郑州商品交易所和大连商品交易所 3 家;品种由 35 个压缩到 12 个,各交易所的上市品种不再重复设置;期货经纪公司最低注册资本金提高到 3000 万元,一批不符合条件的公司被清理掉,正常运作的期货公司保持在 180 家左右。1999 年的《期货交易管理暂行条例》,以及我国与之配套的四个管理办法,确立了我国期货市场的基本法规体系,标志着中国期货市场开始进入法治阶段。表 3-7 显示了 1993 年底至 2000 年期货市场的两次整顿情况。

表 3-7　　　1993 年底至 2000 年期货市场整顿情况

项目	第一次清理整顿	第二次清理整顿	
开始清理整顿的时间	1993 年 11 月 4 日	1998 年 8 月 1 日	
整顿通知文件	《关于坚决制止期货市场盲目发展的通知》	《国务院关于进一步整顿和规范期货市场的通知》	
交易所变化	由清理整顿前的 50 多家缩减为 15 家,对期货交易所进行会员制改造	由 15 家精简合并为 3 家	上海期货交易所(SHFE)
			大连商品交易所(DCE)
			郑州商品交易所(ZCE)
期货品种变化	期货品种削减为 35 个	期货品种削减为 12 种	SHFE:铜、铝、胶合板、天然橡胶、籼米
			DCE:大豆、豆粕、啤酒大麦
			ZCE:小麦、绿豆、红小豆、花生仁
期货经纪机构变化	由清理整顿前的 1000 多家削减为 330 多家	由 330 家削减为 180 家左右,提高了期货经纪公司最低注册资本金(不得低于 3000 万元人民币)	

(三)规范发展阶段

　　2000 年 12 月,伴随着中国期货业协会的成立,中国期货市场迎来了恢复性大发展的新时期。2001 年“稳步发展期货市场”被写入国家“十五”计划纲要,中国期货市场迎来历史性发展机遇。截至 2010 年底,中国期货市场上市交易品种共 23 个。从总体上看,这期间期货行业结构得到优化,做优做强的内外部驱动能力日益增强,已经具备了在更高层次上服务国民经济发展的能力,处于从量的扩张向质的提升转变的时期。2010 年 4 月 16 日,沪深 300 股指期货合约在中国金融期货交易所上市交易。股指期货的推出及平稳交易,打通了资本市场、金融市场与期货市场,实现了整个虚拟经济的大融通,迎来了中国金融期货时代的到来。目前,中国金融期货交易所已建立包括股权类、利率类的产品体系,商品和金融期货市场得到大力发展。表 3-8 列出了 2000 年以来为规范期货市场的发展所颁布的法规和制度。

表 3-8 2000 年以来颁布的法规和制度

时间	法规和制度
2002 年 2 月	重新修订并发布《期货从业人员管理办法》和《期货经纪公司高级管理人员任职资格管理办法》
2002 年 6 月	《期货交易所管理办法》和《期货经纪公司管理办法》
2003 年 7 月	《最高人民法院关于审理期货纠纷案件若干问题的规定》和《期货从业人员执业行为准则》
2004 年 1 月	《国务院关于推进资本市场改革开放和稳定发展的若干意见》
2004 年 3 月	《期货经纪公司治理准则》
2007 年 3 月	《期货交易管理条例》
2012 年 10 月	《国务院关于修改〈期货交易管理条例〉的决定》
2022 年 8 月	《中华人民共和国期货和衍生品法》

从 2000 年到 2021 年,经国务院批准,我国期货市场先后上市了多个期货新品种,使我国期货市场品种达三大类 90 个。表 3-9 列出了 2000—2021 年我国上市的期货品种和上市时间。

表 3-9 2000—2021 年我国上市的期货品种和上市时间

年份	上市品种
2000	豆粕
2003	强筋小麦
2004	棉花、燃料油、玉米、黄大豆 2 号
2006	白糖、豆油、PTA
2007	锌、菜籽油、LLDPE、棕榈油
2008	黄金、普通小麦
2009	螺纹钢、线材、早籼稻、PVC
2010	股指期货(沪深 300)
2011	铅、焦炭、甲醇
2012	白银、玻璃、菜籽菜粕
2013	焦煤、国债(5 年期)、动力煤、沥青、铁矿石、鸡蛋、粳稻谷、中密度纤维板
2014	聚丙烯、热轧卷板、晚籼稻、硅铁、锰硅、玉米
2015	国债(10 年期)、镍、锡、股指期货(上证 50)
2017	苹果
2018	原油、国债(2 年期)、纸浆、乙二醇
2019	红枣、尿素、20 号胶、粳米、不锈钢、苯乙烯、纯碱
2020	菜籽菜粕(期权)、LPG、低硫燃料油、短纤、国际铜
2021	生猪、花生

二、我国期货市场的现状

(一)期货品种不断丰富

目前,我国的商品期货品种覆盖农产品、金属、能源和化工等诸多产业领域,形成了较为完备的商品期货品种体系。部分期货品种在国际市场上已经具有一定的影响力,其中在全球各类商品期货交易量排名中靠前的有:螺纹钢、锌、铜、铝(金属期货),燃料油(能源化工期货),白糖、天然橡胶、豆粕、豆油、棕榈油、棉花、大豆、玉米(农产品期货)等。

(二)市场交易持续活跃

2021 年全国期货市场累计成交额为 581. 17 万亿元,同比增长 32. 85%。如图 3-6 所示。

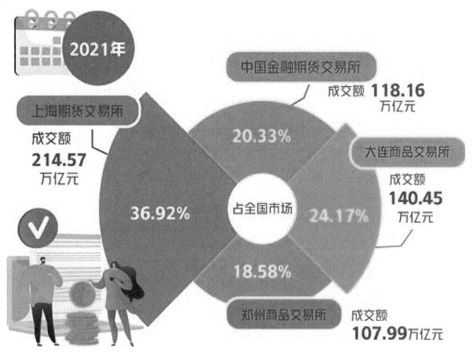

图 3-6　2021 年全国期货市场累计成交额

资料来源:《期货日报》。

(三)投资者结构不断优化

目前,我国期货市场尽管仍然以个人投资者为主,但是法人投资者的数量和规模呈现明显上升的趋势,法人投资者在市场总成交量和总持仓量中所占的比重不断上升。这说明,随着我国期货市场的发展,期货市场投资者结构也处于不断优化的过程中。

(四)市场基础性制度建设不断完善

近年来,我国期货市场基础性制度建设不断完善。《期货交易管理条例》于 2007 年 4 月 15 日正式实施,2012 年 10 月 24 日,《期货交易管理条例》重新修订,并于 2012 年 12 月 1 日起施行。2022 年 8 月 1 日,《中华人民共和国期货和衍生品法》正式施行。同时,由中国证监会、派出机构、中国期货业协会、期货交易所、中国期货市场监控中心共同参与的"五位一体"的期货监管体系已经形成,大大地提高了期货监管效率。

三、我国期货市场存在的问题

相比较国外期货市场长达 100 多年的历史,20 世纪 90 年代初期才开始研究并计划试点建立的中国期货市场,从研究到试点,再到推广,整个过程或多或少地带有"舶来品"的烙印。与此同时,一出生就承载中国计划经济向市场经济转型使命的中国期货市场,在成长过程中自然会经历更多的"烦恼"。而今,我国已经成为全球最大的商品期货市场,股指期货起步量质并进,可谓开局良好。在市场和行业即将由量变积累迈向质变提升的重要时刻,对我国期货市场 30 多年的经验教训加以回顾和总结,意义重大。

在市场成交量迅速增长、交易规模日益扩大的背后,中国期货市场还存在诸多问题。其一,期货市场发展力量不均衡,投资主体结构不尽合理,市场投机较盛。过度投机会扭曲期货价格,影响期货市场规避风险和价格发现的功能。此外,对机构投资者的准入限制依然存在。其二,期货市场监管有待加强,法规体系有待进一步充实和完善,特别是现有法规需要根据市场发展状况适时修订。其三,期货品种不够丰富。品种结构不够合理。期货品种虽有增加,但还不能满足不同现货市场的避险需求。其四,中国期货市场的国际化程度低,对其他国家和地区的期货市场的影响力小,大部分商品期货的交易价格对国际商品定价的影响力小,在国际定价中难以形成与经济实力相匹配的话语权。总之,与国民经济发展提出的更高要求相比,期货市场仍然存在差距。中国期货市场正处于"从量的扩张向质的提升转变"的关键时期,发展中的问题要在中国期货市场的继续稳步发展中解决。

全球及我国商品期货市场的发展

第四节　商品期货交易概述

一、商品期货交易的基本特征

期货交易是一种特殊的交易方式,其基本特征可归纳为以下 6 个方面。

(一)合约标准化

期货交易的对象是期货合约,而期货合约是由交易所统一制定的标准化远期合约。在合约中,标的物的数量、规格、交割时间和地点等都是既定的。这种标准化合约给期货交易带来极大的便利,交易双方不需要事先对交易的具体条款进行协商,从而节约了交易成本,提高了交易效率和市场流动性。

(二)场内集中竞价交易

期货交易实行场内交易,所有买卖必须在交易所内进行集中竞价成交。只有交易所的会员方能进场交易,其他交易者只能委托交易所会员,由其代理进行期货交易。

(三)保证金交易

期货交易实行保证金制度。交易者在买卖期货合约时按合约价值的一定比例缴纳保证金(一般为 5%—15%)作为履约保证,即可进行数倍于保证金的交易。这种以小博大的保证金交易也被称为"杠杆交易"。期货交易的这一特征使期货交易具有高收益和高风险的特点。保证金比例越低,杠杆效应越大,高收益和高风险的特点就越明显。

(四)双向交易

期货交易采用双向交易方式。交易者既可以买入建仓(或称开仓),即通过买入期货合约开始交易;也可以卖出建仓,即通过卖出期货合约开始交易。前者也称为"买空",后者也称为"卖空"。双向交易给予投资者双向的投资机会,也就是在期货价格上升时,可通过低买高卖来获利,在期货价格下降时,可通过高卖低买来获利。

(五)对冲机制

交易者在期货市场建仓后,大多并不是通过合约到期时进行实物交割(即交收现货)来履行合约,而是通过对冲了结,即通过与建仓时的交易方向相反的交易来解除履约责任。具体的操作就是,买入建仓之后可以通过卖出同一期货合约的方式解除履约责任;卖出建仓之后可以通过买入同一期货合约来解除履约责任。对冲机制使投资者不必通过实物交割来结束期货交易,从而提高了期货市场的流动性。

(六)当日无负债结算

期货交易实行当日无负债结算,也称为"逐日盯市"。结算部门在每日交易结束后,按当日结算价对交易者结算所有合约的盈亏、交易保证金及手续费、税金等,对应收应付的款项实行净额一次划转,并相应增加或减少保证金。如果交易者的保证金余额低于规定的标准,则必须追加保证金,从而做到"当日无负债"。当日无负债结算制度可以有效地防范风险,保障期货市场的正常运转。

扩展阅读 3-1

期货操盘手的一天

"操盘手只是我的一份工作,和其他岗位没有什么两样,与一般投资者不同的是,操盘就是我的职业。因为外界不了解,给这个职业披上了一层神秘的外衣。"

赵勇(化名)做操盘手已有 5 年。因为一个偶然的机会,其操盘能力得到赏识,被吸纳进了一家投资公司。尽管他一直自谦和其他投资者没什么两样,但操盘室中灵活的手指和速变盘面的完美结合,使他显得与众不同。

6 月 15 日早上 7 点 20 分,赵勇被财经新闻广播准时叫醒,财经新闻中关于宏观和期货外盘的数据是他每天都必须了解的,而这些信息也是他操盘的"背景资料"。

起床、洗漱、穿衣、吃饭、出门,大概需要 30 分钟,在这段时间里,赵勇已经掌握了 5 月 CPI 数据再度"破 5"并创 34 个月新高、央行第六次上调存款准备金率以及关于外盘品种涨跌等基本面信息。

8 点左右,赵勇坐上地铁。"不开车的原因是担心堵车延误看行情。"赵勇笑称虽说坐地铁要享受"沙丁鱼"的待遇,但在时间上地铁比开车靠谱得多,对他而言,清晨就是与时间赛跑。

8 点 30 分赵勇准时来到办公室,办公室里有 30 多台电脑,光是赵勇的桌上就有 3 台。作为一名职业操盘手,一旦坐到办公桌前,就等于进入"作战状态"。身体尚在落座过程中,赵勇一手放下公文包,一手将专属的 3 台电脑一一开机。

开机后,赵勇的第一件事情就是根据昨日的持仓情况、外盘品种的涨跌情况、宏观信息对当日的行情做出基本的判断。

"最近做得比较多的品种是棉花和 PTA。昨日央行公布了调整存款准备金率的消息,同时国内股市和外盘也出现大涨,市场预期利空出尽,但根据我对 PTA 和棉花现货企业的了解,下游企业的利空并未出尽,所以我判断市场上涨到 80—150 点后,会出现相对空点,在这个时候可以选择抛空。"市场利空未出尽是赵勇对行情的大致判断。

8 点 55 分至 59 分集合竞争开始,赵勇正式进入"战斗"状态,9 点交易正式开始。开盘行情上涨,高开高走。赵勇一边盯着分时图和买卖盘口挂单,一边用无线耳麦和客户以及公司上司联系。

"在操盘的时候,我是不接电话的,一方面接电话会打乱我的操盘节奏,一方面在操盘的过程中我和重要客户以及公司上司保持联系,接电话时会泄露交易内容。"赵勇表示,在操盘过程中,他会根据行情的走势不断修正自己对行情的判断,在判断行情走势不太合理的时候,他会坚持自己对行情的设定。

由于公司有现货的背景,除了投资之外,赵勇也会做一定的套保:"比如目前卖出开仓3000手,今天现货买进2000手,将卖出开仓调整成4500手或者5000手。"赵勇会根据现货的贸易量来不断调整套保的仓位。

"纪律是一个合格的操盘手必须严格遵守的。"赵勇告诉《期货日报》记者,制定仓位数、资金数量以及投入比例是一个操盘手在操盘过程中要严格遵循的,用于卖出套保的资金绝不能做投资,要顺势而为不能逆势开仓。

10点15分至30分,短暂的中场休息,赵勇会在这个时间抓紧上洗手间,同时在通风的地方透透气。"由于交易时间内精神高度集中,我们很少喝水,尽量避免操盘时间里内急,都快成骆驼了。"

13点30分至15点,下午的交易时间是早盘同质同量的延续。眼疾手快是操盘手的基本素质,操盘手要及时捕捉交易拐点,必须在视线不离分时图的情况下,用眼角余光盯紧挂单,一方面观察买单实力以预测出货价,一方面分析卖单量级以确定单笔出货量,避免大单砸盘带来的恐慌。

15点,休市,这意味着一天紧张工作的终结。结束了一天的交易后,赵勇会和现货商及期货圈子的朋友进行信息沟通。"操盘商品期货的操盘手,一定要对产业的上中下游有一个透彻的了解,现货信息是期货交易的基础。"17点至18点,这是赵勇的总结时间。赵勇告诉记者,他今天坚持了自己对市场的看法,持仓过夜了,操作正确与否还要等待明天市场的检验。(摘自2011年6月24日《期货日报》第4版)

二、商品期货交易技术分析概述

技术分析是以预测市场价格走势为目的,以图标分析为主要手段对期货进行研究的方法。技术分析的表现形式主要是各种图形和指标,其实质内容主要是价格和数量。在技术分析者看来,市场供求及影响供求的诸多因素已经反映在市场价格当中,通过对价格本身的分析即可以预测价格的未来走势。

技术分析以三项基本假设为前提。

第一,包容假设。技术分析笃信"市场行为反映一切"。市场参与者在进行交易时,其行为本身已经反映了影响市场价格的诸多供求因素。因此,研究市场交易行为本身即可对价格走势做出判断,而无须关心价格背后的影响因素。

第二,惯性假设。技术分析笃信"价格趋势呈惯性运动"。市场价格虽然呈现出不断上下波动的现象,但在市场中存在着趋势。不仅如此,在反转信号出现之前,趋势是有惯性的,即价格沿着原有的方向运动。因此,利用技术数据分析出价格趋势和反转信号即可对价格走势做出判断,而无须关心价格背后的影响因素。

第三,重复假设。技术分析笃信"历史将会重演"。以往出现过的市场价格走势或表现出来的价格形态,会在未来再现。因此,依照过往的历史经验和规律即可对价格走势做出判断,而无须关心价格背后的影响因素。

(一)期货价格的图示法

价格是技术分析法关注的重点。在进行技术分析时,必须了解当期以及历史上该期货品种的期货价格变化。为了直观地了解期货价格变化,需要借助一定的图示表达方式。常见的图示包括闪电图、分时图和 K 线图。

1.闪电图

闪电图,又称为 Tick 图或者点线图,它将每一笔的成交价都在坐标中标出,如图3-7所示。

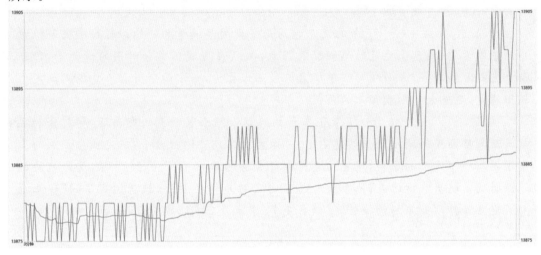

图 3-7　棉花 2301 合约 Tick 图

图表来源:同花顺期货通。

2.分时图

分时图将每分钟的最新价格标出。图 3-8 显示的是棉花 2301 合约在 2022 年 8 月 5 日的分时图。其中,波折起伏大的线条是代表实时成交价格的曲线;而起伏较小的是均价线,用来反映分时图中多空的分界。

图 3-8　棉花 2301 合约的分时图

图表来源:同花顺期货通。

3. K 线图

K 线图用来表示每个分析周期的开盘价、收盘价、最高价和最低价。按时间单位不同,K 线图又分为分钟图、小时图、日线图、周线图、月线图等。图 3-9 为日 K 线图,横轴代表时间,纵轴代表价格。日 K 线图中的"蜡烛"表示一个交易日当中的开盘价、收盘价、最高价和最低价。

图 3-9　棉花 2301 合约的日 K 线图

图表来源:同花顺期货通。

以日 K 线图为例,"蜡烛"上端的线段是上影线,下端的线段是下影线,分别表示当日的最高价和最低价;中间的长方形被称为实体或柱体,表示当日的开盘价和收盘价。图 3-10 中左边表示低开高收的市况,即收盘价高于开盘价,称为阳线。阳线通常用红色表示。图 3-10 中的右边表示高开低收的市况,即开盘价高于收盘价,称为阴线。阴线通常用绿色表示。

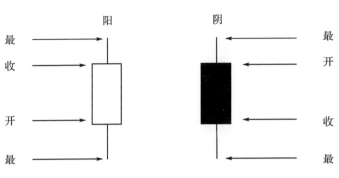

图 3-10　K 线图

由于 K 线图中的每一根"蜡烛"都代表当日的交易价格情况,因此,每日的分时图与当日的"蜡烛"之间存在着对应关系。如图 3-11 所示,两条实线分别代表着开盘价与收盘价,而且开盘价低于收盘价,因而可以判断为阳线。而两条虚线分别代表着最低价和最高价,由此做出上下影线。

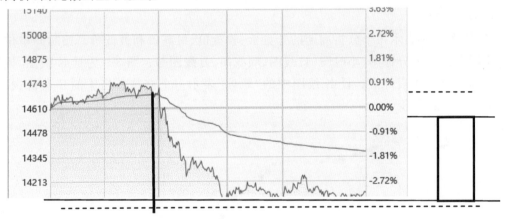

图 3-11　分时图与蜡烛之间的对应关系

图表来源:同花顺期货通。

(二)量价分析

价格、成交量和持仓量是技术分析者从市场上获得的第一手信息,也是最基本、最重要的信息,其他的数据大多是从以上的数据中衍生出来的。其中,交易量是指一段时间里买入的合约总数或者卖出的合约总数,是双向计算的。交易量水平是对价格水平运动背后市场的强烈或迫切需求的估计。持仓量是指截至某个时点期货合约未平仓的合约量。在技术分析时,需要将期货价格与相应的交易量、持仓量结合起来分析,从而对价格走势进行预测。

持仓量的增减取决于交易者在期货市场中的买卖活动,包括以下 4 种情况。详见表 3-10。

(1)买卖双方都是入市开仓,一方买入开仓,另一方卖出开仓(即双开)时,持仓量增加。

（2）在买卖双方中，一方为买入开仓，另一方为卖出平仓（即多头换手）时，持仓量不变。这意味着"新买方向旧买方买进"。

（3）在买卖双方中，一方为卖出开仓，另一方为买入平仓（即空头换手）时，持仓量不变。这意味着"旧卖方向新卖方买进"。

（4）买卖双方都持有未平仓合约，一方卖出平仓，另一方买入平仓（双平）时，持仓量减少。

表 3-10　交易行为与持仓量的关系

	买方	卖方	持仓量
双开	多头开仓	空头开仓	增加
多头换手	多头开仓	多头开仓	不变
空头换手	空头开仓	空头开仓	不变
双平	空头开仓	多头开仓	减少

成交量和持仓量作为次级技术指标，能够辅助确认图标中的技术信号，不宜单独基于成交量或持仓量而做出交易决策。交易者通常将成交量、持仓量和价格三者结合起来判断价格走势，见表 3-11。

表 3-11　价格、成交量和持仓量的关系

	价格	成交量	持仓量	价格走向
1	上涨	增加	增加	继续上涨
2	下跌	增加	增加	继续下跌
3	上涨	减少	减少	转为下跌
4	下跌	减少	减少	转为上涨
5	上涨	增加	减少	转为下跌
6	下跌	增加	减少	转为上涨

1. 成交量、持仓量增加，价格上升

表示新买方大量吸纳，市场行情看好，近期价格可能继续上升。成交量和持仓量增加，说明新入市交易者买卖的合约数超过了原交易者平仓的合约数，市场处于技术性强市，新交易者正在入市做多。

2. 成交量、持仓量增加，价格下跌

表示新卖方大量抛售，近期价格将继续下跌，但如果过度抛售，价格有可能反弹回升。这种情况表明，此时不断有更多的新交易者入市，且在新交易者中卖方力量压倒买方，因此市场处于技术性弱市，价格将进一步下跌。

3. 成交量、持仓量减少，价格上升

表示卖空者大量补进平仓，短期内价格上涨，但不久将可能回落。成交量和持仓量

下降说明市场上原交易者正在对冲了结其合约。价格上升又表明,市场上原卖出者在买入补仓时其力量超过了原买入者卖出平仓的力量,市场处于技术性弱市,主要体现在空头问补,而不是主动性做多买盘。

4. 成交量、持仓量减少,价格下跌

表示买空者大量抛售平仓,市场出现技术性调整,短期内价格可能继续下降,但不久将可能回升。成交量和持仓量减少说明市场上原交易者的平仓合约超过新交易者的开仓合约。价格下跌又说明,市场上原买入者在卖出平仓时其力量超过了原卖出者买入补仓的力量,即多头平仓了结离场意愿更强,而不是市场主动地增加空头。因此,持仓量和价格下跌表明市场处于技术性强市,多头正平仓了结。

5. 成交量增加、持仓量减少,价格上升

表示买空者获利回吐,卖空者补进平仓,后市看淡,价格将会下跌,处于技术性弱市。

6. 成交量增加、持仓量减少,价格下跌

表示买空者抛售平仓,卖空者获利回补,后市看好,价格将会上升,处于技术性强市。

综上可以得出结论:如果成交量和持仓量都增加,目前的价格走势将持续;如果成交量和持仓量都减少,目前的价格走势则会反转;如果成交量与持仓量反方向变化,则无论价格上升还是下降,后市都将发生反转。

(三)趋势分析

期货市场价格运行有其趋势性,因而要"顺势而行"。切线理论正是依据价格运行的趋势性而进行分析的,它常用的工具有趋势线、支撑线和阻力线等。

1. 趋势线

趋势即价格运动方向,包括上升趋势、下降趋势和横行趋势。上升趋势由一系列较高的高点和较高的低点构成,顶点和低点逐步向上移动。在前一个低点被突破之前,就形成一个完整的上升趋势(见图 3-12)。下降趋势由一系列较低的低点和较低的高点构成,顶点和低点逐步向下移动。在前一个高点被突破之前,就形成一个完整的下跌趋势(见图 3-13)。上升趋势是价格的高峰和谷底越来越高,一波比一波高;下降趋势是价格的高峰和谷底越来越低,一波比一波低。在上升或下降趋势中,价格的回落或回涨并不是价格趋势出现逆转。这两种趋势可用趋势线来表示,上升趋势线将一系列低点相连接,而下降趋势线则将一系列高点相连接。

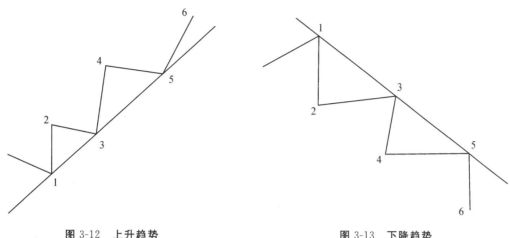

图 3-12　上升趋势　　　　　　　　　　　图 3-13　下降趋势

此外,还有横行趋势。这是指价格的高峰和谷底呈水平状横向发展,通常被称为盘整或"无趋势"。一般来说,在上升趋势中应该买入,在下跌趋势中应该卖出,遇到横行趋势则退出市场,静观其变。

2.支撑线和阻力线

价格在波动过程中的某一阶段,往往会出现两个或两个以上的最高点和最低点,用一条直线把这些价格的最高点连接起来,就形成阻力线;把这些价格的最低点连接起来,就形成支撑线。支撑线对价格有一定的支撑作用,阻止价格下降(如图 3-14 所示);而阻力线阻碍价格上升,对价格上升有一定的抑制作用。支撑点或阻力点越密集,其支持力或阻力就越大。价格跌破支撑线,表示价格有继续下降的可能,可卖出合约(如图 3-15 所示);价格突破阻力线,表示价格有继续上升的可能,可买入合约。

图 3-14　阻力变支撑　　　　　　　　　　图 3-15　支撑变阻力

(四)形态理论

价格的移动主要是保持平衡的持续整理和打破平衡的反转突破这两种过程。因此,价格曲线的形态可以分成两个大的类型:持续整理形态和反转突破形态。持续整理形态主要包括三角形、矩形、旗形、楔形。反转突破形态主要包括多重顶(底)形、头肩形、圆弧形和 V 形。前者保持平衡,后者打破平衡。

(五)技术分析的主要指标

技术分析通常需要借助一定指标的量化分析对行情进行判断。技术分析指标的种类很多,现在期货投资者主要运用的技术指标有:移动平均线(MA)、平滑异动移动平均线(MACD)。

1.移动平均线

移动平均线是指将一定时期内的期货价格加以平均,并把不同时间的期货价格的平均值连接起来而形成的曲线。移动平均线分为简单移动平均线、加权移动平均线和指数平滑移动平均线等。根据计算期的长短,又可分为短期、中期和长期移动平均线。通常以5日、10日移动平均线观察市场的短期走势,以30日、60日移动平均线观察中期走势,以13周、26周移动平均线观察长期走势。时间短,说明当期价格主要受较近的前期价格的影响;时间长,则说明较远的前期价格对当期价格依然存在着较大的影响。

移动平均线的目的是消除价格随机波动的影响,寻求价格波动的趋势。它具有趋势性、滞后性、助涨助跌性和支撑线及阻力线的特征。

2.平滑异动移动平均线

平滑异动移动平均线是从双移动平均线发展而来的,由快的移动平均线减去慢的移动平均线得到。该指标可以去除移动平均线经常出现的假信号,又保留了移动平均线的优点。但由于该指标对价格变动的灵敏度不高,属于中长线指标,所以在盘整行情中不适用。

 小 结

通过本章的学习,我们了解了期货市场的基本知识,包括发展历程、组成结构以及功能作用。本章还介绍了国际、国内大宗商品期货市场发展的现状和趋势,最后介绍了商品期货交易的特征,并从技术面角度分析了如何进行期货交易。

推荐阅读

[1]中国期货业协会:《期货市场教程》,中国财政经济出版社2013年版。

[2]威廉·D.江恩:《如何从商品期货交易中获利》,李国平译,机械工业出版社2007年版。

[3]杰克·D.施威格:《期货交易技术分析》,马龙龙、夏建甄、张常青译,清华大学出版社1999年版。

[4]格里高里·莫里斯,赖安·里奇菲尔德:《蜡烛图精解:股票和期货交易的永恒技术(典藏版)》,王柯译,机械工业出版社2018年版。

名词解释

①保证金
②标准化合约
③双向交易

思考题

①一份期货合同包括哪些部分?

②期货市场为什么具有价格发现功能？

第三章课后练习资料

第四章　金属板块概述

　　白银曾是巴菲特的得胜之所在。20世纪90年代末,当全世界都在热炒互联网概念时,巴菲特开始持续买入大量白银。1999年初,巴菲特就买入了1.3亿盎司的白银,在白银价格达到7.81美元/盎司的高位后,他又在白银的回调中不断加仓。市场人士测算,其白银的平均成本约为5美元/盎司,最多时其头寸占期货市场白银总持仓量的1/4。不久,白银价格从5美元/盎司上涨至15美元/盎司,巴菲特在白银市场的获利不输股市。2006年5月11日,就在ETF上市不久之际,在国际白银市场上又突然传来巴菲特将了结白银头寸的消息。巴菲特发表言论说,他相信"目前金属价格的上涨是受投机买盘的推动,而不是基本面情况在起作用",鉴于价格走势和基本面乖离率过甚,他"将不再保留白银期货头寸"。与此同时,另一位与巴菲特齐名的资本巨鳄索罗斯已经开始在伦敦市场抛空铜,可能下单已上千手,但还是属于尝试性质。两大全球资本投资领域的领军人物同时出手,这值得投资者深思。

第一节　金属板块概况

一、典型的金属品种

(一)作为一个时代象征的金属——铜

　　铜对整个人类的历史影响深远。中国是目前世界上最大的铜资源进口国,也是最大的铜生产国和铜消费国。从消费的占比来看,中国占据40％左右。但最大的铜矿生产国是智利,该国以盛产铜闻名于世,素称"铜矿之国",已探明的铜蕴藏量达2亿吨以上,居世界第一位,约占世界储藏量的1/3。在精炼铜方面产量最大的是中国,因为中国拥有全世界最大的精炼铜产能。

(二)地壳中含量最丰富的金属——铝

　　铝是一种银白色轻金属,具有延展性。铝商品常被制成棒状、片状、箔状、粉状、带状和丝状。它在潮湿的空气中能形成一层防止金属腐蚀的氧化膜。铝粉和铝箔在空气中加热能剧烈燃烧,并发出炫目的白色火焰。铝易溶于稀硫酸、硝酸、盐酸、氢氧化钠和氢氧化钾溶液,不溶于水,相对密度 2.70,熔点 660℃,沸点 2327℃。铝元素在地壳中的含量仅次于氧和硅,居第三位,是地壳中含量最丰富的金属元素。

航空、建筑、汽车三大重要工业的发展,要求所使用的材料具有类似铝及其合金的独特性质,这就大大有利于这种金属的生产和应用,且其应用极为广泛。

(三)主要用于涂镀工业的金属——锌

锌是第四常见的金属,仅次于铁、铝及铜,其外观呈银白色,在电池制造上有不可替代的作用,是相当重要的金属。

目前中国是世界上最大的锌生产国,储量丰富;从消费来看,中国也是全球最大的锌消费国。锌的主要用途有四个:第一是镀锌,作防腐蚀的镀层(如镀锌板),广泛用于汽车、建筑、船舶、轻工等行业,约占锌用量的 46%。锌具有优良的抗大气腐蚀性能,所以锌主要用于钢材和钢结构件的表面镀层。第二是制造铜合金材(如黄铜),如汽车制造和机械行业,约占 15%。锌具有适用的机械性能,其本身的强度和硬度不高,加入铝、铜等合金元素后,其强度和硬度均大大提高,尤其是锌铜钛合金,其综合机械性能已接近或达到铝合金。第三是用于铸造锌合金,锌合金作为压铸件用于汽车、轻工业等行业,约占 15%。第四是用于制造氧化锌,氧化锌广泛用于橡胶、涂料、搪瓷、医药、印刷、纤维等行业,约占 11%。随着科技的进步,锌的作用也将越来越多地被开发出来。

(四)被称作工业的脊梁的金属——钢铁

钢铁的属性:钢铁是由 Fe(铁)与 C(碳)、Si(硅)、Mn(锰)、P(磷)、S(硫)以及少量的其他元素所组成的合金。其中除 Fe 外,C 的含量对钢铁的机械性能起着主要作用,故统称为铁碳合金。它是工程技术中最重要、用量最大的金属材料。

中国是钢材消费的第一大国,因此对铁矿石的需求巨大,根据我国的钢铁网数据,2020 年中国铁矿石的消费量是 9.81 亿吨,进口 11.7 亿吨,占全球铁矿石贸易量的 56%。巴西的淡水河谷、澳大利亚的必和必拓和西班牙的力拓,三家资源型企业占据了铁矿石资源的 70% 以上,处于卖方垄断的市场地位,中国的需求不断推高了铁矿石的价格,推高了国内钢企成本。

除了上述金属,还有些金属也是我们平时经常见到的,可能会作为期货交易的品种,如:铅、镍、锡、钴、钼、黄金、白银。

二、金属的地位

(一)国内最早的期货交易品种

农产品是国外期货发源的品种,但中国国内是以金属的品种开始的,中国真正的期货交易以铜为代表,其次是铝。有色金属交易,被称作世界经济"晴雨表",特别是铜的表现与全球经济密切相连,自全球金融危机以来,金属价格暴跌,但西方国家宽松的货币政策促使大宗商品价格节节攀升,甚至再创新高,目前处于高位震荡局面。

(二)金属的成交量

从中国期货的市场份额来看,股指期货和国债期货的上市,对整个市场的冲击比较大,使得目前金融期货在整个期货市场上的占有份额比较大。

2010年,农产品中的白糖、玉米两个品种的交易量大,从而使农产品这个板块所占的比例相对提高了。近年这两个品种交易还是很活跃的,但是没有2010年猛烈。

近年来金属的占比一直在提高。从国内外市场情况来看,中国期货市场连续3年大幅增长,金属品种交易更是稳中有升,2021年在全球金属期货交易量前10强中中国占9席。

根据中国期货业协会2020年的数据,螺纹钢的交易额在整个市场中的占比是最大的,约为22.20%,它的市场用量是其他金属无法比拟的。镍的交易额占比约为16.50%,其自2015年上市以来,占比一直都较大,这使得大部分电镀化工企业都可以很好地参与。铜的交易额占比为15.26%,其是投资力量和产业链上的企业都有参与交易的品种。与铜不同的是锌,锌在国内主要是投资品种,更多的是资金在炒作和追逐,锌的占比为5.29%。白银和黄金是老牌贵金属,成交量一直较大,特别是开通夜盘后,成交量水平已经能和美国纽交所看齐,占比分别为12.85%和11.55%。铝、锡、不锈钢、铅等品种近年来一直不温不火,成交额一直都比较小。

三、金属交易所

本部分详细介绍上海期货交易所、伦敦金属交易所、纽约商业交易所这3个主要的金属交易所,来反映期货市场存在的目的和其重要的用途。期货交易所是提供交易的场所,更重要的是为现货经济提供服务,在后来的发展过程中,其逐渐演变为国与国之间对某些大宗商品定价权进行争夺的场所。

(一)上海期货交易所

上海期货交易所目前上市交易的有铜、铝、锌、铅、镍、锡、黄金、白银、螺纹钢、线材、热轧卷板、原油、燃料油、石油沥青、天然橡胶、纸浆、20号胶、不锈钢18个期货品种以及铜、天然橡胶、黄金3个期权合约。现有会员198家,其中期货经纪公司占75%以上,并已在全国各地开通远程交易终端逾300个。上海期货交易所推出钢材期货,能让中国逐步与国际上大的交易所或者大的厂商争夺话语权,让中国在今后大宗商品原材料的采购上占据一席之地。我国现在上市的钢材期货有4个品种,分别是螺纹钢、线材、热轧卷板和不锈钢。这些品种上市后市场运行平稳,规模全球领先,结构日趋合理,功能有效发挥。

(二)伦敦金属交易所

伦敦金属交易所采用国际会员资格制,其中超过95%的交易来自海外市场。交易品种有铜、铝、铅、锌、镍和铝合金等。2012年12月6日,香港交易所宣布,收购伦敦金属交易所的交易已经正式完成,多名伦敦金属交易所及其母公司董事卸任,而香港交易所主席周松岗、行政总裁李小加等将加入管理层。

伦敦金属交易所的交易方式是公开喊价交易,此种交易在"圈"内进行,也被称作"圈内交易",它的运行有 24 小时电话下单市场与伦敦金属交易所 select 屏幕交易系统的支持。伦敦金属交易所每天都公布一系列官方价格,这些价格在业内被作为金属现货合同定价的依据。

伦敦金属交易所一直是有色金属品种的定价中心,地位不可动摇。世界上所有有色金属品种的交易,基本上都以伦敦金属交易所的金属期货价格为参考或基准。

目前,伦敦金属交易所是交易品种最多的,上海期货交易所以其为榜样,当伦敦金属交易所上市某些品种后,后续上海期货交易所也会上市某些品种。

(三)纽约商业交易所

纽约商业交易所负责的有金、银、铜、铝的期货及期权合约等。纽约商业交易所的黄金期货交易市场是全球最大的,它的黄金交易主导全球金价的走向。

纽约商业交易所在铜的品种上影响力越来越大;在铜的分析上,市场也越来越关注纽约商业交易所铜的走势。因为纽约商业交易所的交易时间比伦敦金属交易所的交易时间更长,所以纽约商业交易所对整个市场的影响也逐渐加大。

第二节 金属板块共同特征

一、与经济环境高度相关,周期性较为明显

金属行业为国民经济提供基础材料,金属的消费需求与经济增长密切相关,行业发展与宏观经济周期高度一致。当经济处于上升时期时,市场需求增加,产品价格趋于上涨,行业产出会紧随其扩张;当经济衰退时,市场需求萎缩,产品价格下跌,行业产出、效益也相应下滑。

从大的趋势来看,中国处于工业化进程中,金属是工业重要的原材料,因此中国对金属的需求量和消费量与整个宏观经济的发展是高度相关的。铜基本上是以销定产的,很多人在分析时就把铜材的产量视为精炼铜的消费量。

金属的经济周期性非常明显,表现为在金融危机的时候,所有金属的价格下跌。在短期内,某个品种供应不会大幅变动,矿山要开采的还是会开采。根据供需理论,金属的需求大幅下滑,而供给没有太大变化,就会导致金属价格下跌。所以整体来说,金属的经济周期性表现明显,与宏观经济有密切关系,可以说宏观经济的走势直接决定金属的需求。

二、产业链环节大致相同,定价能力存在差异

金属产业链主要包括采选、冶炼、加工和消费 4 个环节。

采选就是把金属矿产资源从矿区挖出来,矿区有的在山上,有的在平地上,条件非

常艰苦。

冶炼是一种提炼技术,用焙烧、熔炼、电解以及使用化学药剂等方法把矿石中的金属提取出来,减少金属中所含的杂质或增加金属中某种成分,炼成所需要的金属。

加工就是按照一定的组织程序或者规律对转变物质进行改造的过程。加工可能是化学过程,也可能是物理过程,还可能是复合过程。加工既可以由人力完成,即人工的,也可以由自然力完成。如将铜矿冶炼成精炼铜,它们是一片一片的铜板,可能表面非常粗糙,要加工成铜线、铜圈、铜棒等。铝和锌做成铝锭和锌锭,也没有办法直接用,要通过加工制作成各种型材,比如棒材、线材、绑带等,才能够为工业企业所用。

消费就是把各种型材运用到终端生产企业中去,如铜线可用于发电企业,铜管可用于空调制造企业。

而就定价能力而言,各个环节中的企业相差非常大,一般来说,矿山企业定价能力最强,而加工企业定价能力最弱。

矿山企业:矿山企业很多居于卖方垄断地位,或者具有一定卖方垄断势力。目前铜矿山的开采成本一般是 5 万—5.5 万元每吨,而精炼铜价格最高达到 8 万元每吨。这样一来,除去加工费用,矿山占有了大量的利润。

冶炼企业:冶炼企业竞争激烈,它们赚取的主要是加工费和副产品。比如铜冶炼企业就是赚取铜矿到精炼铜的加工费。同时也会有一些副产品,如硫酸、白银、黄金,但矿山企业往往会给予这样的矿石一定溢价,使得冶炼企业收益甚少。目前市场上的冶炼企业的利润普遍很薄,加工费每吨只有 500—1000 元。

加工企业:加工企业处境艰难,因为加工企业的产能极度过剩,进入市场门槛较低。尤其是一些产品的附加值非常低,如棒材、线材。目前它们的加工利润只有 500 元每吨,而有时铜价格一天的波动幅度就为 2000—3000 元每吨,如此形势下,加工企业的生存更加艰难。但是有些高附加值的产品,加工费可能高一点,加工费高精度的某些产品,加工费可能高达 4000—6000 元每吨。

在消费环节,不同行业利润率相差太多,不在本书中重点讲述。

三、需求弹性大于供给弹性,供求变化不同步

需求曲线相比供给曲线波动要大得多。比如智利的铜矿开始开采后,如果铜储量足够,三五十年它都会维持一样的开采进度,所以供应这块改变较少。另外,铜矿的投资额很大,新开一个铜矿,从前期勘探,到资格认证、政府许可,再到大型机械设备的购买,然后组织人力进行开采,最后试运行,有一系列的环节。如果某个环节控制得不好,就会拖延进度。所以,铜矿的供应在短时间内难以改变。

需求很容易发生改变,需求的变化可能从增长非常快到没有增长甚至到负增长。以中国的需求为例,在 2008 年之前全世界都认为铜的需求会越来越大,将支撑铜价上涨,但在 2008 年以后,由于金融危机,中国的铜消费量也骤减,对铜价格的影响非常大。所以,需求在短期内可能发生改变。

四、矿山资源垄断,原料供应集中

金属矿山资源具有稀缺性,且分布在少数国家,资源又不可再生,因此矿山行业的集中度较高,如淡水河谷、力拓、必和必拓垄断全球 70% 以上的铁矿石资源。而且矿山的定价权都在产业链上游,采用季度定价和月度定价,甚至采用自编现货指数定价。

金属板块的共同特征

第三节　金属产业链分析

金属产业链基本上包括以下 4 个环节,即矿山采选、金属冶炼、金属加工和终端消费,如图 4-1 所示。

图 4-1　金属产业链

一、矿山采选

(一)矿资源分布

1. 铜

根据美国地质勘探局(USGS)发布的《有色金属商品年鉴 2021》可知,截至 2020 年,全球可开采铜矿资源储量约为 8.71 亿吨。智利为全球铜储量最多的国家,占全球的 22.96%;美国探明储量为 9100 万吨,居第二;赞比亚居第三。中国探明的铜资源储量 为 6752.17 万吨,储量主要分布在江西、云南、湖北、西藏、甘肃、安徽、山西、黑龙江 8 个 省(区)。

智利是中国进口铜矿和精炼铜最多的国家之一。美国虽然有很多资源储量排名靠 前,却也是进口大国。中国铜矿主要分布的省份都是国家大型冶炼厂的所在地,如江西 铜业、云南铜业、湖北大冶有色、甘肃金川等。因为金属资源整个运输成本较高,于是就 要采取就近冶炼的方式来降低成本。

2. 铝

全球铝土矿资源已探明储量约为 320 亿吨,几内亚、澳大利亚、越南、巴西、牙买加、 印尼及中国等约占 77%。我国铝土矿 97% 分布在山西、河南、贵州、广西、四川、山东、 云南 7 个省(区)。

3. 锌

我国锌资源储量居世界前列,云南、内蒙古、甘肃、广西、广东、江西、四川、河北、陕 西的储量占全国总储量的 88%。

4. 钢材

高品位矿区主要位于巴西、澳大利亚、印度,其总出口量占世界出口总量的 70%。 中国是世界上最大的钢铁生产国、消费国和铁矿石进口国。

5. 稀土矿

稀土矿中国储量最多,美国的储量也较大且富矿较多,但是美国不开采,采取进口 策略。反过来,中国在稀土资源利用方面经验不足,无序竞争使资源储量逐年下滑,且 国际价格低廉,环境污染加重。近年来,我国开始整顿稀土行业。2012 年 4 月 8 日,中 国稀土行业协会成立;5 月 22 日,国家税务总局下发公告,自 6 月 1 日起,销售稀土产品 必须开具稀土增值税专用发票;6 月 13 日,《稀土指令性生产计划管理暂行办法》颁布;7 月 26 日,《稀土行业准入条件》颁布;11 月 9 日,《稀土产业调整升级专项资金管理办法》 发布。仅从政策动作来看,政策在不断加码,管理环节越发完善,稀土清洁生产、环境保 护更受重视。其中,我国向大集团倾斜的整合道路将更加明确。2013 年 1 月 22 日,工 业和信息化部、国家发展改革委等 12 部委联合发布了《关于加快推进重点行业企业兼 并重组的指导意见》,涉及钢铁、稀土等九大行业。

另外,资源的储量和可开发不是同一个概念。有的国家资源储量比较高,但是开发 不了。比如中国的金属资源丰富,但有些金属要么含量非常低,如铜矿中铜的含量有时 只有 0.1%,从 1000 吨铜矿里才能提取出 1 吨铜,要么就是藏得非常深,利用起来比较 困难。

(二)已开发矿山开发程度

金属品位指 1 吨金属矿里含有的金属量的百分率。全球有色金属的品位都存在下降趋势,就是说从一吨矿里能提取的金属越来越少了。因为之前价格较低,要是开采品位较低的金属矿,成本就太高,大家不愿意做,所以最初开发的金属矿都是容易开发的,品位较高的,开采成本比较低的。现在随着价格的上涨,大家也愿意去开发品位低的矿,也能赚钱。但由于前期品位高的矿基本消耗殆尽,留下的都是品位低的矿,所以现在开采成本也逐年增加。

(三)罢工和自然灾害

如智利铜矿罢工事件、智利暴风雪天气等。智利铜矿工人罢工,要求工资增长100%—300%。这些是难以预测的,对市场影响巨大,也是短期性、非本质性的。

扩展阅读 4-1

铜矿罢工事件

位于智利北部安托法加斯塔大区的丘基卡马塔铜矿是世界上最大的露天铜矿,矿坑长 3200 多米,宽 1200 多米,深 300 多米。2008 年,丘基卡马塔铜矿产精铜 38.9 万吨,占智利铜公司总产量的 51.5%。2009 年 12 月 28 日晚至 29 日凌晨,丘基卡马塔铜矿工人工会经过投票,以 51.3% 支持、48.24% 反对的结果,拒绝了智利铜公司提出的一系列优惠方案,并决定于 31 日凌晨 5 点开始大罢工。由于工会内部意见不统一,投票结束后,铜矿工人间还发生了一些冲突。如果智利铜公司和工会短期内不能达成一致,此次罢工可能成为 13 年来该公司最大的一次罢工,罢工将造成智利铜公司每天减产 1500 吨,每日经济损失将达 1050 万美元。

上述罢工消息引发了市场对铜供应的担忧,国际铜价当日大幅攀升。LME 铜价盘中一度触及每吨 7290 美元的高位,创下 15 个月来的新高。当日收盘时,3 个月期铜的非官方结算价为每吨 7257.5 美元,比前一交易日上涨了 4.1%。

二、金属冶炼

(一)金属原料

常见的金属原料如表 4-1 所示。

表 4-1　金属原料表

	铜	铝	锌	钢材
原料	铜精矿、废杂铜	铝土矿、废铝	锌精矿	铁矿石、废钢
原料定价	期货价格减加工费	长单、单独协议价	期货价格减加工费	联合谈判、协议定价
半成品	冰铜、粗铜、阳极铜	氧化铝	—	生铁、粗钢
成品	电解铜	电解铝	精炼锌	螺纹钢、线材
制成品	铜材	铝材	镀锌板、合金、氧化锌	—

(二)加工费

现在的金属基本上是以制成品为定价基准的,如铜是以精炼铜为定价基准的。从铜精矿到精炼铜要经过一定的冶炼,在冶炼过程中会产生费用,那么矿山是怎样给铜矿定价的呢?铜矿当成精炼铜卖,先扣掉加工的费用。所以现在铜矿的定价就是精炼铜的价格减去加工费。

加工费的高或低直接反映了铜矿供需的状况。比如矿供应量多的时候,矿就低价卖,加工费就高了,因为谈判的时候不是谈精炼铜的价格,而是谈加工费,加工费是检测铜矿供需状况非常重要的指标。

(三)进出口成本

中国是大宗商品进口国,金属进口有相应的规则,期货这个工具被广泛使用后,国际上主要贸易商都采用这个工具,这个工具就改变了原来现货贸易的定价模式。厂商定不了价格,大家都参考期货价格。由于金属价格都是通过期货价格来制定的,厂商甚至各个产业链的各个环节都没有定价权,所以整个行业的定价模式和一般消费品不一样,了解大宗商品的定价机制和传统的一般消费品不一样对于商业模式研究非常重要。

这里所讲的进出口的成本也是最核心的一部分,我们到国外去进口铜矿或者精炼铜,采取的是点价的机制。点价是期货交割的一种定价方式,即对某种远期交割的货物,不是直接确定其商品价格,而是只确定升贴水是多少。然后在约定的"点价期"内以国际上主要期货交易所某日的期货价格为点价的基价,加上约定的升贴水作为最终的结算价格。

对于点价双方而言,每一批货也不好说怎样去确定一个具体的价格,行情每天都在变化,可能对你有利,也可能对我有利,这种点价权就相当于是一种权利,要么自己掌握,要么在获得其他利益后由合作伙伴掌握。

"点价"方式,即先定下基差,期货价格由买方在未来一段时间内选择确定,这"期货价格+基差"的定价方式,为现货企业提供了更多的选择,并在一定程度上降低了传统贸易定价方式的价格风险,当然这也不是保险的,当价格持续上升的时候买方仍然会亏损巨大,这就需要再利用其他相应策略了。

有色金属的价格一般就是点一个期货的价格再点一个升贴水的价格,现货和期货的升贴水称为基差。基差就是指某一特定商品在某一特定时间和地点的现货价格与该商品在期货市场的期货价格之差,即:基差=现货价格-期货价格。还有一个就是海运的升贴水,从国外进口过来,运费就是升贴水,两个升贴水就是最终的价格。

有色金属进口成本=(LME3个月期货价格+现货升贴水+到岸升贴水)×(1+进口关税率)×(1+增值税率)×汇率+杂费;

有色金属出口成本=[国内现货价×(1+出口关税率)×(1-出口退税率)+运费+杂费]/汇率。

不需要在某个时间点把所有的价格都确定,有几次点价的机会,某个时刻觉得期货价格比较低了,可能是最近的一个低点,就可以确定期货的价格。但是现货的升贴水或者海运的升贴水还没有定,如果觉得比较高,那么可以选择一个比较低的点再去点价;进口一批原料,可能有几个点价的过程,能组合好形成最理想的报价是一门技术。所以目前大贸易商需要特定团队去研究进口点价。

(四)生产成本

一吨钢的成本:第一大块是铁矿石,铁矿石的成本占钢材成本的 31% 左右。第二大块是焦炭,人员工资、设备折旧等其他部分占得比较小。金属板块中,原材料的成本占有整个成本非常大的比重,不管冶炼、加工还是消费都一样,我们必须控制好原材料价格。

钢材成本/吨＝1.65×铁矿石成本/吨＋0.5×焦炭成本/吨＋400 元/吨(生铁制成费)＋450 元/吨(粗钢制成费)＋200 元/吨(轧材费)。

其他金属如电解铝的成本中电力成本很大,因为电解铝主要是通过电解槽加工的,1 吨电解铝要用 11000 度电。

三、金属加工

金属加工企业数量多,规模小而且分散,产能过剩,竞争激烈,行业内部没有定价权,两头受挤压。冶炼企业都是大型国有企业,对加工企业具有价格谈判优势。下游消费企业也通常是大企业,可以选择任何一家出价较低的加工企业,但是利润微薄,经营风险巨大。

四、终端消费

(一)分析思路

第一,分析基本金属消费的地域及行业分布。

第二,分析重点行业对基本金属消费需求的影响。

比如电力行业:它的未来几年市场发展怎样,国家的发展规划是怎样的,每年实际产量怎样,该行业的用铜量是否发生变化,等等,都需要重点考虑。

第三,根据重点消费行业的分析结果,对某个金属的整体消费情况做出预估。

以铜为例:因为中国铜消费占的比重最大,要了解整个金属消费地域的分布和用铜行业分布,比如电力行业用铜最多。要根据每个国家的实际情况进行汇总,再分析其他大国。

(二)消费替代

在不同的时期,不同金属的价格存在较大的差异,但它们的物理特性存在一些相似性,所以当金属性价比偏离正常水平的时候,某些金属的替代作用就特别明显。例如铝对铜的可替代性。铝导线的导电率和安全性较铜导线略微逊色,一般人们选用铜导线,但是如果铜价明显高于铝价,以铝导线替代铜导线从经济上来说就是有利可图的。

在分析影响基本金属相互替代的因素问题时,除了要考虑价格因素,我们也需要关注此产品替代的技术变化和法律上的规定,以及副产品涨价对利润的影响。以铜为例,目前进口铜精矿中硫暂不计价,国产铜精矿中只有当硫的含量较高时才计价,因此冶炼企业的硫酸生产成本较低,硫酸价格上涨会弥补企业冶炼业务的亏损,而冶炼副产品贵金属价格的上涨也会增加企业的收益。

金属板块产业链分析

第四节　金属价格的影响因素

影响金属价格的因素非常多,这里主要列举了一些对有色金属价格影响较大的因素:第一是宏观经济和国家政策,第二是有色金属的金融属性因素,第三是汇率因素,第四是库存因素,第五是周边市场因素。

第一个因素宏观经济和国家政策对大宗商品的需求的影响是非常大的。宏观经济和国家政策直接决定了有色金属价格大体的趋势和方向,铜在 2008 年金融危机时暴跌,又在全球释放流动性之后暴涨,最后不断在价格高位震荡的根本原因就是宏观经济和国际国内政策的双重影响。第二个因素是金融属性,它体现为市场对金属的投资和投机行为,因此会有很多投资者去投资某个品种,他们会花费大量的时间、精力去研究有色金属,由于对冲基金、养老和社保基金等各种基金的资金巨大,因此对整个价格有显著影响。另外美元指数对有色金属也有非常大的影响,一般美元指数与金属价格呈显著负相关,因此汇率是第三个影响因素。第四个影响因素是库存。库存和价格存在一种负相关的关系,从长期来看这种关系是存在的,但是从短期来看,这种关系非常不稳定。最后一个就是周边市场因素。随着中国经济的全球化进程加快,我国的商品市场受到国外商品市场的影响越来越大。

本节所列举的五个因素可能对价格都有一定的影响。但它们的影响非同步,可能这个时间段内这个因素占主导地位,而在另外一个时间段内另外一个因素又占主导地位。举个例子,在金融危机前,影响整个市场或者对铜价影响最大的因素是中国及新兴经济体的铜需求。金融危机以后铜价已经和供需的关系不大了,其主要是受宏观经济的影响。再如,铜价的走势和金融属性相关且关系较大,资金推动作用非常强。

如果中国的汇率制度发生一个比较大的变化,那么在一段时间内人民币汇率也是影响市场走势的一个主要因素。另外,关联的因素之间会相互影响。如果整个宏观经济走势良好,那么在所有的商品价格都走势良好的情况下,金属市场也会趋向走势良好。在经济萧条时,如果某一个事件引发原油价格上涨,那么铜的价格很有可能也会跟随上涨。因为能源价格的上涨,会直接导致成本的提升,而能源是最大的大宗商品,铜的走势会跟随。所以以铜为代表的金属商品,跟原油、黄金、股市等有比较强的联动关系。

业界实例 4-1

铜融资

"融资性铜",顾名思义,其进口时并不是完全用于国内消费的,更多的是用于融资和套利。在紧缩政策下,进口铜通常可以作为银行贷款的替代性融资工具,如图4-2所示。

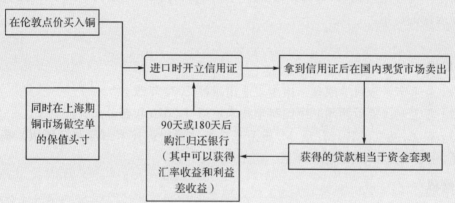

图 4-2　融资性铜进口操作流程

国内企业通常的做法是,当伦敦以及上海两地的铜比价合适时,在伦敦金属市场上做一个买入交易,业内人士将其称为"点价"。

企业签订了现货铜的进口合同后,就可以向银行开立信用证。所谓信用证,就是企业可以先不交付给外方货款,由银行垫付,直到信用证承兑日到期后,企业才将货款支付给银行。根据企业的要求,信用证承兑日可以分为两种:90天和180天。银行根据企业的不同信用,会在开立信用证时,让企业缴纳一定比例的信用证保证金。一般信誉好的企业,保证金比例在15%—30%之间。

企业拿到现货铜后到银行进行仓单质押融资,然后将这些进口铜在国内市场上按照市场价抛出,将货物套现。这部分资金可以在90天或者180天后才偿还,在此期间,企业的这部分货款就相当于一个短期贷款。如果企业投资的项目收益很高的话,可以将以上的流程在接近90天或180天时,再操作一次,这样新获得信用证的资金可以偿还之前的信用证资金,前后衔接,就相当于更长时间的融资贷款。

简而言之,这相当于先拿货后付款,在付款日前的这段时间内,只要将货套现,这些套现资金就等于融资资金。如此一倒腾,铜——这种棕红色的金属,就成了绕过严苛信贷政策的金融工具。

金属板块价格影响因素

 小　结

本章简要介绍了金属板块的基本概况。首先介绍了典型的金属品种、其在国民经济中的地位以及典型的交易所,其次介绍了金属板块的共同特征,详细介绍了金属产业链的四个环节和定价能力,最后介绍了影响金属价格的因素,让我们从整体上对金属板块有导入性的认识。

推荐阅读

[1] 余永宁:《金属学原理》,冶金工业出版社 2000 年版。

[2] 蔡定创:《货币迷局》,中国科学技术出版社 2010 年版。

[3] W. G. 达文波特、M. 金、M. 施莱辛格等:《铜冶炼技术》(原著第四版),杨吉春、董方译,化学工业出版社 2006 年版。

名词解释

①点价
②基差
③现货升贴水

思考题

①为什么有些金属是期货交易的品种,而有些不是?

②原油上涨对有色金属的走势有影响,那么如果原油下跌,对金属的走势有什么影响?

③对宁波的金属产业发展水平和现状进行分析。

第四章课后练习资料

第五章 铜产业链概述

第一节 铜概述

一、铜元素

(一)商品属性

铜是一种化学元素,它的化学符号是 Cu,它的原子序数是 29,它是一种过渡金属。铜呈紫红色光泽,密度为 8.92 克/立方厘米。沸点为 2560℃。常见化合价有 +1 和 +2。电离能为 7.726 电子伏特。铜是人类发现最早的金属之一,也是最好的纯金属之一,稍硬,极坚韧,耐磨损,还有很好的延展性。导热和导电性能较好。铜和它的一些合金有较好的耐腐蚀能力,在干燥的空气里很稳定。但在潮湿的空气里,其表面可以生成一层绿色的碱式碳酸铜 $Cu_2(OH)_2CO_3$,也叫"铜绿"。铜可溶于硝酸和浓硫酸,略溶于盐酸。容易被碱侵蚀。

铜是与人类关系非常密切的有色金属,被广泛地应用于电气、轻工、机械制造、建筑工业、国防工业等领域,在我国有色金属材料的消费中仅次于铝。铜在电气、电子工业中应用最广、用量最大,占总消费量的一半以上,用于制造各种电缆和导线,电机和变压器的绕组,开关以及印刷线路板等。在机械和运输车辆制造中,铜用于制造工业阀门和配件、仪表、滑动轴承、模具、热交换器和泵等。在化学工业中,铜广泛应用于制造真空器、蒸馏锅、酿造锅等。在建筑工业中,铜用来制造各种管道、管道配件、装饰器件等。

(二)金融属性

铜作为大宗工业原材料,被市场赋予双重属性——本身所具有的商品属性和衍生的金融属性。前者反映铜市本身供求关系的变化对价格走势的影响,而后者则主要体现利用金融杠杆来进行投资的市场行为。通常情况下,铜体现的是其商品属性,但在特定的历史时期和铜价运行的某个阶段,铜的金融属性则可能发挥重要的甚至主导作用。我们在关注铜市供需基本面变化的同时,也要密切关注其金融属性的演化,这对于把握铜价运行的趋势可能会有所帮助。

从广义上看,铜的金融属性体现在三个不同的层次。

1.融资工具

铜具有良好的自然属性和保值功能,历来作为仓单交易和库存融资的首选品种而备受青睐。许多银行或投资银行直接或间接参与仓单交易,并通过具有现货背景的大型贸易商进行融资操作。传统意义上的金融属性,实际上起到风险管理工具和投资媒介的作用。

2.投资工具

期铜是最成熟的商品期货交易品种之一,是整个交易市场的有机组成部分,从而吸引大量投资资金介入,利用金融杠杆来进行投资,这本身就体现了其"泛金融属性"的特征。投资的主角则非投资基金莫属,其中包括大量基于技术图标等交易的 CTA 基金,以及根据铜市供需基本面变化而进行趋势性交易的宏观投资资金。据有关资料,CTA 基金在金属上的投资规模达到其总资产的 10% 左右,在 LME 总持仓中占到 35% 以上的比例,占交易总量的 28%—31%,而对铜市的投资达到对基本金属投资的 24% 左右。而铜市的宏观投资基金比较注重期铜的商品属性或供需基本面的周期变化,一般采取中长线的趋势性投资方式。

3.产业类别

铜作为重要的自然资源和工业原材料,和原油、黄金等其他商品一起,为越来越多的大型投资机构所重视,有的甚至将其视作与股票和债券等"纸资产"相对应的"硬资产",成为与金融资产相提并论的独立资产类别。其具有三方面的功能:一是直接作为投资获利的金融工具;二是作为对冲美元贬值的避险工具;三是作为对抗通货膨胀的保值手段。作为产业类别是铜所具有的金融属性的最集中体现,实际上也可界定为狭义的金融属性。

二、铜期货交易

(一)国际

1877 年伦敦金属交易所成立伊始,只交易铜和锡。当时英国对铜和锡的需求量很大,需要从智利和西马地区大量进口。为了避免价格起落的风险和船运途中的其他风险,交易所确定以三个月为标准交割日期(因当时从西马和智利海运至英国一般需要三个月时间)。随着历史的发展,交易所适时适势地逐步增加了新的交易品种,修改交割商品的品质。1981 年铜的标准提高至高级铜,1986 年又提高至目前仍然执行的 A 级铜标准。

(二)国内

1991 年原深圳有色金属交易所开始推出铜交易。1992 年 5 月原上海金属交易所开业,铜是其上市的主要期货品种之一。当时,这两个交易所进行的都是中远期合约交易,直到 1993 年 3 月上海金属交易所推出电解铜期货标准合约,铜才开始了真正的期货交易。

第二节　铜产业链分析

一、铜矿供应及采选

(一)全球铜矿储量

表 5-1 列举了全球主要产铜国的铜矿储量。从表中可以看出铜矿储量最多的国家是智利,其铜矿储量在世界上排第一,智利也被称为"全球第一大铜资源国"。智利国家铜业公司是智利的国有企业,是世界第一产铜公司,拥有世界大约 20% 的铜矿资源。澳大利亚、秘鲁分别位列铜矿储量第二、第三位。除了表中的一些地区和国家以外,伊朗、阿富汗、波兰、印度尼西亚等国家的铜资源也较丰富。

表 5-1　全球主要产铜国铜矿储量

国家	铜矿储量/万吨	占世界铜矿总储量的比例/%
智利	19000	21.3
澳大利亚	9700	10.9
秘鲁	8100	9.1
俄罗斯	6200	7.0
墨西哥	5300	6.0
美国	4400	4.9
中国	2700	3.0
刚果(金)	3100	3.5
赞比亚	1900	2.1
加拿大	760	0.9
其他国家	27840	31.3
全世界	89000	100

数据来源:同花顺 iFinD 数据库。

(二)全球十大铜矿

从表 5-2 中可以看出,全球最大铜矿商多数都是智利的,前五家中有四家是智利的。铜矿主要集中在智利,那么我们就要对智利的矿山进行专门的深入研究。智利国家铜业公司是若干大铜矿的控制人,但埃斯康达铜矿等部分铜矿被澳大利亚、西班牙、日本等跨国巨头控制,值得特别注意。

表 5-2 十大铜矿分布情况

序号	名称	国家	产量/万吨	控制人
1	Escondida	智利	130	必和必拓(57.5%) 力拓(30%) 日本 Escondida(12.5%)
2	Codelco Norte(包括 Chuquicamata 矿)	智利	92	智利国家铜业公司
3	Grasberg	印度尼西亚	78	印尼自由港公司、力拓
4	Collahuasi	智利	52	英美资源公司(44%) 瑞士斯特拉塔公司(44%) 日本三菱公司(12%)
5	El Teniente	智利	45.4	智利国家铜业公司
6	Taimyr Peninsula(包括 Norilask 矿)	俄罗斯	43	Norilsk Nickel
7	Antamina	秘鲁	40	必和必拓(33.75%) Teck(22.5%) 瑞士斯特拉塔公司(33.75%) 日本三菱公司(10%)
8	Los Pelambres	智利	40	Atofagasta Plc(60%) 日本矿业公司(25%) 日本三菱公司(15%)
9	Morenci	美国	39	自由港公司、住友公司
10	Bingham Canyon	美国	28	力拓

(三)铜矿主产国

从 2020 年的情况来看,全球铜精矿产量智利最大,秘鲁次之,说明有储量不一定能马上开采出来。表 5-3 列举了 2020 年世界主要国家的铜精矿产量,从产量来看排在第一的是智利,第二是秘鲁,第三是中国,第四是刚果(金)。

表 5-3 2020 年世界主要国家的铜精矿产量

排名	国家	产量/千吨	世界占比/%
1	智利	5700	28.5
2	秘鲁	2200	11.0
3	中国	1700	8.5
4	刚果(金)	1300	6.5
5	美国	1200	6.0
6	澳大利亚	870	4.35

排名	国家	产量/千吨	世界占比/%
7	俄罗斯	850	4.25
8	赞比亚	830	4.15
9	墨西哥	690	3.45
10	加拿大	570	2.85
11	其他	3300	16.5
	全球	19210	96.05

资料来源：前瞻产业研究院。

（四）中国铜矿资源分布及特点

铜矿资源在我国分布广泛,在已探明的矿产地中,除天津以外的所有省、自治区、直辖市均有不同程度的分布。其中,主要分布在安徽、江西、山西、内蒙古、云南、西藏等地区,这些地区的铜矿产量均在200万吨以上,比较有名的是安徽的铜陵、江西的江铜、云南的云铜。

中国铜矿资源从矿床规模、铜品位、开采条件来看具有以下特点:中小型矿床多,大型、超大型矿床少,在已探明的矿产地中,大型、超大型仅占3%,中型占9%,小型占88%;贫矿多,富矿少;坑采矿多,露采矿少。

（五）铜矿贸易

铜矿区带主要分布在环太平洋中新生代铜金带,尤其是东太平洋智利—秘鲁安第斯山、美国西南部、加拿大西南部斑岩矿集中区以及西太平洋地区菲律宾、印度尼西亚、巴布亚新几内亚等斑岩矿集中区,因此铜矿的主要贸易路线是从智利这些含矿丰富的国家流向亚洲、欧洲等地的。进出口情况如下:

铜精矿主要出口国:智利、秘鲁、美国、印度尼西亚、葡萄牙、加拿大、澳大利亚等。

铜精矿主要进口国:中国、日本、德国、韩国、印度等。

（六）铜矿供应影响因素

铜矿供应的影响因素主要有两大块:长期影响因素和短期影响因素。

1.长期影响因素

（1）矿石品位下降。

金属矿床的质量通常以品位来表示,它是衡量矿石质量的主要标志。金属矿一般用百分比法表示,如品位5%的铜矿石,表示每百吨中含铜5吨。铜矿石品位下降带来的开采难度加大,将直接导致开采成本的增加,这将为未来的供给埋下隐患。对矿山产能的估计趋向于推断矿石品位能否保持稳定,而现实的情况是矿石的品位会随着开采时间的推移而发生变化。典型案例是全球最大铜矿埃斯康达铜矿自2008年以来由于品位下降出现产量的明显下滑。

（2）矿山老化。

衰老是任何矿山都会经历的一个阶段，是矿山生产到一定阶段的必然产物。众所周知，矿山测量是煤矿生产过程中不可缺少的一项重要的基础性技术工作，它贯穿矿井的建井、开拓、回采，直至矿井报废的全部过程，直接关系到矿山的安全生产和经济效益。因此，矿山测量在生产中起着举足轻重的作用。矿井步入衰老期后，矿山测量会出现与以往不同的状况，为保证矿山的安全生产，减少矿山测量事故的发生，应从多方面加强衰老矿井的矿山测量工作。

（3）地区不稳定。

造成地区不稳定的主要因素包括政治动荡、天气恶劣等，而由此产生的对铜矿的影响也是极大的。据报道，2011年1月中国未锻造的铜及铜材进口量在非洲和中东地区局势动荡、油价大幅上涨的影响下，出现部分回调。冬季的暴风雪天气导致物流受限，也使铜材厂商损失了部分产量。

（4）开采成本提高。

开采成本的变动，会直接影响铜矿的价格，其生产、供应量与铜价高低之间存在密切关系并呈正相关性，即铜矿的供给有较大的价格弹性。如果开采成本低，即铜价上涨到一定水平，铜产商受利益驱动，就会扩大铜矿生产或投产新的矿产能，历史上几次高铜价都曾引发过铜矿产能的大幅扩张。但当开采成本上升时，铜价下跌到一定的低价区域，生产商无利可图甚至亏本时，只能减少产量，停止铜矿投资，直至被迫宣布限产或关闭矿山。一些达到开采年限的老矿，因资源枯竭而退役，或因品位偏低、开采成本过高，在铜价低廉的情况下，被迫退出市场或关闭，这样就会直接导致铜的供应量减少。

2. 短期影响因素

（1）地震。

在智利，能源和水资源的短缺已成为铜矿开采行业发展的重要制约因素，加上近年来地震等自然性灾害明显增加带来的对能源供应的进一步冲击，智利的铜精矿供应受到电力和水资源短缺的影响加剧。例如，2007年11月，因智利北部地区发生强烈地震，电力供应中断，不少铜矿生产被迫暂时中止。2009年，智利最大的铜生产商之一遭遇电力故障，其损失达到大约20000吨纯铜，占年产量的5％。2010年3月，智利部分铜矿生产受电力中断影响而部分中断，且这次断电影响到该国大部分地区。

（2）罢工。

罢工造成的产量损失在铜矿生产过程中已是屡见不鲜。例如，2011年，埃斯康达铜矿将其产量较上年大幅减少24.6％的原因归结为两个，一是矿石品位下降，二是该矿山在2011年发生的持续两周的罢工。2009年，智利Spence铜矿发生为期42天的劳工罢工，导致运作瘫痪，之后必和必拓表示，罢工导致该矿每日损失500吨铜产量。在墨西哥，其最大的铜矿Cananea自2007年7月工人罢工开始，持续时间长达三年，直至2011年上半年产能才逐渐恢复，在此期间的工人罢工给该公司带来的产量损失估计达到53万吨，其第二大铜矿La Caridad在此期间亦饱受工人罢工的困扰，这些因素成为自2006

年以来墨西哥铜矿产能利用率大幅下滑的重要原因。

（3）安全事故。

安全事故的发生会导致矿井停工,能源等开发受到中断和干扰,严重的还会使矿山停产,所以安全事故的发生带来的影响是极其重大的。

从整个精炼铜的供应来看,铜矿的供应直接决定了精炼铜的产量。所以我们经常抛开精炼铜的产能产量,直接去研究铜矿的产能产量。因为铜矿的产能产量是决定精炼铜的产能产量的最根本因素,也是变动最大的因素。

从全球的发展态势看,中国的产能进一步扩大,而且有更进一步扩大的趋势,这导致紧张程度越来越严重,间接引导我们对铜矿进行更深的研究。2021 年前瞻研究院的数据显示,中国是精炼铜最大的生产国,2020 年我国精炼铜产量超 1000 万吨,占全球产量的 42%。第二是智利,占 10%,第三是日本。可以看到中、日两个亚洲国家精炼铜的产量都比较大。从国内数据来看,目前全国比较大的冶炼企业有江铜、铜陵、金川。我们通常关注这些企业两点:第一是企业生产状况怎么样,开工率足不足;第二是这些比较大的冶炼企业有没有新的扩产计划。

（七）铜矿采选

铜精矿的生产就是一个将含铜矿石挖掘并破碎、浮选的过程,成本公式可以简单地看作:铜精矿成本＝（采原矿成本＋选原矿成本）/（原矿地质品位×采矿贫化率×选矿回收率）。

对铜精矿成本影响最大的是原矿地质品位,即通常意义上的铜矿品位,它与铜精矿成本是倒数关系。目前全球铜矿平均品位在 1% 左右,如果再下降 0.1%,将会让铜精矿成本提升接近 10%,十分可观。同时不同的铜矿类型、开采环境、选矿的难易程度也对铜精矿的成本影响很大,特别是随着铜矿品位的下降,这些因素的影响也会越来越突出。

采矿主要分为露天开采和地下坑道开采（坑采）两种。其中露天开采由于不需要复杂的地下井巷工程建设,规模化效用高,机械化程度高,成本与坑采相比具有明显的优势;而且通常情况下露天开采的采矿贫化率也低于坑采的采矿贫化率。

露天矿在剥离表面非矿石层后,即可进行简单的爆破、破碎并运输到选矿厂,主要成本是前期剥离的费用、爆破材料费、运输成本以及人员工资和折旧费;坑采需要前期进行井巷工程建设,建设周期长,固定资产投资大,在采矿过程中需要产生炸药、钢钎等材料费,而将矿石从地下提升到地面的效率也比露天矿的直接运输低。斑岩型铜矿的矿体比较连续,在采矿过程中掺杂的废石很少,贫化率很低;砂页型、矽卡岩型铜矿的矿体较薄,容易掺杂废石,贫化率就相对较高;某些沉积型铜矿最薄的矿体仅有 30 cm,采矿贫化率能达到 50% 左右。

浮选法是当前通行的选矿技术,它利用药剂来改变金属微粒与其他矿石成分的物理和化学性质,从而调整金属微粒的亲水性（疏水性）,再利用药剂将金属微粒吸附在液体表面,进而富集回收。原矿石经过多级破碎,变成微粒,加入各种药剂(如捕获剂、起泡剂、调节剂等)搅拌起泡后,再用浮选机将浮于药剂表面的金属微粒富集成精矿。浮选的成本主要包括钢球、药剂等各种材料费,电力费用,人工及折旧费。浮选工艺目前已经非常成熟,各个矿山在选矿上的成本相差不大,区别就在于选矿回收率的高低。

影响选矿回收率的主要因素还有原矿石的类型,原矿品位过高或者过低,都影响回收率的提升。如果矿石中伴生矿品种较多,要分多次逐一将其中的矿种选出,回收率就难以提升。

二、铜冶炼

(一)精铜产能与产量

2005 年开始,随着以中国为代表的金砖国家需求的强劲增长以及铜精矿供给端出现的一些干扰性因素影响(体现为产能利用率持续下滑),全球铜精矿出现供给偏紧的格局。全球铜精矿产量增速持续处于低位,供需偏紧推动铜价节节攀升,出现了铜价上涨但全球铜精矿产量并未像过去那样受价格刺激影响而增加的局面。2021 年,全球主要铜生产国陆续复工复产,释放量较 2020 年存在明显边际改善,铜矿供应已经走出最紧缺的时刻。但秘鲁生产恢复慢于预期,智利产量下滑,以及缅甸多处铜矿因疫情暂时关闭,均导致了 2021 年铜矿产量不及预期。受罢工、矿山品位下降问题的影响,全球最大铜生产国智利产量不增反降。第二大铜生产国秘鲁较 2020 年同期增加 10%,但低于 2019 年约 8%。

从全球铜精矿供应的变化趋势来看,预计未来全球铜精矿供应的变化取决于对两个因素的判断:一个是对未来全球铜精矿产能的估计;另一个是对未来全球铜精矿供应的产能利用率的估计。

(二)国内典型冶炼企业

江西铜业集团公司成立于 1979 年 7 月,是中国有色金属行业集铜的采、选、冶、加工于一体的特大型联合企业,是中国最大的铜产品生产基地和重要的硫化工原料及金银产地。公司总部设在江西省贵溪市,下属单位有江西铜业股份有限公司、江铜集团铜材公司、江铜-耶兹铜箔有限公司、江铜-台意电工材料有限公司、江铜-龙昌精密铜管有限公司、江铜集团财务公司、江铜深圳南方总公司、金瑞期货经纪公司等。其中由江西铜业集团公司控股的江西铜业股份有限公司的股票在 1997 年和 2001 年分别在香港、上海上市。

公司于 1992 年由铜陵有色金属公司等八家单位共同发起、定向募集成立,公司业务以五金矿产贸易和房地产开发为主,以旅游服务、电脑工程为辅。1994 年 12 月,有色公司以其第二冶炼厂的经营性资产认购本公司的增发股份,公司以该等资产为主成立了金昌冶炼厂,以铜冶炼及深加工为主营业务。公司现已形成以铜、金及银等贵金属的冶炼加工为主,兼营五金商贸、房地产开发、旅游服务的经营格局。

金川集团股份有限公司是由甘肃省人民政府控股的大型国有公司,是采、选、冶配套的有色冶金和化工联合企业。主要生产镍、铜、钴、铂族贵金属、有色金属压延加工产品、化工产品、有色金属化学品等。公司已形成年产镍 15 万吨、铜 40 万吨、钴 1 万吨、铂族金属 3500 公斤、金 8 吨、银 150 吨、硒 50 吨及 250 万吨无机化工产品的综合生产能力。镍产量居全球第四位,钴产量居全球第二位,国际地位和竞争力显著提升。公司已经成为全球同类企业中生产规模大、产品种类多、产品质量优良的知名企业。

(三)铜冶炼流程

铜冶炼技术的发展经历了漫长的过程,至今铜的冶炼仍以火法冶炼为主,其产量约占世界铜总产量的 85%。

火法冶炼如图 5-1 所示,一般是先将含铜百分之几或千分之几的原矿石,通过选矿提高到含铜 20%—30%,作为铜精矿,在密闭鼓风炉、反射炉、电炉或闪速炉进行造锍熔炼,接着把产出的熔锍(冰铜)送入转炉吹炼成粗铜,再在另一种反射炉内经过氧化精炼脱杂,或铸成阳极板进行电解,获得品位高达 99.9% 的电解铜。该流程简短、适应性强,铜的回收率可达 95%,但因矿石中的硫在造锍和吹炼两阶段作为二氧化硫废气排出,不易回收,易造成污染。近年来出现如白银法、诺兰达法等熔池熔炼方法以及日本的三菱法等,火法冶炼逐渐向连续化、自动化发展。

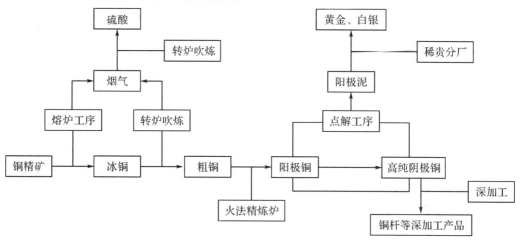

图 5-1　火法炼铜

湿法炼铜如图 5-2 所示,冶炼有硫酸化焙烧—浸出—电积、浸出—萃取—电积、细菌浸出等法,适于低品位复杂矿、氧化铜矿、含铜废矿石的堆浸、槽浸选用或就地浸出。湿法冶炼技术正在逐步推广。湿法冶炼的推出使铜的冶炼成本大大降低。

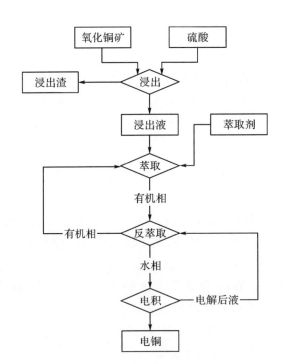

图 5-2　湿法炼铜

三、铜加工

国内铜加工企业数量多,规模小,较分散,能耗高,环境污染严重。从总体上看,技术装备水平落后,更成问题的是,由于历史原因,大部分企业经营管理能力不足,尤其是市场营销及生产流程管理能力不足,缺乏有效激励机制,约束机制流于形式。大部分集体、个体私营企业历史短。人才缺,技术弱,员工总体素质低。从数量上看,尽管存在重复统计现象,国内铜加工企业生产能力还是严重过剩。从质量上看,高科技含量、高精度、高质量的铜加工材产能严重不足。国内企业为适应市场需求,近几年纷纷进行产品研发、投资新项目、技术改造以扩大中高端产品的产能。

四、铜消费

铜在电气、电子工业中应用最广,用于制造各种电缆和导线,电机和变压器的绕组,开关以及印刷线路板等。在机械和运输车辆制造中,铜用于制造工业阀门和配件、仪表、滑动轴承、模具、热交换器和泵等。在化学工业中,铜广泛应用于制造真空器、蒸馏锅、酿造锅等。

(一)在电气工业中的应用

电力输送:电力输送中需要消耗大量高导电性的铜,主要用于动力电线电缆、汇流排、变压器、开关、接插元件和连接器等。我国在过去一段时间内,由于铜供不应求,考虑到铝的比重(物质的重量和4℃时同体积纯水的重量的比值,也称相对密度)只有铜的30%,在希望减轻重量的架空高压输电线路中曾采取以铝代铜的措施。目前从环境保护角度考虑,空中输电线将转为地下电缆。在这种情况下,铝与铜相比,存在导电性差和电缆尺寸较大的缺点。同样的原因,用节能高效的铜绕组变压器,取代铝绕组变压器,也是明智的选择。

电机制造:在电机制造中,广泛使用高导电和高强度的铜合金。主要用铜部位是定子、转子和轴头等。在大型电机中,绕组要用水或氢气冷却,称为双水内冷或氢气冷却电机,这就需要大长度的中空导线。电机是使用电能的大户,约占全部电能供应的60%。一台电机运转累计电费很高,一般在工作500小时内就达到电机本身的成本,一年相当于成本的4—16倍,在整个工作寿命期间可以达到成本的200倍。电机效率的少量提高,不但可以节能,而且可以获得显著的经济效益。开发和应用高效电机,是当前世界上的一个热门课题。由于电机内部的能量消耗主要来源于绕组的电阻损耗,因此,增大铜线截面是发展高效电机的一个关键措施。近年来已率先开发出来的一些高效电机,与传统电机相比,铜绕组的使用量增加了25%—100%。目前,已有新技术以铸铜电动机转子代替铸铝电动机转子,利用铜优异的导电性能,降低电动机的损耗,提高效率。

通信电缆:20世纪80年代以来,光纤电缆由于载流容量大等优点,在通信干线上不断取代铜电缆,迅速得到推广应用。但是,把电能转化为光能,以及输入用户的线路仍需使用大量的铜。随着通信事业的发展,人们对通信的依赖程度越来越高,对光纤电缆和铜电线的需求都会不断增加。

住宅电气线路:近年来,随着我国人民生活水平的提高,家电迅速普及,住宅用电负荷增长很快。1987年居民用电量为269.6亿度,33年后的2020年猛升到10949亿度,增加了40倍。尽管用电总量增加了不少,但是人均用电量与发达国家的相比仍有很大的差距。例如,2017年美国的人均用电量仍然是我国的3倍,日本的是我国的2倍。我国居民用电量今后还有一定的发展空间。

(二)在电子工业中的应用

电子工业是新兴产业,在它蒸蒸日上的发展过程中,不断开发出铜的新产品和新的应用领域。目前它的应用已从电真空器件和印刷电路,发展到微电子和半导体集成电路中。

电真空器件:电真空器件主要包括高频和超高频发射管、波导管、磁控管等,它们需要高纯度无氧铜和弥散强化无氧铜。

印刷电路:铜印刷电路,是把铜箔作为表面,粘贴在作为支撑的塑料板上,用照相的办法把电路布线图印制在铜板上,通过浸蚀把多余的部分去掉而留下相互连接的电路。然后,在印刷线路板上与外部的连接处冲孔,把分立元件的接头或其他部分的终端插入,焊接在这个口路上,这样一个完整的线路便组装完成了。如果采用浸镀法,所有接头的焊接可以一次完成。这样,对于那些需要精细布置电路的场合,如无线电、电视机、计算机等,采用印刷电路可以节省大量布线和固定回路的劳动。其也因此得到广泛应用,铜箔的消耗量因此大增。此外,在电路的连接中还需用各种价格低廉、熔点低、流动性好的铜基钎焊材料。

集成电路：微电子技术的核心是集成电路。集成电路是指以半导体晶体材料为基片（芯片），采用专门的工艺技术将组成电路的元器件和互连线集成在基片内部、表面或基片之上的微小型化电路。这种微电路在结构、尺寸、重量上比最紧凑的分立元件电路小成千上万倍。它的出现引起了计算机的巨大变革，成为现代信息技术的基础，IBM（国际商业机器公司）已采用铜代替硅芯片中的铝做互连线，并取得了突破性进展。这种用铜的新型微芯片，可以获得30％的效能增益，电路的线尺寸可以减小到0.12微米，可使在单个芯片上集成的晶体管数目达到200万个。这就为古老的金属铜，在半导体集成电路这个最新技术领域中的应用，开创了新局面。

引线框架：为了保护集成电路或混合电路的正常工作，需要对它进行封装，并在封装时，把电路中大量的接头从密封体内引出来。这些引线要求有一定的强度，构成该集成封装电路的支撑骨架，称为引线框架。在实际生产中，为了高速大批量生产，引线框架通常在一条金属带上按特定的排列方式连续冲压而成。框架材料占集成电路总成本的1/4—1/3，而且用量很大，因此，必须要有低的成本。铜合金价格低廉，有高的强度、导电性和导热性，加工性能、针焊性和耐蚀性优良，通过合金化能在很大范围内控制其性能，能够较好地满足引线框架的性能要求，已成为引线框架的一种重要材料。它是目前铜在微电子器件中用量最多的一种材料。

（三）在能源及石化工业中的应用

能源工业：火力及原子能发电都要依靠蒸汽做功。蒸汽的回路如下：锅炉产生蒸汽—蒸汽推动汽轮机做功—做功后的蒸汽送至冷凝器—冷却成水—回到锅炉重新变成蒸汽。

其间主冷凝器由管板和冷凝管组成。由于铜导热性好并能抗水的腐蚀，所以管板和冷凝管均使用铝黄铜或白铜等制造。温度保持在18—24℃。据资料介绍，每万千瓦装机容量需要5吨冷凝管材。一个60万千瓦的发电厂就需要300吨冷凝管材。

石化工业：铜和许多铜合金，在水溶液、盐酸等非氧化性酸、有机酸（如：醋酸、柠檬酸、脂肪酸、乳酸、草酸等）、除氨以外的各种碱及非氧化性的有机化合物（如：油类、酚、醇等）中，均有良好的耐蚀性；因而，在石化工业中被大量用于制造接触腐蚀性介质的各种容器、管道系统、过滤器、泵和阀门等器件。还利用它的导热性，制造各种蒸发器、热交换器和冷凝器。由于塑性很好，铜特别适合于制造现代化工工业中结构错综复杂、铜管交叉编制的热交换器。此外石油精炼工厂都使用青铜生产工具，原因是冲击时不迸出火花，可以防止火灾发生。

海洋工业：海洋占地球表面面积的70％以上，合理地开发利用海洋资源日益受到人们的重视。海水中含容易造成腐蚀的氯离子，钢铁、铝甚至不锈钢等许多工程金属材料均不耐海水腐蚀。此外在这些材料，以及木材、玻璃等非金属材料的表面还会形成海洋生物污损。铜则一枝独秀，不但耐海水腐蚀，而且溶入水中的铜离子有杀菌作用，可以防止海洋生物污损。因而，铜和铜合金是海洋工业中十分重要的材料，业已在海水淡化工厂、海洋采油采气平台，以及其他海岸和海底设施中广泛应用。例如，海水淡化过程中使用的管路系统、泵和阀门,以及采油采气平台上使用的设备,包括飞溅区和水下用的螺栓、钻孔口,抗生物污损包套、泵阀和管路系统,等等。

(四)在交通工业中的应用

船舶:由于良好的耐海水腐蚀性能,许多铜合金,如铝青铜、锰青铜、铝黄铜、炮铜(锡锌青铜)、白铜以及镍铜合金(蒙乃尔合金)已成为造船的标准材料。一般在军舰和商船的自重中,铜和铜合金占2%—3%。军舰和大型商船的螺旋桨都用铝青铜或铝黄铜制造。大船的螺旋桨每支重20—25吨。大船沉重的尾轴常用"海军上将"炮铜,舵和螺旋桨的锥形螺栓也用同样的材料。引擎和锅炉房内也大量使用铜和铜合金。世界上第一艘核动力商船,使用了30吨白铜冷凝管。近来用铝黄铜管做油罐的大型加热线圈。在10万吨级的船上就有12个这种储油罐,相应的加热系统规模相当大。船上的电气设备也很复杂,发动机、电动机、通信系统等几乎完全依靠铜和铜合金来工作。大小船只的船舱内经常用铜和铜合金来装饰。甚至木制小船,也最好用铜合金(通常是硅青铜)的螺丝和钉子来固定木结构。为了防止船壳被海洋生物污损而影响航行,过去经常采用包覆铜加以保护,现在则普遍用刷含铜油漆的办法来解决。第二次世界大战中,为防御德国磁性水雷对舰船的袭击,曾发展了抗磁性水雷装置,在钢船壳周围附一圈铜带,通上电流以中和船的磁场,这样就可以不引爆水雷。一些大型主力舰为此需用大量的铜。

汽车:汽车每辆用铜10—21千克,随汽车类型和大小而异。铜和铜合金主要用于散热器、制动系统管路、液压装置、齿轮、轴承、刹车摩擦片、配电和电力系统、垫圈以及各种接头、配件和饰件等。其中用铜量比较大的是散热器。现代的管带式散热器,用黄铜带焊接成散热器管子,用薄的铜带折曲成散热片。

新能源汽车对铜的需求量明显高于传统燃油车,是传统燃油车的3—5倍。主要是因为其电机内部需要使用大量线组,同时其电池也需要大量的铜。据估算,新能源汽车中的插电汽车单车用铜量约60千克,而纯电动车单车用铜量约80千克,大型车辆如纯电动巴士单车用铜量在224—369千克。综合来看,对于纯电动车可按单车耗铜量100千克计算,到2030年预计全球新能源车总销量将达到3200万辆,将新增用铜需求接近250万吨。此外,与电动车配套的充电桩也是潜在的铜需求增长点,预计在2030年也将对铜产生20万吨左右的需求量。

铜散热器近年来为了进一步提高性能,增强它对铝散热器的竞争力,做了许多改进。在材质方面,向铜中添加微量元素,以达到在不损失导热性的前提下,提高其强度和软化点,从而减薄带材的厚度,节省用铜量;在制造工艺方面,采用高频或激光焊接铜管,并用铜钎焊代替易受铅污染的软焊组装散热器芯体。与钎焊铝散热器相比,在相同的散热条件下,即在相同的空气和冷却剂的压力降下,新型铜散热器的重量更轻,尺寸显著缩小,再加上铜的耐蚀性好、使用寿命长,铜散热器的优势就更明显了。

铁路:铁路的电气化对铜和铜合金的需求量很大。每公里的架空导线需用2吨以上的异型铜线。此外,列车上的电机、整流器,以及控制、制动、电气和信号系统等都要依靠铜和铜合金来工作。

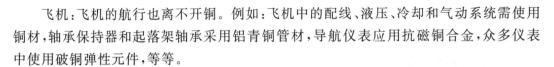

飞机：飞机的航行也离不开铜。例如：飞机中的配线、液压、冷却和气动系统需使用铜材，轴承保持器和起落架轴承采用铝青铜管材，导航仪表应用抗磁铜合金，众多仪表中使用破铜弹性元件，等等。

(五)在机械和冶金工业中的应用

机械工程：几乎在所有的机器中都可以找到铜制品部件。除了电机、电路、油压系统、气压系统和控制系统中大量用铜以外，用黄铜和青铜制造的传动件和固定件，如齿轮、蜗轮、蜗杆、联结件、紧固件、扭拧件、螺钉、螺母等，也比比皆是。几乎在所有做机械相对运动的部件之间，都要使用减磨铜合金制作的轴承或轴套，特别是万吨级的大型挤压机、锻压机的缸套、滑板几乎都用青铜制成，铸件重量可达数吨。许多弹性元件，几乎都选用硅青铜和锡青铜作为材料。焊接工具、压铸模具等更离不开铜合金，如此等等。

冶金设备：冶金工业是消耗电能的大户，素有"电老虎"之称。在冶金厂的建设中通常必须有一个依靠铜来进行工作的庞大的输配电系统和电力运转设备。此外，在火法冶金中，连续铸造技术已占据主导地位，其中的关键部件——结晶器，大都采用铬铜、银铜等高强度和高导热性的铜合金。电冶金中的真空电弧炉和电渣炉水冷坩埚使用铜管材制造，各种感应加热的感应线圈都是用铜管或异型铜管绕制而成的，内中通水冷却。

合金添加剂：铜是钢铁和铝等合金中的重要添加元素。少量铜(0.2%—0.5%)加入低合金结构用钢中，可以提高钢的强度及耐大气和海洋腐蚀性能。在耐蚀铸铁和不锈钢中加入铜，可以进一步提高它们的耐蚀性。含铜30%左右的高镍合金是著名的高强度耐蚀"蒙乃尔合金"，在核工业中广泛使用。在许多高强度铝合金中都含有铜。通过淬火——时效热处理，在合金中析出弥散分布的细小颗粒，而显著提高其强度，称为时效硬化铝合金。其中著名的有杜拉铝或称硬铝，它是一种含铜、锰、镁的铝合金，是制造飞机和火箭的重要结构材料。

(六)在轻工业中的应用

轻工业产品与人民生活密切相关，品种繁多、五花八门。由于铜具有良好的综合性能，到处可以看到它大显身手的踪影。现仅举数例如下：

空调器和冷冻机：空调器和冷冻机的控温作用，主要通过热交换器铜管的蒸发及冷凝作用来实现。热交换传热管的尺寸和传热性能，在很大程度上决定了整个空调机和制冷装置的效能和小型化。在这些机器上采用的都是高导热性能的异型铜管。利用铜的良好加工性能，最近开发和生产出带有内槽和高翅片的散热管，用于制造空调器、冷冻机、化工及余热回收等装置中的热交换器，可使新型热交换器的总热传导系数提高到用普通管的2—3倍，和用普通低翅片管的1.2—1.3倍，并使热交换器体积缩小1/3以上。

钟表：目前生产的钟表，计时器和有钟表机构的装置，其中大部分的工作部件都用"钟表黄铜"制造。合金中含1.5%—2%的铅，有良好加工性能，适合大规模生产。例如，齿轮由长的挤压黄铜棒切出，平轮由相应厚度的带材冲出，用黄铜或其他铜合金制作镂刻的钟表面以及螺丝和接头，等等。大量便宜的手表用炮铜(锡锌青铜)制造，或镀以镍银(白铜)。一些著名的大钟都用铜和铜合金制作。英国"大笨钟"的时针用的是实心炮铜杆,分针用的是 4 米多长的铜管。一个现代化的钟表厂,以铜合金为主要材料,用压力机和精确的模具加工,每天可以生产一万到三万只钟表,费用很低。

造纸:在当前信息万变的社会里,纸张消费量很大。纸张表面看来简单,但是造纸工艺却很复杂,需要通过许多步骤,应用很多机器,包括冷却器、蒸发器、打浆器、造纸机等。其中许多部件,如各种热交换管、辊轮、打击棒、半液体泵和丝网等,大部分都用铜合金制作。例如,目前采用的长网造纸机,它要将制好的纸浆喷到快速运动的具有细小网孔的网布上。网布由黄铜和磷青铜丝编织而成,它的宽度很大,一般在 6 米以上,要求保持完全平直。网布在一系列小的黄铜或铜辊子上运动,当带着喷附其上的纸浆通过时,湿气从下面空吸出去。网子同时振动以使纸浆中的小纤维黏结在一起。大型造纸机的网布尺寸很大,可以达到宽 8.1 米和长 30.5 米。湿纸浆不但含水,而且含有造纸过程中使用的化学药剂,腐蚀性很强。为了保证纸张质量,对网布材料要求很严,不但要有高的强度和弹性,而且要抗纸浆腐蚀,铜合金完全可以胜任。

印刷:印刷中用铜版进行照相制版。表面抛光的铜版用感光乳胶敏化后,在它上面照相成像。感光后的铜版需加热使胶硬化。为避免受热软化,铜中往往含有少量的银或砷,以提高软化温度。然后,对版子进行腐蚀,形成分布着凹凸点状图形的印刷表面。

在自动排字机上,要通过黄铜字块的编排,来制造板型,这是铜在印刷中的另一个重要用途。字块通常用的是含铅黄铜,有时也用青铜。

酿酒:在世界的啤酒酿造中,铜起到重要的作用。经常用铜做麦芽桶和发酵罐的内衬。在一些著名的啤酒厂中备有 10 余个容量超过 2 万加仑的这种大桶。在发酵缸中,为了降温,常用铜管通水冷却。还用铜管通水蒸气在酿造啤酒时进行加热,以及用铜管输送酒液等。

蒸馏威士忌和其他烈性酒时,通常用铜制蒸馏锅。威士忌麦芽酒需蒸馏两次,要用两个大铜蒸馏锅。

医药:在制药工业中,各类蒸、煮用的真空装置等都用纯铜制作。在医疗器械中则广泛使用锌白铜。铜合金还是眼镜架的常用材料。

(七)建筑和艺术用铜

管道系统:由于铜水管具有美观耐用、安装方便、安全防火、卫生保健等诸多优点,它与镀锌钢管和塑料管相比存在明显优越的价格性能比。在住宅和公用建筑中,其被广泛用于供水、供热、供气以及防火喷淋系统。在发达国家中,铜制供水系统已占很大比重。

房屋装修:在欧洲采用铜板制作屋顶和漏檐已有传统。北欧国家中甚至用它做墙面装饰。铜耐大气腐蚀性能很好,经久耐用,可以回收,它有良好的加工性,可以方便地制作成复杂的形状,并且它还有亮丽的色彩,因而很适合用作房屋装修材料。它在教堂等古建筑物屋顶上的应用已有悠久历史,至今仍发出诱人的光彩;在现代大型建筑甚至公寓和住宅的建设上的应用也越来越多。

塑像和工艺品:世界上没有哪一种金属,能够像铜那样广泛地应用于制造各种工艺品,从古至今,经久不衰。今天的城市建设中,各种纪念物、铸钟、宝鼎、雕像、佛像、仿古制品等,大量使用铸造铜合金。现代乐器,如长笛使用白铜制成,萨克斯管用的是黄铜材料。各种精美的艺术品,价廉物美的镀金以及仿金、仿银首饰也都需要使用各种成分的铜合金。

钱币:人类祖先自从使用钱币进行交易以来,就用铜和铜合金来制造钱币,历代相传,沿袭至今。随着现代自动投币电话、乘车和购物等利民活动的发展,造币用铜量有增无减。在铜币的应用中,除了变化尺寸以外,人们还可以很方便地采用不同合金成分、改变合金色彩来制造和区分不同面值的货币。常用的有含 25％镍的"银币",含20％锌和1％锡的黄铜币以及含少量锡(3％)和锌(1.5％)的"铜"币。全世界每年生产铜币要消耗成千上万吨的铜。仅伦敦皇家造币厂一家,每年生产 7 亿个铜币,约需金属7000 吨。

五、再生铜

废铜的利用从形势来看是不断增长的。从废铜的来源看,铜的利用有个周期,在国内,二三十年以后才是铜的大量供应时期。为什么大家要关注废铜?第一,废铜可以循环利用,铜的再生利用能力是比较成熟的。第二,消费替代,铜价上涨过程中可能会有其他的金属来取代铜。

同时,从各领域的回收率来看,建筑领域的回收率为 80％左右,电力电缆和电力设备的回收率为 85％左右,交通运输、家用电器回收率为 80％左右,其他铜产品回收率按70％计算,铜产品的综合回收率为 78.8％左右。所以废铜利用是极其重要的一块领域。

废铜的进口和利用与多种因素有关:第一,与国家经济结构有关。工业产值所占比例较高的国家对废铜的需求较大,因此废铜的进口国均是工业生产的主要国家,如中国、德国、日本、韩国等工业生产大国。第二,与该国的废铜供应能力有关。例如美国虽然也是全球工业生产的主要国家,但由于美国的废铜供应量大,因此美国还有能力向其他国家出口;日本和韩国是资源稀缺的工业生产大国,需要从其他国家进口高品位废铜以满足生产的需要,与此同时它们还大量出口低品位的废铜。

之所以叫废铜,并不是因为它是废物,而是因为它的含铜量是不定的,从最低的40％到99.8％都有,现在大家用得比较多的是含铜量比较高的,像光亮铜含铜量在99.8％,这种铜可以直接用来生产铜材,尤其是一些对质量要求不高的铜材。黄铜白铜,含铜量在 10％到 60％,属于合金铜,必须通过熔炼的方式把铜分解出来,得到含铜量比较高的铜,然后再去循环利用。

铜产业链分析

第三节　铜价分析框架

一、铜定价

(一)铜矿定价模式

铜的定价是采用点价的模式,点价又称作价,是期货交割的一种定价方式,即对某种远期交割的货物,不是直接确定其商品价格,而是只确定升贴水是多少。然后在约定的"点价期"内以国际上主要期货交易所某日的期货价格作为点价的基价,加上约定的升贴水作为最终的结算价格。即先定下基差,期货价格由买方在未来一段时间内选择确定,这一"期货价格＋基差"的定价方式,为现货企业提供了更多的选择,并在一定程度上降低了传统贸易定价方式的价格风险。

铜矿供需状况最直接的指标是铜矿加工费。铜矿价格＝精炼铜价格－加工费。铜价过低会导致矿山减产,铜精矿供应不足,加工费相应下降;相反,供应充分则加工费上涨。

铜加工费含义

(二)精铜定价模式与影响因素

精铜定价模式目前基本都是期货定价。当然现货定价也有,但现货定价必然以期货定价为主。我们总共关注三个价格:第一,伦敦铜的价格;第二,沪铜的价格;第三,现货的价格。

国内现货价格是长江现货的报价,这个报价对大部分贸易企业是非常重要的。这三个价格的关系用以前的数据来看,伦敦铜的价格绝对会引导沪铜的价格和长江现货的价格,这里也体现出了期货的价格发现功能。期货的价格对现货的价格是有引导作用的,现货的价格是随着期货的价格变动而变动的。从沪铜和伦敦铜近期的数据来讲,沪铜对伦敦铜的价格影响越来越大,现在是相互影响,之前主要是伦敦铜影响沪铜。

影响精铜定价的干扰性因素有许多,其中包括新增产能、产能利用率、生产意愿等。具体分析如下。

1.新增产能

从2020年至2029年,全球铜矿产量将以年均3.1%的速度增长,同期总产量将从2030万吨增至2680万吨。据预测,在2019年至2028年期间,中国铜矿产量将以年均1.8%的速度增长,而过去10年的平均增速为6.9%。中国低品位铜矿的关闭以及推迟计划中的产能扩张,将使产量增长放缓。不过,随着新项目投产,预计国内产量仍将保持正增长。

2.产能利用率

全球铜精矿的供应特点是主要集中于少数几个国家以及大型矿山产能占比较高。2010—2018年,全球铜精矿产能稳步增长,除2012年及2018年有小幅下降外,其余年份均保持一定涨幅。根据国际铜研究小组(ICSG)数据,2018年全球铜精矿产能为2378.3万吨。据计算,全球铜精矿产能在2015—2018年的复合增长率为1.72%。2010—2018年,全球铜精矿产能利用率均在81%—87%之间波动,变化幅度不大。2019年与2020年全球铜精矿产能利用率分别为87.20%、86.76%,基本与前期保持一致,供给端对价格波动影响不大。

3.生产意愿

根据方正中期2021年的年报,在铜的生产过程中,上游企业的利润不高,有时还会出现亏本的现象,而这会导致铜矿商的生产意愿降低,从而导致铜的供应减少,因此影响了精铜的定价。2021年,铜矿加工费走出探底回升的态势。新冠疫情的持续暴发,对全球铜矿供应产生持续扰动,铜精矿 TC 从2020年3月的70美元/吨高位持续回落至2021年4月的28.5美元/吨低位。而随着新冠疫苗的陆续接种,铜矿供应边际恢复,铜精矿 TC 持续反弹至9月的60美元/吨后持续横盘。

(三)盈利模式

铜的盈利模式包括上游的采矿行业、中游的冶炼行业以及下游的加工行业的盈利模式。从2012年以来,上游采掘业和下游生活资料制造业增速依然较为稳定,而中游行业面临两头挤压,利润增速下滑较多。

铜加工费是矿产商和贸易商向冶炼厂支付的、将铜精矿加工成精铜的费用。由于铜精矿商向铜冶炼企业收取的铜精矿价格是以伦敦金属交易所基准3个月期铜期货价格减去加工费计算的,因此,减少加工费意味着铜冶炼企业成本的增加和利润的减少,反之,则意味着成本的减少和利润的增加。值得注意的是,从2006年开始,我国铜冶炼企业获得的加工费几乎年年下跌,直到2011年才有所反弹,而2012年能够继续提升,更是超出了市场的预期。此前,多位业内人士认为,铜精矿供应仍然偏紧,而铜冶炼产能仍有明显的扩张,这都不利于加工费的提高。由于我国铜精矿原料本来就短缺,铜加工企业却在不断增加,很多中小型铜冶炼企业所需要的铜精矿几乎100%依赖进口,对进口铜精矿的依赖度并不亚于铁矿石。而全球九大铜矿生产企业,则控制了全球53%的铜精矿产量。有分析师就指出,长期看来,全球铜矿供应集中度较高、矿山品位逐年下降且新增项目难以在短时间内投产,未来铜精矿供应仍比较紧张,而铜冶炼产能过剩的格局也并未得到根本改善,铜加工费博弈的主动权仍然在上游铜矿产商手中。

因此,总结来说,铜类上市公司面临的行业经营环境主要是铜价市场化和铜精矿原料的长期短缺。从产业链的角度分析,上游采矿业既是行业利润的集中之地,也是中下游发展的瓶颈所在,是铜类上市公司必争的一个战略高地。不难发现,冶炼类公司发展的核心和优势就在于资源控制。谁拥有矿产资源,谁就拥有未来,谁拥有的矿产资源多,谁的企业生命周期就长。

从整个盈利模式来看,利用期货工具之后能够从两个方面来优化冶炼模式,提高冶炼能力。下游的冶炼模式比较复杂,因为产品是比较复杂的,比如各种铜材可以由其他原料组合而成。成品价格减去加工成本之后就是公司的主要盈利,可以通过期货工具对整个原料成本进行锁定来优化盈利模式。

(四)库存

体现供求关系的一个重要指标是库存。库存一般指交易所库存加社会库存,而社会库存是贸易商库存加冶炼商库存加加工商库存加国储库存。

对于库存一直有一个矛盾的观点。大家只要关注就知道,伦敦的库存交易所只有40多万吨,而上海的库存可能更少,只有10万吨,加起来才50万吨。铜一年的消费量在2000万吨左右。这么小的一个库存会对价格有影响吗?铜的库存分报告库存和非报告库存。报告库存又称"显性库存",是指交易所库存,目前世界上比较有影响的进行铜期货交易的有伦敦金属交易所、纽约商业交易所和上海期货交易所。三个交易所均定期公布指定仓库库存。非报告库存,又称"隐性库存",指全球范围内的生产商、贸易商和消费商手中持有的库存,由于这些库存不会定期对外公布,因此难以统计,故一般都以交易所的库存来衡量。

我们一直强调经济学上的库存是整个市场的库存而不单单是交易所的库存,交易所的库存数据我们能得到,社会上的库存数据我们得不到,那么我们只能通过交易所的数据来反映社会库存。而实际上社会库存包含很多方面,包括我们贸易商的库存、冶炼商的库存、加工商的库存,以及投机商持有的库存。

因此投资者要密切关注交易所的走势,通过交易所库存的变化来预判整个社会库存的走势。例如保税仓库的库存从40万吨突然降到20万吨,如此变化能帮助我们从侧面了解铜价变化趋势。

(五)进出口

据海关总署数据,2020年铜产品进出口贸易总额约为890亿美元,同比增长9.1%,其中进口额827亿美元,同比增长10.7%,出口额63亿美元,同比下降7.7%。进口方面,受禁止洋垃圾入境政策以及铜矿加工费低、国内硫酸滞销等因素的影响,废铜、铜精矿进口实物量分别为94万吨、2177万吨,同比下降36.5%、1%,粗铜、精炼铜进口量分别为103万吨、467万吨,同比增长35.9%、31.5%。出口方面,未锻轧铜及铜材出口量为74万吨,同比下降11.5%。

我国铜进出口企业较为分散,2011年有铜出口企业5985家,有进口企业7806家,但大多数企业进出口量十分微小。2011年铜出口超过万吨的企业有13家。其中,金龙精密铜管集团股份有限公司以3.7万吨的出口量位居榜首,占同期我国铜出口总量的5.6%;浙江海亮股份有限公司出口3.2万吨,占4.9%;世天威物流(上海外高桥保税物流园区)有限公司出口3万吨,占4.6%;上海海亮铜业有限公司出口2.3万吨,占3.4%。进口方面,2011年有4家企业进口量超过10万吨,超过万吨的企业则达到70家。其中世天威物流(上海外高桥保税物流园区)有限公司进口22.4万吨,占同期我国铜进口总量的5.5%;国家物资储备局上海七处(保)进口12.3万吨,占3%;江西铜业股份有限公司进口12万吨,占2.9%;宁波神化化学品经营有限责任公司进口10.5万吨,占2.6%。

铜进口成本计算公式为:(LME3个月期货价格+现货升贴水+到岸升水)×(1+进口关税率)×(1+增值税率)×汇率+杂费。

铜定价模式

二、影响铜价的因素

表5-4为铜价分析框架,它给予我们一个分析铜价的基本工具。

表5-4　铜价分析框架

要素及权重	分项要素	关注指标	说明
宏观经济(30%)	经济增长	GDP、工业产出	经济增长影响铜消费
	货币政策	利率、存款准备金率、公开市场操作	对经济增长、通胀预期、投资成本都有重要影响
	财政政策	政府投资、补贴、紧缩开支	影响经济增长、财政赤字
美元汇率(10%)	欧元/美元	经济增长、财政赤字、利率	铜价与美元汇率通常负相关
供求关系(30%)	供应	铜矿加工费、到岸升贴水、招标价	关注智利、秘鲁、赞比亚、刚果(金)等主要供应国
	需求	电力、建筑、家电、汽车、机械	关注中国、美国、欧洲等主要消费地区
	库存	LME、SHFE	LME库存与铜价有较好的负相关性
	现货升贴水	LME、SHFE	反映现货消费情况,对于套利操作非常重要
	季节性	历史图表	把握季节性规律形成的原因,以当前的情况来验证
基金规模(15%)	CFTC持仓	同时可关注商业保值头寸的变动	
	ETF规模	可参考黄金ETF历史规律	
技术分析(10%)		图表形态、K线、技术指标	决定进出场时机
外围市场(5%)		矿业股	国外矿业股的走势有一定前瞻性

我们可以假定某一因素比重是随着特定的时间变化而发生变化的。比如,从近期铜价的发展水平来看,投资者将宏观经济的比重相对提升,而供求关系的比重则会下降,两者成反比的关系。总体而言,当前影响铜价的因素主要是以下六个:第一个是宏观经济(30%),第二个是美元汇率(10%),第三个是供求关系(30%),第四个是基金规模(15%),第五个是技术分析(10%),第六个是外围市场(5%)。

将这个框架罗列出来,能帮助投资者对未来的铜价发展进行预测,从而提前做好准备。在将这些因素归类的过程中,我们人为地将其分成几个大类,根据这几个大类,我们可以清楚地看出铜价在不同时间阶段会受不同因素的影响而发生变化。

我们在做任何分析的时候,尤其是在做铜价分析和铜产业链分析时,需要一种严谨的态度,这不是单向的简单分析,而是多方面双向的分析思考。首先要考虑有哪些因素会影响价格,哪些因素又会对这些影响铜价的因素产生影响。慢慢地一步步剖析下去,再观察这些指标是怎么变化的,该指标的变化又会影响上一级因素产生怎样的变化,然后才能得出对铜价产生影响的因素,这个过程是双向的。这与我们简要描述物体是不同的概念,做描述更多的是单向的,而做分析却是双向的。要不断地去循环、论证,最后才能得出大部分因素都支持的结论。

在所有影响铜价的因素里面,供求关系是比较重要的因素,供应在很长一段时间内是稳定的因素,也比较容易去学习,投资者需要高度关注。

(一)宏观经济

GDP 的增长要考虑国民经济产出的状况、国家货币政策等,利率方面考虑银行利率及存款准备金率等的变化,财政政策要考虑政府对文化产业、环保产业等新兴产业的投资,补贴的变化,出口退税,进出口关税,等等。

(二)美元汇率

基本上所有的有色金属品种都是以美元结算的,铜自然不例外。因此投资者要十分关注欧洲和美国两个经济体的经济增长状况、国债的情况、赤字的情况、利率的情况,然后做对比分析。现在有个问题,为什么我们在关注欧债分析和美元分析的时候,只关注欧洲和美国?因为在美元指数构成中,欧元占到了60%左右,所以我们一般看到的是欧元区与美国的经济指标的对比,以此来判断美元大概是什么样的走势,这个可能也是基本面的走势,是投资者分析的主要因素,但美元走势和其他因素也有关。

(三)供求关系

1.库存
库存有很多指标,现在没办法去观测,更多要关注交易所的库存变化情况。

2.产业政策
有色金属走势与宏观经济发展形势关系密切,在国内外系列疲软经济数据的压力下,市场价格持续弱势震荡,而需求面长期也没有显著改善。

当前,我国铜生产链条主要以铜精矿—铜冶炼粗铜—铜电解—铜加工材为主导,最后进入终端消费领域。而就各个阶段的发展态势看,我国铜产业内部存在发展失衡的结构性矛盾。加工能力的扩张大于冶炼能力的扩张,而冶炼能力的扩张令我国铜精矿的保障问题日益突出。为了遏制我国铜冶炼行业的盲目扩张,加大对能源、环境的保护力度,我国有必要对其进行有力度的宏观调控。一方面主要以铜冶炼项目行业准入、清理整顿为主,而另一方面以进出口政策导向为主。

3.现货升贴水

现货升贴水=现货价格—期货当月价格。现货升贴水是现货和期货当月价格的一个差值。现货升贴水的状况可以间接地反映出有色金属市场的消费状况。升贴水越高说明现货需求越大,对有色金属价格来说是一个利好,反之利空。升贴水是反映消费状况的重要指标,现货升贴水可以作为金属市场供应短缺或过剩的重要参考指标之一。

(四)基金规模

基金持仓状况的分类包括基金持仓和产业持仓。基金持仓是投资者最关注的,特别是投资基金的数量,基金目前持有的部分,头寸是怎样变化的。投资者以此来判断整个市场金融属性的强弱以及投资力量发展态势如何。

近期才有的ETF基金交易型开放式指数基金,通常又被称为交易所交易基金。黄金ETF在2003年就有了,铜这两年才推出来,对整个市场的影响比较有限,但是后续规模如果继续扩大,对市场的影响就会逐步增大。铜ETF成立的原因是:铜的价格很高,很多投资者买不了,买了之后也不知道怎样操作,且它存放起来也有困难,但又想买现货铜,同时不愿意做杠杆交易,那就成立一个基金,去认购份额。于是这个基金就负责去购买现货,也就是相当于投资者变相持有了现货铜。由于这种基金的产生使得全球市场对铜的现货需求逐步变大,对铜价就会产生比较大的影响。

(五)技术分析

1.成交量和持仓量

持仓量:指未平仓头寸之和。一个新买家和卖家进行交易,持仓量增加,换手不增加。例如:2021年7月9日,沪铜2108合约,持买单5.8万手,持卖单5.8万手,共5.8万张合约,但持仓为11.6万手。

成交量:某一时段成交头寸之和。通常以每个交易日来计算,如表5-5所示。它是期货市场活跃程度和流动性的标志。根据中国期货业协会的数据,2021年7月9日,沪铜2108合约,成交5.86万张,其中,买单2.93万张,卖单2.93万张。

表5-5　持仓量与成交量分析

情况	持仓量变化	成交量变化
新的买入者和新的卖出者同时入市	增加(双开仓)	增加
买卖双方有一方平仓	不变(多头换手或空头换手)	增加

情况	持仓量变化	成交量变化
买卖双方开仓后均平仓	下降（双平仓）	增加
到期交割	下降	不影响

在期货图形技术分析中，成交量和持仓量的相互配合十分重要。正确理解成交量和持仓量变化的关系，可以更准确地把握图形分析和 K 线分析的组合，有利于深入了解市场行情的变化与发展。

成交量、持仓量同时增加：此种情况在期货走势中最常见，多发生在单边行情开始时期，价位趋势处于动荡盘整之中。多空双方对后市的严重分歧，形成市场中资金的比拼，但价格此时还未形成统一的整理区间，价格波动快速而频繁，使短线投资者有足够的获利空间。此时，成交量的扩张是由于短线资金的积极进出，而持仓量的扩张则显示了多空双方能量的积蓄。在此种情况下，可以从盘面上感到多空双方力量强弱的变化。

成交量减少，持仓量增加：这种情况往往是大行情来临的前兆，此时多空双方的力量和市场外部因素的共同作用使市场在动态中达到了一种平衡。成交量的减少，是由于价格波动区间的逐步平衡，使短线资金无利可图，但持仓量的增加，则意味着多空双方看法分歧变大，资金对抗逐步升级。由于分歧结果并不明朗，因而多空双方互不让步，纷纷加仓，无一方首先打破僵局，成交量逐步减少，等待最后的突破。此情况后续的走势十分凶猛，很少有假突破发生，一旦爆发，至少应有中继行情出现，因而投资者应做好资金管理工作。这种情况往往出现在行情调整中。

成交量增加，持仓量减少：此情况一般发生在一段行情中继的过程中，并且伴有多杀多、空杀空的现象。由于行情有利于多空其中的一方，从而使相反一方纷纷出逃，持仓量逐步减少。但价位的快速运动为短线炒作提供了良机，因而短线资金积极介入，成交量并未减少，有时短线持仓的增加掩盖了长线资金的出局，造成持仓量减少的趋势并不明显。在这种情况下，可能会伴有中期反弹行情，虽然原趋势仍在延续，但行情已告一段落，将逐步进入趋势的末端。

成交量、持仓量同时减少：一波行情逐步结束时，成交量和持仓量的同步收缩，证明多空双方或其中一方对后市失去信心，资金正逐步退场。这种情况如果持续发展，会为新资金介入提供有利的条件，成为变盘的前兆。

2. 持仓分析

持仓：在实物交割到期之前，投资者可以根据市场行情和个人意愿，决定买入或卖出期货合约。而投资者（做多或做空）没有做交割月份和数量相等的逆向操作（卖出或买入），持有期货合约，则称为"持仓"。现在交易所会公布每个期货品种前二十家的期货公司的持仓，通过他们的持仓可以了解到很多期货的信息。比如国内比较大的冶炼企业都有它们自己控股的期货公司，观测它们持仓的变化比从其他渠道了解的信息更真实、更直接。

(六)外围市场

外围市场的状况,尤其是全球矿业股票的利润变动直接影响产量、投资,从而使铜价产生波动。

三、铜价分析思路

分析铜价需要一个很大的框架,其中供求关系应该是影响铜价走势变化的根本因素,但其他影响因素也对铜价的变化起到重要的作用。对供求关系的分析一般分为以下三个步骤:首先要知道供求分析是根本,供求在很大程度上影响了铜价的发展,如果供求关系不明朗,铜价肯定是有波动的。在供求分析中,也要分析铜的供应情况,比如说铜的产量。铜的产量在一定程度上是会影响铜的价格的,铜的产量小的话,其供给量就小了,铜的价格就会上升。铜的库存、净进口也会影响铜价。在需求情况中,我们还要着重分析下游行业对铜的需求程度,从中也可以知道铜价为何会起伏变化。在分别对供应情况和需求情况进行分析后,还要从它们的平衡关系角度进行分析。一般来说,在需求量不变的情况下,当供应量减少之后,必定会引起铜价格的上涨,反之,则会下跌;在供应量不变的情况下,当需求量增加的时候,也会引起铜价格的上涨,反之,则会下跌。在着重分析了供需关系之后,还要对其他影响因素进行分析,比如说从宏观经济、产业政策、汇率变动、金融属性等方面进行分析。宏观经济中经济的增长和政府出台的财政政策、货币政策等,会间接影响到铜价:经济增长会刺激消费,必定会引起消费者对铜的购买,这样会引起铜价的上涨;货币政策的出台,从利率、存款准备金率、公开市场操作方面影响到经济的增长、通胀预期、投资成本的增加,从而影响到铜价;政府出台的财政政策,政府的投资方向,政府的补贴情况,也会影响到经济的增长,可能还会导致财政赤字,从而也会影响到铜价。所以,说到分析方法,我们需要严谨的态度,要怀着不放过任何一点线索的心态去分析、解决。

即便供求分析是根本,但是,其他因素也会对铜价的走势产生很大的影响,据此我们要逐步地做出客观评估,最终做出对未来铜价的预测。

四、当前铜价走势

(一)供应分析

由于矿石不断地被开采,很多矿石的品位下降,采选矿石的成本在上升,同时我们还面临着矿山老化、天气恶劣等自然因素的影响,矿山产量下滑在所难免。

(二)需求分析

国内下游消费变化不是非常明显,但在政府补贴政策的带动下,新能源汽车对铜的需求将会增加。在美国等国,由于政府的财政刺激计划帮助了汽车产业的上升,铜的需求会进一步上升。

(三)供需平衡分析

1. 铜是唯一供应短缺的金属品种

从总体上看,铜价上涨是大概率的事件,短期受一些不确定的因素的影响,应该还会维持一个震荡偏空的态势。

2. LME 库存和 SHFE 库存小幅下降

LME 库存、SHFE 库存以及保税仓库的库存都是下降的态势。另外还有一些不利的因素,如欧债危机、美国的债务问题等没有得到根本的解决。

 小 结

本章主要介绍了铜的产业链的分析方法。以铜为例,对金属产业链进行分解,并详细介绍了产业链分析该如何做。本章分为三小节:第一节首先对铜的基本情况进行了简单介绍,然后介绍铜期货的历史以及铜价分析的基本框架。第二节对铜价的产业链进行了详细的解说。第三节对影响铜价的其他因素进行了分析。

推荐阅读

[1] 彭容秋:《铜冶金》,中南大学出版社 2004 年版。

[2] 金荣涛:《电解铜箔生产》,中南大学出版社 2010 年版。

[3] 杨国才:《闪速炼铜工艺·设备与控制》,冶金工业出版社 2010 年版。

名词解释

①多逼空

②社会库存

③持仓

④ETF

思 考 题

①精铜的定价模式是怎样的?

②简述国内铜加工企业的特点。

第五章课后练习资料

第六章 钢铁产业链概述

2012 年 5 月 27 日下午,国家发展改革委正式核准广东湛江钢铁基地项目动工建设。湛江市市长王中丙在国家发展改革委门前高高举起《关于广东湛江钢铁基地项目核准的批复》文件,向现场媒体展示。据悉,该项目由宝钢湛江钢铁有限公司建设,总投资 696.8 亿元,建设地点在湛江市东海岛。湛江钢铁基地从提出设想到核准,历时 34 年。该项目已于 2012 年 5 月 31 日正式开工。10 年来,随着我国经济的快速发展,钢材需求日益增加,同时钢铁生产能力也早已跃居世界第一。工信部披露,到 2021 年底,中国粗钢产能已达到每年 10.53 亿吨。

第一节 钢铁产业概述

一、钢铁

铁,元素符号 Fe,在地球表面分布非常广泛,存量极为丰富,储藏量仅次于铝,且大多以化合物的形式存在。

钢是指以铁为主要元素、含碳量一般在 0.04%—2.3% 之间并含有其他元素的铁碳合金。为了保证其韧性和塑性,钢的含碳量一般不超过 1.7%。钢中除主要元素铁、碳外,根据需要可以再添加硅、锰、铬、镍、钒、钛等合金元素,也含有少量的硫、磷、氢、氮、氧等元素。

二、钢铁产业发展历史

20 世纪世界钢铁工业的发展大致可以分为 4 个阶段。

第一阶段:1901—1951 年。20 世纪初,全球钢铁年产 3104 万吨,平均年增长速度为 4%,到 1951 年,世界钢铁产量达到 2 亿吨。这一阶段,世界范围内以高炉、平炉、模钢和初轧技术为主体发展钢铁工业。钢铁的产量主要集中于西方发达资本主义国家,其中美国的钢产量约占到全球钢产量的 45%。

第二阶段:1952—1974 年。这一阶段,高炉逐渐大型化,氧气顶吹转炉炼钢法出现并开始淘汰平炉,进入转炉炼钢阶段;连铸工艺出现,传统模铸工艺逐渐被淘汰;炼钢生产技术取得重大变革,世界钢铁产量以年均 4.5％的速度增长,钢铁产量由每年 2 亿吨增加到每年 8 亿吨,其中日本以年均 13.4％的速度高速增长。日本以大型化、连续化和自动化为技术核心建设了一批大型的钢铁联合企业,实现了规模生产、低成本和高质量的目标,取代美国成为世界第一钢铁大国。

第三阶段:1975—1999 年。受第二次石油危机的影响,市场对钢铁的需求相对减少,全球钢铁产量徘徊在每年 7.8 亿吨左右,年增长率仅为 0.1％。在这一阶段现代化的炼钢技术、连铸连轧等新兴冶金工艺的出现,使世界钢铁工业进入了崭新的时代,虽然总产量没有大的增加,但产品的质量却有了飞跃。先进的产钢国家,如日、美、韩等加速进行钢铁工业的结构调整,优化钢铁工业结构。

第四阶段:2000 年以后。新兴市场崛起,以中国、印度为标志,部分发展中国家进入发展高峰。全球粗钢产量年均增长率达到 6％。这一时期,随着中国进入重化工业阶段,城市化进程加快,中国钢铁工业快速发展,年产量从 1.2 亿吨增长到 10 亿吨以上。

三、钢铁行业特征

(一)技术方面

钢铁的生产顺序是用钢水通过连铸连轧的方式先热轧成片,待冷却后冷轧形成钢卷。从热轧到冷轧不需要再加热,然后镀上我们想要的物质,比如说镀锌,镀铝,镀上一些防锈的涂层。从这样一个工序当中我们可以了解到,镀层板的附加值是最高的,因为它需要更多的技术,而热轧的技术含量是最低的。

美国镀层板的产量低,冷轧的产量很大,但仍然需要进口冷轧钢来生产镀层板,因为镀层板的附加价值更高。中国的钢铁产量约占世界钢铁产量的 50％,但获得国际认证的钢材品种屈指可数。国际认证就相当于"免检"。比如商家急等着这批钢材用来生产,送去检验就会误了生产期,因此钢材免检在行业竞争中非常重要。

钢铁的一个重要下游产业是汽车产业。汽车的许多零部件以钢铁为原材料。比如汽车的外壳是用钢做的,称为汽车板。

(二)资金方面

长久以来,钢铁企业融资都是一个老大难问题,国内钢铁企业的传统融资渠道可以分为两大块:其一是钢铁的上市企业和大型央企,这类公司的融资途径相对来说要多一些,包括发行公司(企业)债、票据融资等形式;而另一块就是众多的中小钢材企业,其主要是通过贸易商预付的货款进行周转。两者归根到底,都与银行的资金分不开。

对于众多中小钢企来说,它们只能依靠贸易商,但贸易商又极度依赖银行,随着银行信贷和票据贴现受限,钢铁行业从下游到上游,都感受到了资金链的紧绷。传统的融资渠道手续烦琐不易操作,而钢材融资又是钢企的一项重要的业务,与企业的发展息息相关,怎样才能做到安全、便捷又放心呢?求助于网络不失为一个好的办法。中中钢铁平台与苏州恒诚担保有限公司进行全方位合作,为优质现货客户提供银行授信融资担保。只要是平台会员，在符合一定的银行准入条件的情况下，都可以直接在线申请融资担保。

为扶持中小型企业，解决它们的资金紧张问题。中中钢铁平台联合银行等各种金融机构，运用了更加快捷的融资模式，将企业、担保公司、银联机构联系起来，通过线上申请及确认，然后线下对融资材料进行审核、评估、授信，以及信息反馈，提高了各个阶段的工作效率，使各方利益最大化。

我们对钢、锌、铝、铜年度资金基础量进行对比，发现钢材远远大于其他金属。年度资金基础量可以这样理解：把产业的年度平均产量乘以平均价格，得到的就是推动整个产业链的资金基础量，也就是产业产值。钢铁几乎是世界上资金占用量最大的品种，钢铁行业是资金流动率最高的行业，同时也是不良贷款聚集的行业。

通常一个行业在发展的时候会获得大量的资金，但是当资金收紧的时候，一旦不良贷款过多，就意味着整个行业面临着非常大的风险。

(三)人力资源成本

在钢铁的生产成本构成中只占14％的"其他"项里，包含了人力资源、运输、管理和设备等成本，人力资源成本在其中只占了很小的一部分。虽然人力资源成本占钢材的总成本的比重很小，但是钢铁产业链中的冶炼环节是人力密集型的，所花费的资金体量也不可小觑。

四、钢铁冶炼存在的问题

(一)产能过剩

根据艾瑞报告，我国钢铁从2000年开始，产量和相关消费量迅速上升，钢铁工业步入了快速发展期。而从2006年开始，我国钢铁从供不应求转入生产过剩。2010年中国钢铁产能过剩1亿吨。从2016年初供给侧结构性改革以来，钢铁行业特别是腰部及以下企业承压明显，截至2018年底，钢企数量较2015年底下降将近一半。行业在去产能的同时积极调整，加大对精细化运营的投入程度，至2020年，中国粗钢产能已达12.65亿吨左右，创历史最高纪录。但是，与9亿多吨的需求相比，产能仍然过剩四分之一。

(二)区位分散

中国广西有柳州钢铁，云南有昆明钢铁，新疆有八一钢铁，河南有安阳钢铁，陕西有龙门钢铁，山西有太原钢铁……可以看到全国较多省份都有自己的钢铁企业，但企业分布却较为散乱。综观钢铁企业地理分布，最大的12家钢铁企业中，除了唐山钢铁与河北钢铁同属河北省以外，其他10家企业都是不同省份的。

全国各省的钢材产量，占10％以上的只有两个：江苏和河北。河北省钢材产量占了全国钢材产量的1/5。全国有400家钢铁厂，河北一个省就有160多家，江苏大概有90家。

产业越分散越没有定价的权利。因为我们都要从生产中获得利润，买原料的时候会尽量报高价格以获得更多的原料,销售的时候会尽量报低价格获取更多的销售量。

(三)成本高昂

成本计算时必定涉及折合,折合是指实物与实物、货币与货币或实物与货币间按一定比率换算。铁矿石从地里挖出来会含有很多杂质,通常情况下我们以含铁量作为评价它的标志,一般含铁量从10%到60%不等,铁矿石最高的含铁量可以达到63%。30%以下称为贫矿,30%到40%称为中等矿,50%以上才能称得上粗矿,中国几乎没有粗矿。同样是一吨矿石,如果只有10%的含铁量,其余剩下的都是杂质,那么不光开采它们困难,使用更困难,因为钢铁的冶炼本身就是一个去除杂质的过程,所以即使我们经历了选矿、破碎等一系列的环节,最高也只能达到40%左右的标准。而入炉的铁矿石是含铁量越高越好,因为含铁量越高,杂质越少,冶炼所花的成本就越低,冶炼出来的钢水浓度就越高。所以这里用了个折合的概念。从2002年开始,我国进口铁矿石的数量一直大于出口的数量。进口铁矿石统一折合成含铁量63%的入炉铁精粉,国产铁精粉以平均含铁量30%计算。

钢铁企业成本计算方法:

生铁成本＝1.65×铁矿石×1.17＋0.38×焦炭＋0.35×喷吹煤;

粗钢成本＝(生铁成本＋0.15×废钢)÷1.035;

钢材成本＝(粗钢成本＋轧制费)÷0.995。

在成本上我们面临3个现实情况:第一个是国产矿石品位过低,无法满足高端钢铁的生产要求。第二个是国外铁矿石生产集中度高,国内冶炼钢铁集中度较低。第三个是采购方越分散,采购的成本就越高。

我国钢铁行业特征

第二节 钢铁产业链分析

一、钢铁工艺流程

钢铁工艺流程如图6-1所示。

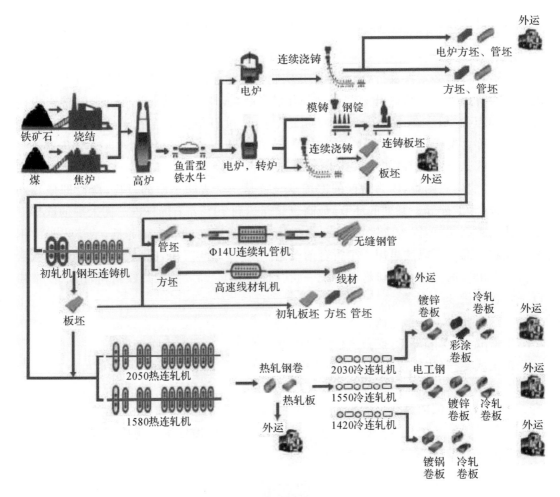

图 6-1　钢铁工艺流程

工艺流程如下：

第一是采矿，获得铁矿石；第二是选矿，即将铁矿石破碎、磁选成铁精粉；第三是烧结，它是将铁精粉烧结成具有一定强度和粒度的烧结矿；第四是冶炼，就是把烧结矿运送至高炉中冶炼，用热风、焦炭把烧结矿还原成铁水并脱硫，然后送往炼钢厂作为炼钢的原料；第五是炼钢，就是在转炉内用高压氧气将铁水脱磷、去除夹杂，变成钢水；第六是精炼，即进一步脱磷、去除夹杂，提高纯净度；第七是连铸，就是在热状态下将钢水铸成具有一定形状的连铸坯；第八是轧钢，将连铸坯以热轧方式轧制成用户要求的各种型号的钢材，如板材、线材、管材等。

二、钢铁产业链构成

钢铁产业链如图 6-2 所示。

钢铁行业的上游包括：原材料、辅料、燃料、动力以及专用机械设备制造。

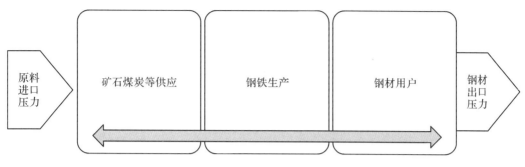

图 6-2　钢铁产业链

除表 6-1 所示原料外,生产 1 吨钢还需要新水约 3 吨,石灰石约 140 千克,其他还包括硅石、膨润土、镍、铬、锰、锌、锡等。近 10 年来,中国钢铁行业吨钢原材料消耗量存在几个明显变化:铁钢比有所降低,焦炭耗费量降低的同时喷吹煤消耗量提高,铁合金用量降低。

表 6-1　钢铁行业生产 1 吨钢的主要原材料耗费

主要原材料	2008 年	2020 年
铁/吨	0.96	0.9
铁矿石/吨	1.45	1.5
焦炭/吨	0.54	0.51
用电量/度	720	158
焦煤/吨	0.55	0.545
喷吹煤/千克	140	150
废钢/千克	144	112
铁合金/千克	34	20

资料来源:前瞻数据库。

从下游应用来看,钢材几乎在所有行业中都有应用,其中主要应用于建筑(房地产、商业地产和工业厂房、农村住宅、大型基础设施建设)、机械、机床、轻工、家电、汽车、船舶、集装箱、石油、铁路。图 6-3 显示的是钢铁应用的下游产业。

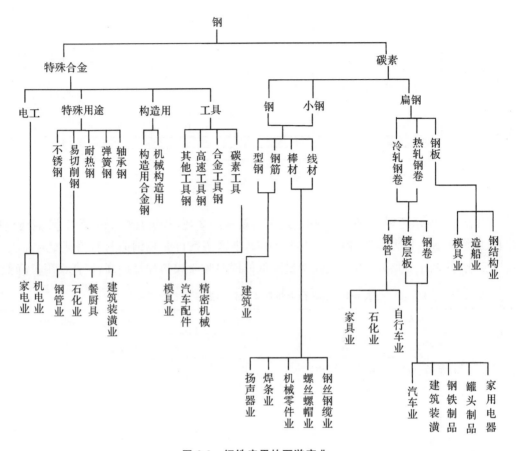

图 6-3　钢铁应用的下游产业

三、钢铁产业链上游

在钢铁产业链上游,目前对钢材价格影响较大的有铁矿石、焦炭、废钢、铁合金等。

(一)铁矿石

全球铁矿石储量丰富,分布广泛。中国尽管铁矿石储量丰富,但是铁矿石的品位(含铁量)较低,约为33%,与乌克兰的铁矿石品位相当。而澳大利亚、俄罗斯、巴西、印度、委内瑞拉的铁矿石储量丰富,品位也高。这种铁矿石的储量和品位格局与需求的错位,决定了世界上的铁矿石贸易将在相当长一段时间内维持高位。

(二)焦炭与喷吹煤

焦炭的消费需求主要在冶金工业、化工、其他行业和出口,其中钢铁、铁合金、铸造等冶金工业是主要消费领域,占到焦炭总需求的82%。而冶金工业中的高炉炼铁又是最主要的消费领域,占焦炭总消费量的70%左右。钢铁基本上决定着焦炭的需求规模。

炼铁中需要用到焦炭,其主要起到3个方面的作用:用作还原剂、提供热量以及做固体支撑。由于焦炭价格较贵,同时冶炼焦炭过程中产生大量污染,世界各国都在研究焦炭的替代品。喷吹煤就是这样的部分替代产品。过去10年以来,国内吨钢消耗的焦炭量逐渐减少,而喷吹煤有稳定增加的趋势。

高炉喷吹煤粉是从高炉风口向炉内直接喷吹磨细了的无烟煤粉或烟煤粉,或者二者的混合物,以代替焦炭起到提供热量和用作还原剂的作用,是降低焦比最有效的方式之一,这是现代高炉炼铁的一次重大技术突破。高炉喷吹辅助燃料有望代替30%甚至更多的焦炭,降低生铁成本,同时富化高炉煤气,改善钢铁联营企业的能源供应状况。

(三)镍和铬

镍和铬是生产不锈钢的主要原料,不锈钢至少含有10.5%的铬。不锈钢按基体组织分为:铁素体不锈钢(400系列,含铬12%—30%,不含镍)、奥氏体不锈钢(300系列,含铬18%以上,还含有8%左右的镍)、奥氏体-铁素体双相不锈钢(含镍1.5%—5%)、马氏体不锈钢(含铬11%—13%)。其中奥氏体不锈钢占全球不锈钢市场的58%左右。

四、钢铁产业链下游

钢铁行业是一个国家的基础性产业,产品主要应用于建筑、机械、轻工、汽车、石化、煤炭、船舶、集装箱等行业。随着一个国家工业化和城市化的发展进程,钢铁需求量变化有一个从高速增长到平稳甚至下跌的过程。从发达国家经验看,满足如下几点时,钢材消费将达到饱和点:①人均GDP达到一定程度;②城市化基本完成;③第三产业比重超过50%。

而国内目前尚处于工业化中期,钢铁需求仍然处于高速增长阶段。钢铁产业链下游主要是建筑、汽车、铁路、家电等行业。根据方正中期2021年年报,建筑方面,随着城市化率提高以及中国加大对基础设施的固定资产投资,中国建筑行业总产值仍将在五年内快速增长。汽车方面,2020年,国家积极促进汽车消费,汽车市场逐步复苏,2020年中国汽车销量为2531.1万台,同比下降1.9%。2021年汽车市场回暖,汽车销量同比增长25.6%。铁路方面,2021年全国铁路货运总发送量完成45.52亿吨,比上年增加1.40亿吨,增长3.2%。2021年全国铁路货运总周转量完成30514.46亿吨公里,比上年增加297.10亿吨公里,增长1.0%。家电方面,2021年中国家电市场规模约为8000亿元,同比增长12.3%。以上数据均表明,中国钢铁需求仍然旺盛,总体产能过剩状况不值得太过担忧,主要应关注上游铁矿石以及产品结构种类。

钢铁产业链分析

第三节　钢铁价格分析框架

一、钢铁价格的形成

(一)钢铁行业资金流动过程

对于一个大宗商品贸易型企业而言,商品和货币是对等的。商品随时可以抵押给银行换成流动的现金。在某种程度上,在产业链之间的资金和商品是等同的,当然也不是绝对等同。

钢材贸易的价格主要是由贸易企业来决定的,而不是由生产企业来决定的。也就是说钢铁价格不是由钢厂决定的,而是由市场决定的,是由供求关系决定的。当钢材供过于求时,消费者占据优势地位;当供不应求时,钢厂握有话语权。钢材价格并不会因为钢厂规模大,就由钢厂掌握。

钢铁企业的资金流动过程是这样的:冶炼企业几乎整合了原料贸易企业;原料贸易企业提供原料给原料供应商,由原料供应商提供给冶炼企业进行加工冶炼或原料贸易商直接提供原料给冶炼企业进行加工,除原料供应商外,钢贸企业也会将钢材运送到冶炼企业加工;所有经过冶炼企业加工的材料最终都会提供给钢材使用企业,当然,有时钢贸企业的钢材会直接送到下游的钢材使用企业。

钢铁行业资金流动过程如图 6-4 所示。

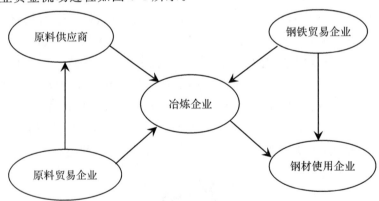

图 6-4　钢铁行业资金流动过程

(二)价格产生先后顺序

钢厂是根据市场价格变化来定价的。市场价格上涨才有钢厂价格的上涨,但钢厂价格是远远高于市场价格的。一般来说钢厂对贸易商有优先的定价权,当然随着钢材期货的产生,贸易商逐渐具有了定价权。

(三)钢铁价格的预期

对供求关系的预期包括 5 个大的方面。

1. 闲置产能

闲置产能就是没有开工的产能。闲置产能 30%,就意味着随时有可能增加 70% 的产能,那这个市场的供给就会迅速扩张;如果闲置产能 70%,就意味着即使全部启动,也不会对这个市场造成很大的影响。毕竟 70% 的货已经消耗掉了,但如果市场突然增加两倍的供应量,就会非常可怕,所以投资者要对闲置产能进行预估。

2. 开工率因素

假设预估我们的开工率是 80%,我们要看它会不会开工,开工成本是多少,有利润它才会开工。

3. 进出口量因素

我们要判断国际市场价格高还是国内市场价格高,从而对进出口有一个预计量。国际市场价格高意味着我们有更多的出口,国内市场价格高可能意味着我们会有更多的进口,会影响供求关系。

4. 新增需求因素

假设宁波市每月的钢材需求量是 1 万吨,而宁波市要修一座到上海的铁路桥,正常情况下也要消耗 1 万吨钢材。由于要新增一座桥,每月要多消费 2000 吨钢材,这就是新增需求预期。

5. 库存及替代品因素

假如投资者认为将来的价格会上升而出现供应不足,那么价格很可能真的会上涨。这时市场情绪会第一个反映在期货价格或者是远期价格上。远期价格通常是预销售或者预购买形成的,所有的预销售和预购买价格都是远期价格,不管这个价格是不是由多数人决定的。所以钢厂对于贸易商的价格是远期价格,贸易商对于终端客户的价格也是远期价格。假如钢铁产品的价格在未来一段时间里会上涨,有人要以现在的价格来和卖家签订销售合同,卖方不会同意,相反卖方会把远期价格往上抬,但是如果卖方认为远期价格会往下跌,那么合同就会形成,这就形成了远期价格的波动。而期货价格波动就更明显了,再加上四大因素,即货币因素、产业因素、宏观因素、突发事件等,最终形成了对外的一个期货报价。钢铁价格构成如图 6-5 所示。

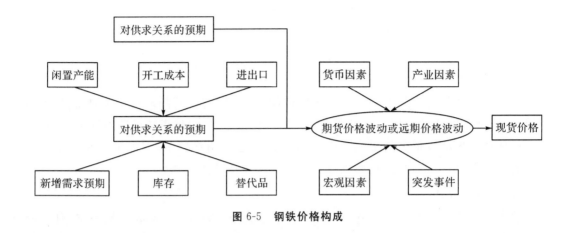

图 6-5　钢铁价格构成

二、钢铁价格因素分析

影响大宗商品价格波动的因素基本相同,但各因素影响商品品种的程度是大相径庭的,以下是钢铁价格的因素分析。

(一)货币因素分析

货币因素包括利率、汇率、投资资金、商业资金、货币流向、政策导向、资金回收与资金投放 8 项。

首先分析一下利率和汇率。钢铁是资金密集型行业,利率对于资金来说意味着资金的成本。资金密集型意味着我们要对利率的升高付出更多的成本,钢铁所持有的资金越多,所付出的利率成本平均到每个人身上就越多。汇率则对钢铁行业的原料进口至关重要,本币升值则意味着进口铁矿石等原料成本的下降。

商业资金就是正常商业中所要用到的资金。通过价格之间的差价来博取利益的为投资资金,一般来说投资资金越庞大,意味着参与某个商品交易的人越多,也意味着价格的随机性越强。商品交易环节越多,价格的波动性越大。

货币流向在我国表现非常显著,因为在我国大企业获得贷款是相对容易的,而中小企业则获得贷款难度较大,大企业有向中小企业以某种形式放贷的冲动,从而获取利差。

政策导向。一个产业是需要升级,还是快速发展,还是稳步发展,还是已经到需要大力振兴的阶段等,不同判断会得到迥异的政策导向。

资金投放和回收是央行对短期市场货币调控的手段,也可以是我们用来判断整个市场资金的依据。在整个产业链中,对于企业而言,持有货币和持有商品的意义是相同的,商品是货币存在的另一种形式,例如北仑港堆积如山的铁矿石实际都是货币。

资金投放和回收,一般又需要关注 M2、央行票据回收资金量、资金投放量、央行票据汇率、国债收益率、银行拆借利率、民间借贷利率等。其中 M2 即广义货币,M2＝M1(现金＋活期存款)＋城乡居民储蓄存款＋企业存款中具有定期性质的存款＋信托类存款＋其他存款。

货币因素如图 6-6 所示。

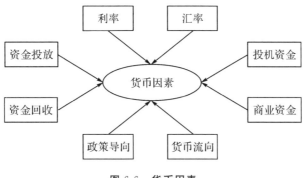

图 6-6　货币因素

（二）产业因素分析

产业因素包括了产能利用率与产业集中度。产能利用率包含了闲置产能,产业集中度则与定价权有直接关系。通过这两项可以知道未来产业的供求关系如何发展,及其对整个价格有多大的影响。定价权高的企业和定价权低的企业的产能利用率完全不同,带来的价格变化也是不一样的。通常情况下产业集中度越高的企业产能利用率越高,价格上涨的可能性也越大。如果产业集中度非常低,产能利用率也低,价格还会进一步下跌。

产业链处在哪一个周期,成长期还是衰退期,其产能利用率也是不一样的。我们要关注产业链现在处在哪一个周期,这样才能对整体价格有一个基础性的把握。中国钢铁产量最大的钢厂在河北,大部分钢厂做的是螺纹钢,而冬季北方是无法开工的,因为建筑需要的混凝土需要水来搅拌,北方冬季水容易结冰。此时,其产能利用率下降是一个正常的现象。因此它不能被用作判断价格变化的基准,了解产业链分布时也要特别关注季节性因素。

新增投资关系到一个产业未来的发展,一个钢厂不是一天能建成的,往往需要两年到三年的时间,所以判断今年新增投资有多少,就可以知道两年后新增产能大概有多少。如果新增投资在不断地增长,那么代表这个行业还有不断成长的空间。如果新增投资在不断地减少,那么代表这个行业已经走向萧条。

另外,技术创新是产业发展的根本动力,新技术会带来成本的改变,对企业来说具有决定意义。

配套产业包括运输等。波罗的海指数（BDI 指数）是由几条主要航线的即期运费加权计算而成,反映的是即期市场的行情。BDI 指数一向是散装原物料的运费指数,散装船运以运输钢材、纸浆、谷物、煤、矿砂、磷矿石、铝矾土等民生物资及工业原料为主。散装航运业营运状况与全球经济荣枯、原物料行情高低息息相关。故 BDI 指数可视为经济领先指标。海运属于钢铁配套产业,因为钢铁产业需要运输大量的铁矿石,如果运输力不足就会导致成本直线上升。在 2007 年的时候,从巴西运铁矿石到中国,平均每吨铁矿石的运费要比铁矿石本身还贵,所以配套产业是非常重要的。

关于淘汰落后产能,工信部每年都会不断调整并发出相关通知,如果通知今年每个省会淘汰多少产能,那么这个产能我们就能从明年的产能预期上减去。比如说:2011年的淘汰目标是3900万吨,那么我们在计算2012年的产能的时候,就要把这3900万吨减掉,我们这里假定它是能完成的。

产业因素是一个较好判断但又不好量化的因素,一个产业所处的周期大致决定了产业是如何变化的。比如,如果现在产业在衰退期,我们就可以判断它的产能会逐步缩减,起码不会再明显增加,增速会放缓。产业因素如图6-7所示。

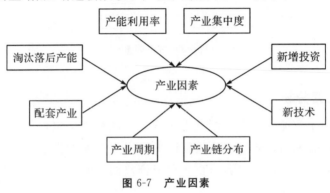

图 6-7　产业因素

(三)宏观因素分析

宏观因素包括固定资产投资、CPI、GDP、贸易收支、外汇储备、国际贸易摩擦、主要贸易伙伴和工业品指标等。

宏观数据对相关产业的影响需要经过量化才能成为能够直接预测的数据。比如固定资产投资增速直接带动钢铁等的消费增速。固定资产投资是城镇化的过程,城镇化的过程意味着钢筋或者钢材的消费,它是一个工业化的过程,那么我们可以把固定资产投资直接量化成钢铁消费,从而对产业链进行分析。

工业品指标包括PPI指数、PMI指数等。PPI指数是工业品生产者物价指数,PMI指数是采购经理人指数。如果你想要使用一个指标,必须了解这个指标是如何形成的,如果你不知道,就一定不要去使用它。经常看到汇丰银行发布PMI指数,即汇丰中国制造业采购经理人指数(HSBC China Manufacturing Purchasing Managers Index),这是由汇丰银行与英国研究公司Markit Group Ltd.共同编制的,是基于对中国制造业总体状况、就业及物价调查的一项衡量制造业状况的指标。简而言之,PMI指数的形成过程是这样的:汇丰银行每个月月初会给大量企业发信,信中会问:您的企业是愿意生产,还是不愿意生产,还是中立?最终收到回信后,统计其中有多少比例的企业愿意生产,那么PMI指数就是多少,大家可想而知这个指数的可信度如何。投资者不能盲目听信于指标,一定要了解指标产生的过程,再将其作为参考指标。宏观因素如图6-8所示。

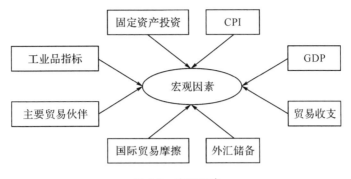

图 6-8　宏观因素

（四）突发事件因素分析

突发事件包括：水灾、火山爆发、泥石流、地震、战争、海啸、罢工等。提到战争，大家都知道战争需要战略物资的储备，在中华人民共和国成立初期，陈毅同志任上海市市长，当时他领导着上海人民与资本家打了一场商战，这场商战的主要目的是争夺"两白一黑"，"两白"是大米、棉花，"一黑"是煤炭，它们都属于战略物资。

2011 年日本东北大地震之后，很多分析认为铁矿石的价格会跌，因为日本本身不生产铁矿石，它都靠进口，海啸后，当时日本的钢厂停工要在半个月到一个半月左右。实际上，在那段时间，铁矿石价格一直居高，甚至一度靠近 185 美元/吨，原因是日本根本用不了那么多钢材，而它是世界上主要的钢材成品出口国，那就意味着世界上的钢材成品流通在减少，钢材价格在上涨，作为钢材最重要的直接构成因素铁矿石自然也在高位。

但是那段时间中国国内钢材价格在跌，又有人无法理解，那我们是不是忽略了某个因素？比如说焦炭。日本需要进口铁矿石，也需要进口焦炭。那么日本减少进口焦炭，焦炭的主要出口国是中国，焦炭的价格下跌，意味着世界焦炭贸易供给过多，那么焦炭下跌和国内钢材下跌的关系就通顺了，这才是分析的逻辑。

我们在分析某一个突发事件的时候，要把眼界放宽一点，不能把眼界局限在某一个受灾国上，要从它整个受影响的供求关系开始研究。突发事件因素如图 6-9 所示。

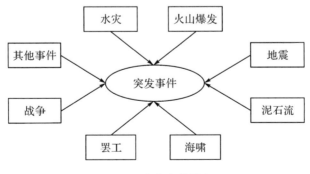

图 6-9　突发事件因素

钢铁价格影响因素分析

 小 结

本章首先分析了钢铁产业的发展历史和特征,特别是对冶炼存在的问题做了说明。接着通过分析钢铁产业流程、钢铁产业链的上下游,我们了解了钢铁产业链运作,最后分析影响钢铁价格形成的种种因素,分别有货币因素、产业因素、宏观因素、突发事件因素等。

推荐阅读

[1] 刘铁男:《钢铁产业发展政策指南》,经济科学出版社 2005 年版。

[2] 王建军:《资源环境约束下的钢铁产业整合研究》,西南财经大学出版社 2009 年版。

名词解释

① PMI

② BDI

思考题

钢铁企业的资金流动过程是怎样的?

第六章课后练习资料

第七章　农产品板块概述

　　"蒜你狠"是 2010 年中国流行的一句时髦用语。这是源于大蒜价格疯涨超过 100 倍,甚至超过肉和鸡蛋的现象。2009 年起,随着通货膨胀向普通商品蔓延,大蒜价格居高不下。2010 年第二、三季度,土豆、大蒜、绿豆轮番涨价。土豆价钱追赶鸡蛋,大蒜价格贵过猪肉,其他品种的蔬菜也有提价。对于这轮菜价上涨,有关部门解释道:天气异常,西南干旱、北方倒春寒影响农产品收成。一般来说供大于求,价格会下降,相反则上升。大蒜产量降低,汽油、菜市场房租等涨价导致城市中大蒜供应量不足。2009 年初,金乡县鱼山镇五名装卸工人见到大蒜便宜,合资买入 700 多吨大蒜,当时价格仅为每千克 2 角 4 分,2010 年 8 月他们以每千克 5 元 6 角出货,赚取了很多收入。2010 年 11 月 28 日,在"淘宝网"上,一个山东苍山的"大蒜头"索价 7 元。这些炒蒜的投资者被称为"炒蒜团"。炒蒜团的出现,增加了城市蔬菜的供应,客观上降低了城市菜价。但由于当年群众还较少具有经济学常识,依中国几千年来重农轻商的古老逻辑,他们认为中间商赚取高额利润是菜价提高的主要因素。一些别有用心的媒体也借此祸水东引,降低了民众对通货膨胀的关注度。

第一节　农产品概述

一、典型农产品品种

　　农产品是指农业上栽培的各种植物。包括粮食作物、经济作物(油料作物、蔬菜作物、嗜好作物)、工业原料作物、饲料作物、药用作物等。主要包括以下种类:粮食作物以水稻、豆类、薯类、青稞、蚕豆、小麦为主;经济作物以油菜籽、蔓菁、大芥、胡麻、向日葵等为主;蔬菜作物主要有萝卜、白菜、芹菜、韭菜、蒜、葱、胡萝卜、菜瓜、莲花菜、菊芋、刀豆、芫荽、葛笋、黄花、辣椒、黄瓜、西红柿等;果类有梨、青梅、苹果、桃、杏、核桃、李子、樱桃、草莓等;野生果类有酸梨、野杏、毛桃、山樱桃、沙棘等;饲料作物有玉米、绿肥、紫云英等;嗜好作物有烟草、咖啡;药用作物有人参、当归、金银花。

　　本书中一般以大宗农产品来代替农产品,认为它是商品农业经济结构中占有较大权重,生产量、消费量、贸易量、运输量等较大的农产品。如菜粕、菜籽粕、菜籽、油菜籽、菜油、菜籽油、棉粕、棉籽粕、棉籽、棉籽油、豆油、豆粕、棕榈油、花生等，一般这些农产品同时在现货市场和期货市场中交易。

自1993年郑州商品交易所正式开业以来，我国相继成立了一批以农产品期货为主业的期货交易所。1994年和1998年，为了规范期货市场，国务院对期货市场进行了两次清理和整顿，逐步形成了郑州商品交易所、上海期货交易所和大连商品交易所三足鼎立的局面。经过多年的发展，已初步涵盖了粮棉油糖四大系列农产品期货品种体系。目前，郑州和大连两家商品交易所共上市了小麦、玉米、棉花、大豆、白糖、豆油、菜籽油、棕榈油等农产品期货品种，上海期货交易所上市了天然橡胶。中国农产品期货市场正处在健康发展的良性轨道之上，农产品期货市场价格正逐渐成为重要的市场指导价格，在国家经济的发展中发挥其促进性作用。

从品种数量和交易量上来看，农产品期货占到了国内期货市场的半壁江山。截至2021年，国内期货市场共有70个期货品种，其中农产品期货品种为24个，包括棉花、棉纱、白糖、晚稻、黄大豆1号、黄大豆2号、淀粉、玉米、早稻、红枣、苹果、鸡蛋、生猪、花生等，覆盖了粮棉油糖整个农产品品种系列。根据中期协和FIA的数据，2011年，农产品期货交易量达5.73亿手，占全部市场份额的54.33％，2018年达到了9.53亿手，成为全球第二大农产品期货市场。在2020年的全球期货品种成交量排名中，中国的农产品表现得十分亮眼。中国种类包揽前10名，在前20名中占有14席，包括豆粕、棕榈油、玉米、豆油、菜籽粕、鸡蛋、白糖、棉花、菜籽油、橡胶、苹果、黄大豆1号和纸浆期货等。因此，农产品期货品种仍然是我国期货市场的主流，并且在相当长的一个时期内，这种格局都不会改变。

二、农产品交易

19世纪三四十年代，芝加哥作为连接美国中西部产粮区与东部消费市场的粮食集散地，已经发展成为当时全美最大的谷物集散中心。随着农业的发展，农产品交易量越来越大，但由于农产品生产的季节性特征、交通不便和仓储能力不足等原因，农产品的供求矛盾日益突出。具体表现为：每当收获季节，农场主将谷物运到芝加哥，谷物在短期内集中上市，交通运输条件难以保证谷物及时疏散，使得当地市场饱和，价格一跌再跌，加之仓库不足，致使生产者遭受很大损失。到了来年春季，又出现谷物供不应求和价格飞涨的现象，使得消费者深受其苦，粮食加工商因原料短缺而经营困难。在这种情况下，储运经销应运而生。当地经销商在交通要道设立商行，修建仓库，在收获季节向农场主收购谷物，来年春季再运到芝加哥出售。当地经销商的出现，缓解了季节性的供求矛盾和价格的剧烈波动，稳定了粮食生产。但是，当地经销商面临着谷物过冬期间价格波动的风险。为了规避风险，当地经销商在购进谷物后就前往芝加哥，与那里的谷物经销商和加工商签订来年交货的远期合同。

随着谷物远期现货交易的不断发展，1848年，82位美国商人在芝加哥发起和组建了世界上第一家较为规范的期货交易所——芝加哥期货交易所。交易所成立之初，采用远期合同交易的方式。交易的参与者主要是生产商、经销商和加工商,其特点是实买实卖,交易者利用交易所来寻找交易对手,在交易所缔结远期合同,待合同期满,双方进行实物交割,以商品货币交换了结交易。当时的交易所对供求双方来说,主要起稳定产销、规避季节性价格波动风险等作用。因此,期货市场在农产品供给和需求的矛盾之中建立起了一种缓冲机制,这种机制使得农产品供给和需求的季节性矛盾随之而解。

农产品期货市场形成和发展的时间如表 7-1 所示。

表 7-1 农产品期货市场形成和发展的时间

1833 年	数百人的乡村,地处美国五大湖区,紧靠中西部产粮区,粮食集散地
1837 年	发展成拥有 4000 人的城市,中西部的谷物汇集于此,再从这里运往东部消费区
1848 年	82 位商人发起组建芝加哥期货交易所,购入谷物后立即到东部与加工商和销售商签订第二年春季的供货合同
1851 年	芝加哥期货交易所引进远期合同
1865 年	推出合约标准化
1882 年	引入对冲机制
1883 年	建立结算会

随着市场逐渐发展,越来越多的大宗商品被引入期货交易所进行交易。目前国际上仍然在交易的农产品期货有 21 大类 192 个品种,其中相当一部分交易非常活跃,在世界农产品的生产、流通、消费中,成为相关产业链的核心。

第二节 农产品特征

一、季节性

农产品的季节性包括生产的季节性和消费的季节性。

生产的季节性是指大部分农产品固定一年一度的播种、生长和收获的周期性。农产品的生产季节性使得每年农产品的供求关系也具有周期性,从而导致农产品价格波动呈现出特定时期内同向运动的特征。此外,在这个周期内,还会遭受天气、虫害等不确定因素的影响。例如,七八月的台风天气导致沿海地区的棉花产量骤减。

以大豆为例。大豆属一年生豆科草本植物,中国是大豆的原产地。从种植季节看,大豆主要分为春播大豆和夏播大豆。春播大豆一般在 4—5 月播种,9—10 月收获。我国东北地区及内蒙古等地区均种植一年一季的春播大豆。夏播大豆多为 6 月播种,9—10 月收获,黄淮海地区种植夏播大豆居多。因此,大豆的收获季节为每年的 9—10 月。

消费的季节性是指由于人们的偏好或者农产品的特征,人们对于某些农产品的消费具有明显的季节性。例如棕榈油,我国棕榈油以进口为主,马来西亚和印度尼西亚是我国棕榈油的主要进口国。目前,从这两个国家进口的棕榈油数量占我国棕榈油进口总量的 98% 以上。按照熔点来看,我国棕榈油进口目前以不超过 24℃精炼棕榈液油为主。我国棕榈油的消费以食用为主,其中 24℃精炼棕榈油为主要品种,占据的市场份额在 60% 以上。每年对食用精炼棕榈油的需求量占进口的绝大部分。由于棕榈油的熔点比较高,因此其消费具有一定的季节性,夏季消费量比较大,冬季较小。由于气温的原因,每年的 10 月底到次年的 3 月,是棕榈油消费淡季。豆油和棕榈油每年在 10 月底到次年的 3 月底的套利机会是一个季节性行情的表现。

二、生产消费的时差性

生产消费的时差性包括生产季节性导致的时差和消费季节性导致的时差。

生产季节性导致的时差是指由于大部分农产品播种、生长和收获具有周期性,农产品供给主要集中在收获季节,而其消费却在全年的各个时期。农产品库存量的变化说明了生产季节性导致的时差,而农产品库存量的变化又会引起农产品价格的波动。同时,投资者根据农产品库存量的变化预期未来农产品的价格,使现货与期货之间存在价差。

图 7-1 是 2021—2022 年郑棉期货和现货价差走势图。从图中可以看到,郑棉期货和现货之间存在着价差。而这个价差的走势,充分体现了全年消费过程中库存的逐步减少对期货、现货市场的影响。

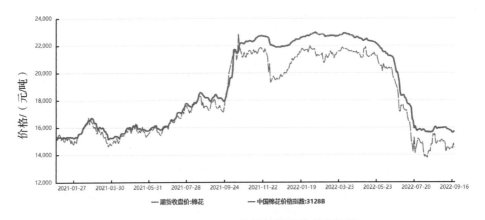

图 7-1   2021—2022 年郑棉期现价差走势图

图表数据来源:同花顺 iFinD。

棉花每年的期现价差在 10—11 月时最小,而在 1 月出现最大值。1 月价差最大是因为一月库存最多,所以现货压力最大,导致现货价格比期货价格低很多。而 10—11 月价差最小是因为 10 月棉花收获季节到来之前库存最少,所以棉花的价格越来越接近期货,并超过期货。因此价差的形成过程和库存的趋势是一致的,库存减少,价差就缩小,反之,价差也跟着变大,这就是库存的影响。棉花的这一季节性波动规律可以作为投资者入场及操作的参考指标。

此外,影响价差的因素还有很多,主要包括宏观经济因素、货币因素、产业因素、资金追逐因素、博弈因素。

消费季节性导致的时差是由某些农产品的消费时间与生产时间不一致所造成的。例如本节所提到的棕榈油。由于棕榈油的熔点比较高,因此其消费具有一定的季节性,夏季消费量比较大,冬季较小。这个时差导致棕榈油价格在夏季上升,而在冬季下降。

三、政策的敏感性

农产品的价格对宏观政策非常敏感。为了引导现货市场和期货市场的合理发展,政府通过宏观调控影响市场。由于农业是国家的根本,农产品价格关系国计民生,国家会出台如收储抛储、种植补贴、进出口关税、进口配额以及提高最低收购价格等政策。

2022 年 7 月 13 日起,中国储备棉管理有限公司根据市场情况通过全国棉花交易市场公开竞价交易,低于 18600 元/吨(含)时启动收储,高于 18600 元/吨时停止收储。收储总量为 30 万—50 万吨。棉花收储的开张对农民和轧棉厂都有不小的安慰作用,自 2022 年 4 月以来,如郑棉主力 2209 合约期价,自最高点 22035 元/吨回落至最低价 16220 元/吨,累计跌幅高达 5815 元/吨。棉花收储启动后,保守估计棉花价格将"见底",再度大幅下滑的概率要降低很多。这让很多轧花厂有了生存下去的希望,让广大农民也在心里有了底。

收储政策有这几个要素:一是价格,价格是高还是低,价格是进价还是固定价格,收储量是非固定还是固定的;二是收储地区,面对新疆棉收储,还是面对新疆以外地区收储,还是全国性的收储。

农产品板块特征

第三节　农产品产业链

农产品产业链是指与农业初级产品生产密切相关的具有关联关系的产业群所组成的网络结构。这些产业群依其关联顺序包括为农业生产做准备的科研、农资等前期产业部门,农作物种植、畜禽饲养等中间产业部门,以农产品为原料的加工业、储存、运输、销售等后期产业部门。各类农产品产业链具有较大相似性,但具体环节的运作模式各有不同,我们以玉米产业链为例进行说明,详见图 7-2。

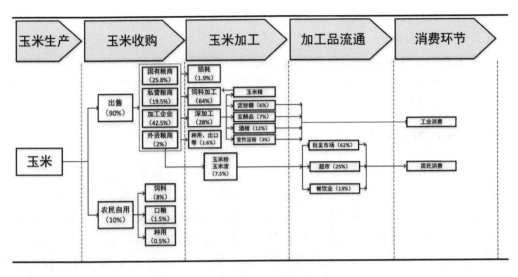

图 7-2 玉米产业链

一、生产种植

玉米生产技术规范需要考虑的方面有:(1)品种选择;(2)种子处理;(3)种植方式;(4)玉米地块的选择;(5)夏播玉米的耕作整地;(6)玉米套种;(7)田间管理;(8)主要病虫害防治;(9)适时收获。

二、农产品收购

需要考虑玉米收购形势影响因素和玉米收购标准。

三、农产品加工

玉米不仅是人们的口粮和"饲料之王",也是重要的工业原料,可加工成的工业产品达 3000 多种。近年来我国玉米加工工业迅速发展,消费的玉米大幅度增加,对我国乃至世界的玉米供求平衡和流通格局都产生了重大的影响。全面认识和深入研究玉米加工工业发展的重要作用及其所带来的影响,制定科学的发展对策,对于主动搞好粮食宏观调控,保持玉米供求平衡,促进我国经济健康发展有着极为重要的意义。

四、加工品流通

需要考虑玉米的流通格局,玉米的流通环节,玉米的流通设施,玉米的流通方式,玉米的流通成本。

五、消费环节

我们要对玉米消费结构的变化给予高度重视。我国的玉米消费结构中,饲料消费占据 64％的比重；其次是工业消费，占 25％；再者是食用消费，占 5％。

第四节　农产品期货市场

一、农产品期货市场发展阶段

(一)原始阶段

农业的生产与贸易往往是不对称的，即小生产和大市场。一般的农户无法进入市场获得合理的价格，举例而言，郑商所中棉花的交割至少是 40 吨。因此，在农产品市场发展的原始阶段，经销商会在交通要道设立商行和修建仓库，在收获季节向农户收购谷物，然后再到市场上以合理的价格出售，如图 7-3 所示。这种做法得到了政府的支持。一方面，对于农民来说，农产品有了销路；另一方面，对于经销商来说，农产品的数量越大，其议价能力越强。

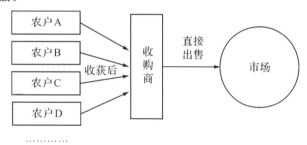

图 7-3　农产品期货市场原始阶段的模式

(二)初始阶段

随着农产品期货市场原始阶段的日渐发展，新的问题又涌现了。由于农产品本身的特性，其价格波动比较大，尤其是在丰收季节，农产品价格往往会因为供应量的增加而降低，农民们的销售价格得不到保障；而在农产品产量锐减的年份，经销商需要付出更高的价格去收购农产品。为了避免价格波动给农户或者经销商带来过大的风险，经销商一方面提前与农户签订收购合同，确定收购价格，另一方面提前与工厂等采购商签订销售合同，确定销售价格。上述其实就是远期市场的雏形，如图 7-4 所示。

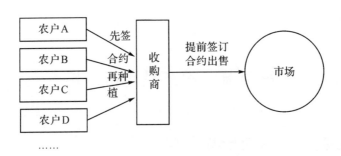

图 7-4　初始阶段的远期合约模式

(三)发展阶段

尽管远期合约对于在芝加哥的那些农场主来说是一种非常好的规避价格风险的方式,但是远期合约不是标准化合约,信用风险比较大。为了降低违约导致的损失,农场主、经销商、加工商等组建了期货交易所,推出标准化的合约。农场主们不仅可以通过期货市场做价差风险补偿,以期货市场指导种植,而且可以通过转让标准合约减少信用风险。也就是说,农场主可以在春季播种时就通过期货市场将秋季收获的农作物提前出售。这样一方面确定了农作物的种类,另一方面在秋季收获时期货市场还可以弥补现货市场的价格风险。如图 7-5 所示。

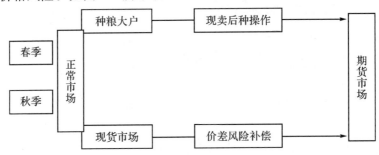

图 7-5　发展阶段中的种粮大户模式

期货市场的出现,让农场主、经销商、生产商等不仅可以参与现货市场,也可以运用期货市场规避风险,使得整个市场更加有效率。主要表现在:一方面,期货市场解决了农户卖货难的问题;另一方面,期货市场使所有的参与者都可以提前锁定价格,减少价格风险。

对于普通的农户来说,合作组织模式是最佳选择。合作组织就是把所有农民都组织起来以村社或乡为单位成立合作社,统一供应种子、农药、化肥,统一进行生产,这样不仅提高了农产品的产量和质量,而且确保农产品的品质是统一的,有利于合作组织参与期货市场。合作组织模式如图 7-6 所示。

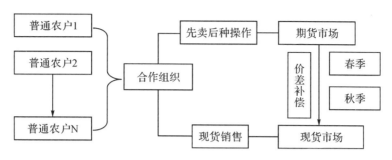

图 7-6   发展阶段中的合作组织模式

（四）现阶段模式

基于上述模式，根据我国经济的特征，政府开始推行"农业产业化"模式，即以市场为导向，以提高比较效益为中心，依靠农业龙头企业带动，将生产、加工、销售有机结合，实现一体化经营。以豆油生产、加工、销售为例，豆油企业在春季农作物播种前与普通农户先以合理的价格签下订单，并由豆油企业统一供应种子、农药、化肥，统一指导种植生产过程。同时，豆油企业在期货市场中出售相应的期货合约，以规避到期价格波动带来的风险。当秋季收获时，龙头企业按照订单向农户收购所有的大豆；同时在期货市场上按照当时大豆期货的价格选择操作：平仓或者交割。这种模式即产加销一条龙、贸工农一体化经营，把农业的产前、产中、产后环节有机地结合起来，形成"龙"形产业链，使各环节参与主体真正成为风险共担、利益均沾、同兴衰、共命运的利益共同体，如图 7-7 所示。

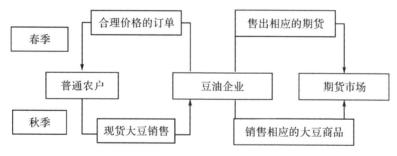

图 7-7   我国现阶段的农业产业化模式

二、政府角色的转变

在农业期货市场形成和发展的过程中，从原始阶段的统收统销模式到初始阶段的远期合约模式，再到发展阶段的种粮大户模式与合作组织模式，最后形成现阶段农业产业化模式，政府的职能在不停地转换。

在统收统销模式出现之前，这个职能都是由政府在执行的。此外，政府还要管理农产品的种植、生产加工、销售等各个环节，承担许多费用，如经营补贴等。但是国家实行的统销统购难以实现市场的自由调节,使得市场僵化。传统流通模式流程见图7-8。

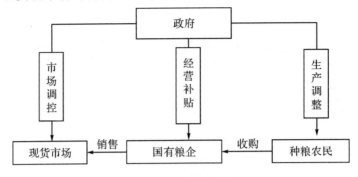

图 7-8   传统流通模式

自从一般收购商、经销商以及生产商出现,代替政府在现货市场中采购农产品,解决农民的销路问题,政府的职能开始不断简化。期货市场出现后,各商家利用期货与现货之间的关系,规避价格风险。而此时的政府只需一方面通过直接补贴的方式鼓励农户种植,另一方面在现货市场和期货市场直接通过宏观调控引导市场的合理发展。因此,现在的政府更像一个裁判,而不是以前的参与者。现阶段的流通模式流程见图7-9。

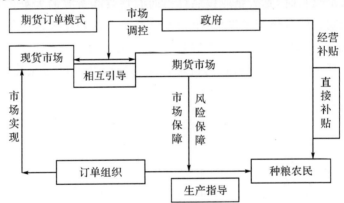

图 7-9   现阶段流通模式

三、农产品期货的功能

现代经济体系中的农产品期货市场,其本质是价格形成和市场组织的制度创新。基础功能是价格发现和风险配置,创造功能是资源整合、信用融资和改善流通。

(一)期货订单

期货订单是对普通订单模式的完善和发展,其风险管理社会化,内部运行规范化,市场手段多样化。期货订单和普通订单的区别如表7-2所示。

表 7-2　期货订单和普通订单的区别

比较项目	普通订单	期货订单
避险能力	内部分散风险 风险承受能力不强	社会化风险流动 风险承受能力较强
市场方式	整体上为现货流通市场,手段单一	现货与期货可以有效结合,实现市场时空延伸
规范程度	形式多样 随意性较强 信用机制不健全	创造许多新的丰富的市场实现方式 由期货市场来统领 规范水平提高 信用机制开始健全

期货订单是市场化的粮食流通新模式,是政府职能实现转变、粮食市场不断发展、产销衔接更加紧密以及粮食产业化深入发展的模式。期货订单和传统流通模式的区别如表 7-3 所示。

表 7-3　期货订单和传统流通模式的区别

比较项目	传统流通模式	期货订单
风险承担主体	政府 (政府背负沉重负担)	市场 (建立社会化风险分担机制,相当于增加政府补贴)
市场调节主体	政府 (主要通过行政手段)	市场 (主要通过市场信号自发调节)
组织化水平	农户分散 政府行政化组织	市场化组织 利益机制组织
生产实现方式	生产与市场脱节 流通效率低	生产与市场直接挂钩 流通效率高 市场风险由市场分散
补贴运行方式	补贴流通为主 农民很难得到实惠	补贴资金全部转化为对农业和农户的生产扶持

相比之前的传统流通模式,期货订单在定价方式方面也有了许多创新之处,主要包括以下 3 个方面。

1. 固定报价

对于风险承受能力较弱的农户(希望在播种时就能有理想价格和稳定渠道的农户),龙头企业可以根据期货与现货市场情况,在春天播种季节与农户签订固定价格的收购订单,并在期货市场进行套保操作,秋天按照预定价格收购粮食,实现稳定的收益。企业或合作组织和农民确定价格,明年以这个价格进行收购。期货市场事先盘算价格,一旦确定价格,就会在期货市场上进行操作,利润就会进行锁定。以后价格的下跌或上涨就和期货市场没关系了。

2. 二次结算

对于风险承受能力中等的农户(希望不仅能够获取稳定的市场保障,而且能够分享龙头企业稳定经营收益的农户),龙头企业可以采取"保底价订单、二次结算"的方式,在春天播种季节,根据期货与现货市场情况与农户签订价格相对较低的固定价格订单,同时约定若秋天价格上涨按照一定比例进行二次结算,龙头企业在期货市场进行套期保值操作,若套期保值成功,获取超过春天价格的收益,对农户按约定比例进行分配。开始定的价格是出货价,一般固定价格可能是偏高的。有二次结算固定价格可能会偏低一点。价格偏高是因为农民对风险比较厌恶。有了二次结算,限定一个初步价格,有了利益后再进行二次共享。

3. 基差定价

对于风险承受能力较强的农户(在有稳定的市场渠道的基础上,愿意承受市场价格波动的风险,同时也希望获得市场价格上涨的收益的农户),龙头企业可以参照国际贸易基差定价的方式,在春天播种季节,与农户只敲定订单结算价格与未来指定日期货价格的基差(包含了企业利润、地区差价等综合因素),具体确定期货价格的时间在规定区间内由农户指定,这样实际的结算价格就是"期货价格+基差",龙头企业在签订订单时再利用期货市场进行套保,锁定自身的风险和收益。这样,不管期货市场价格如何变化,龙头企业都可以获取稳定的收益,而农户不仅预先确定了稳定的市场渠道,而且可以自主地决定价格,在市场较为有利的情况下获得更大的收益。

(二)期货融资

近年来,我国期货市场逐步规范和成熟,为规避现货市场上的价格风险,有效利用套期保值工具规避风险,越来越多的产业客户进入期货市场。当企业出现资金困难时,可以使用现有的期货合约进行融资。目前融资方式主要是指仓单质押。

仓单质押贷款是指借款人以其自有的仓单作为质押担保向银行或其他金融机构申请用于其正常经营活动所需的短期人民币流动资金贷款业务。目前,期货市场上已有期货交易所和商业银行对产业客户开展标准仓单质押融资业务,特别是期货交易所早就开展的标准仓单质押融资业务,流程较为清晰,银行的标准仓单质押融资业务刚刚起步。

在我国,由期货交易所开展的仓单质押业务,客户仓单质押所取得的资金仅限于期货开仓交易,不能补充企业经营资金。银行推行的标准仓单质押信贷业务,向产业客户发放资金,只能用于实物交割,也不能补充企业经营资金。在实践中,由于办理质押手续烦琐、限制资金用途、资金成本高等原因,客户得到的资金相当有限,标准仓单质押信贷业务一直没有真正做起来。

在英国、日本等发达的资本市场,期货公司除开展期货经纪业务外,还为客户提供融资业务。而在我国,目前期货公司还不能向客户提供融资业务。

农产品期货的融资,不仅可以为农民增收"保驾护航",而且开辟了一条解决农民"卖棉难"问题的新途径,引导农民调整产业种植结构,促进农业生产产业化、规模化。执行规范的交割标准,提高农产品加工质量水平,是企业发现价格、指导经营和保值避险的有效工具,为政府部门制定宏观调控措施提供了权威的行业信息参考。

业界实例 7-1

我国农产品的套期保值

　　我国农业一直没有从根本上消除价格波动对生产造成的不稳定影响。农产品期货市场正是适应中国经济市场化的必然趋势,是避免粮食生产与流通中的市场经营风险而产生的。它能够发现远期价格变动趋势,为粮食生产经营者提供套期保值的途径。期货交易所的运行,保证了粮食市场的稳定,为企业回避粮食生产和经营中一些内在的风险提供了一个中介手段。大量事实说明,期货合约在农产品营销中被广泛使用。

　　案例 1:工厂计划购进原材料,但担心到时价格上涨,可进行期货买入套期保值。一家油脂厂计划在 9 月前购买 30 万吨大豆,以满足第四季度的榨油需要。现在是 6 月,该油脂厂预计原料价格在 9 月前会上涨。为了不受价格上涨可能造成的损失的影响,该油脂厂决定在大连商品交易所购买大豆期货合约。果然不出所料,在该油脂厂尚未购足第四季度生产所需的全部大豆原料之前,价格开始上涨。但是没有关系,因为这家工厂具有远见卓识,已在 6 月份购买了期货合约。期货合约的增值冲销了该油脂厂购买大豆所需支付的较高价格。

　　案例 2:吉林省九台区一家乡级粮库表示愿意从农民手中收购 50 万吨玉米,4 个月后玉米收割时交货。作为合约的一项规定,粮库和农民商定了一个收购价格。为了保证按一个特定的价格向农民收购玉米,并避免承担在签订合约至收割期间市价下跌的风险,该粮库在大连商品交易所出售玉米期货合约。这样,该粮库既可以向农民出一个固定的价格,又不必担心玉米价格在该粮库出售玉米之前下跌而影响盈利。

　　案例 3:黑龙江某农场估计 9 月大豆的成本为每 0.5 千克 0.90 元。当年 4 月,他们看到 9 月大豆合约期货以每吨 2400 元的价格交易,就想利用这个有利的价格。该农场随即通过出售一个 9 月大豆期货合约而售出部分预计的大豆收成。大豆价格在收割前显著下跌。该农场在当地售出 5 万吨大豆,每吨低于成本 100 元。但是,其期货合约的增值冲销了他们出售实物大豆所得到的较低价格造成的亏损。

　　案例 4:某粮油公司计划从美国进口 5 万吨大豆,由于大豆需要 3 个月到货,该进口商担心 3 个月后大豆价格会下跌,于是在大连商品交易所卖出大豆期货合约 5000 手。果然,进口大豆到货后,价格已比之前跌 200 元/吨,不过没关系,其在期货市场的利润抵消了现货市场较低价格销售的亏损。

　　这些油脂厂、粮库、农场和进口商都有一个共同点,即他们都做了套期保值交易。为了保障计划买卖的实物商品不因价格变化而受到影响,套期保值者都购买或出售了期货合约。但是期货市场光有套期保值者还不够,还需要投资者。投资者对持有或售出实物商品并无兴趣,只是希望通过承担买卖期货合约的风险来赚取利润。这些投资者为期货合约的买卖活动增加了市场的流动性,为套期保值交易的实现提供了便利。

(三)套期保值

1. 对于农产品生产商来说,可以分为 3 种情况

(1)在没有找到现货市场买主之前,对未来产量可以在期货市场进行卖出套期保值。如果以后找到现货买主,可将相应部分产量平仓;如果至合约到期仍未找到现货买主,可以进行交割或将期货持仓平仓并在现货市场销售产品。选用的方式以成本最低为准。

(2)已经找到现货买主,签订了远期合约但签订的是活价,即按交货时的现货价格进行交易。为防止未来价格下跌,需要进行卖出套期保值;到期时将期货平仓同时履行现货合同,此时,期货买现货卖,方向相反。

(3)已经找到现货买主,签订了远期合同,而且已经确定了远期价格,此时由于已经消除了未来价格的不确定性,可以不进行期货交易。但如果签订远期合约时嫌价格过低,或者为防止交割时价格上升,可以买入现货到期月的期货合约。到期如果价格上涨,则带来盈余;当然如果现货交割时,价格不涨反而下跌,就会带来价格下跌的亏损。

2. 对于农产品加工商来说,也有 3 种情况

(1)在没有找到原料供应商之前,对未来所需原料可以在期货市场进行买入套期保值。如果以后找到原料供应商,可将相应部分原料平仓;如果至期货合约到期仍未找到原料供应商,可以进行期货交割或将期货持仓平仓并在现货批发市场买入原料。选用的方式以成本最低为准。

(2)已经找到原料供应商,签订远期合约但签订的是活价,即按交货时的现货价格进行交易。为防止未来价格上涨,需要进行买入套期保值;到期时,将期货平仓同时履行现货合同。此时,期货卖,现货买。

(3)已经找到原料供应商,签订了远期合约,而且已经确定了远期价格。此时由于已经消除了未来价格的不确定性,可以不进行期货交易。但如果签订远期合约时嫌价格过高或者防止交割月的价格下跌,可以卖出现货到期月的期货合约。到期如果价格下跌,则带来盈余,使原料成本下降。如果现货交割时,价格不跌反而上涨,就会带来价格上涨的亏损,使原料成本上升。

3. 对于贸易商、储运商来说

贸易商、储运商既可以向甲客户买现货,又可以向乙客户卖现货。如果签订的买卖数量不等、时间不一致,就会有风险存在。应根据实际情况决定如何进行套期保值。

农产品期货功能

第五节　农产品分析思路

一、供需平衡分析

解读 USDA(美国农业部报告)月度报告时,要关注其发布规律,进行有效解读。

解读时要关注的相应因素有:一是产量包括可开垦土地、单产,二是需求包括全球经济发展、刚性需求,三是农作物的季节性,包括种植(面积)、生长(天气)、青黄不接等时期,四是政策性因素储备、进出口关税等,五是港口贸易量跟踪及库存,六是宏观政策、通胀等因素,七是市场心理面变化。

另外还要关注一个静态,一个动态。静态就是每年的产品有哪些,每年种植面积有多少,供应量有多少。通过纺织企业需要多少棉花,牲畜养殖需要多少豆粕,可以算出每年农产品需求量是多少。再测算期初的库存,加上进出口量,最后得出期末的库存。动态指制作动态分析表,把数据分摊到每个季度,甚至每个月。比如棉花每个月消费多少,每个季度消费多少,可以对纺织、服装生产的季节性进行分析,因为这个会对棉花的月度或季度消费量产生影响。

二、农产品新属性把握

(一)能源属性

油脂油料与玉米,通过争地、比价,进而影响小麦、棉花,被赋予能源标签。

例如美国一直是世界上最大的生物乙醇和生物柴油生产国。2021 年,美国玉米总产量中的 36% 被用于生产乙醇,40% 的豆油被用于生产生物柴油。

(二)金融属性

大型投资机构常在农产品期货市场进行投资操作以谋求大额收益,因其资本雄厚,所以农产品期货市场极易受这种短期且大额投资行为的影响。这加剧了农产品的价格波动。

农产品价格影响因素

小 结

　　农产品作为大宗商品中不可或缺的产品,最早形成了期货市场。在期货市场形成和发展的过程中,从原始阶段的统收统销模式到最后形成目前的农业产业化模式,政府的职能在不停地转换。农产品期货具有季节性、生产消费的时差性以及政策的敏感性等特征。农产品期货除一般期货的功能外,还包括期货订单、期货融资等功能。

推荐阅读

　　[1] 里德:《国际农产品贸易》,孔雁译,清华大学出版社 2009 年版。

　　[2] 张明玉:《中国农产品现代物流发展研究:战略·模式·机制》,科学出版社 2010 年版。

　　[3] 乔娟、李秉龙、康敏:《中国农产品期货市场功能与现货市场关系研究》,科学出版社 2008 年版。

　　[4] 农业部市场与经济信息司:《中国农产品市场报告 2012》,经济管理出版社 2012 年版。

　　[5] 比德曼:《农产品期货和期权交易及套期保值》,李玫、魏薇译,吉林出版集团有限责任公司 2007 年版。

名词解释

　　①农业产业化
　　②季节性
　　③时差性
　　④仓单质押
　　⑤基差定价

思 考 题

　　①在期货市场形成和发展的过程中政府的职能如何转变?
　　②农产品生产商如何进行套期保值?

第七章课后练习资料

第八章　棉花产业链概述

第一节　棉花概述

棉花是关系国计民生的战略物资,也是仅次于粮食的第二大农作物。

一、棉花分类

目前全球的棉花有 4 个栽培品种,分别为亚洲棉(短而粗)、非洲棉(短而细)、陆地棉(又叫细绒棉,中国一般种的都是陆地棉)、海岛棉(又叫长绒棉,这种棉花的纤维比一般的棉花要长)。

根据物理形态把棉花分为籽棉与皮棉,从棉树上摘下来的棉花叫籽棉,而经过加工去籽后叫皮棉,棉花的产量一般是指皮棉的产量。

根据棉花加工所用机械的不同,分为锯齿棉和皮辊棉。

根据棉花纤维特性的不同可以分为细绒棉、粗绒棉和长绒棉。

根据棉花颜色分为白棉、黄棉、灰棉及彩色棉。

根据棉花等级的不同分为高等棉花与低等棉花。郑州商品交易所棉花期货的标准交割品为 328 级国产锯齿细绒白棉。

二、棉花的用途

棉花用途广泛:棉花本身以直接供应棉纺工业为主;棉籽是重要的食油来源和化工原料;棉籽壳是廉价的化工和食用菌原料;棉籽饼是优质的饲料和肥料来源;棉秆是重要的造纸原料。

三、棉花的生长

棉花原产于热带、亚热带地区,是一种多年生、短日照作物。经长期人工选择和培育,逐渐北移到温带,演变为一年生作物。春季(或初夏)播种,当年现蕾、开花、结实,完成生育周期,到冬季严寒来临时,生命终止。在棉花的一生中,温度对它的生长发育、产量及产品质量的形成影响很大。除温度外,棉花对光照非常敏感,比较耐干旱,怕水涝。

因此相对于其他农产品来讲,棉花生长期较长,受自然因素的影响较大。

棉花在 4 月中下旬播种,在 10 月中旬收获完毕,11 月集中加工,所以 11 月是棉花大量上市的时候,可以推算天气和播种的时间对棉花上市时间的影响。播种期要关注播种的面积和进度,在出苗期要关注出苗率和健康状况,收获期要关注采摘进度、收购的进度和加工进度,这些都会对后期的棉花走势产生一定的影响,不同的时期有不同的关注目标。表 8-1 是棉花的生产追踪表。

表 8-1　棉花生产追踪表

时间	生长时期	特点	环境要求:长江流域			备注
			温度/℃	水分/mm	光照/%	
4 月 10 日—4 月 30 日	播种期	适时播种决定丰产	15.6	117.4	42.9	关注播种进度期
4 月 25 日—5 月 15 日	出苗期		20	143.9	46.3	40℃以上对出苗不利
5 月 30 日—6 月 15 日	苗期	营养生长期	24.8	149.4	41.7	谨防低温冻害枯萎病
6 月 15 日—7 月 10 日	蕾期	决定后期产量	28.2	164.6	50.7	营养不足易发红叶茎枯病
7 月 10 日—8 月 20 日	花铃期	雨水需求量较大	27.7	127.8	51.7	久雨高温易烂铃,影响衣分
8 月 20 日—9 月 30 日	吐絮期	纤维生长期决定质量	23.2	112.7	54.1	
10 月 10 日 -11 月 10 日	收获期		17.4	65.6	52.6	关注采摘进度

棉花生长周期

四、棉花产量的形成

棉花产量一般以皮棉数量来表示。而皮棉产量通常由单位面积的总铃数、平均单铃重和衣分三部分组成。单位面积总铃数是构成棉花产量的主要成分,它的变化幅度较大。而影响总铃数的三大要求是种植密度与配置、土壤肥力、衣分。铃重常以单个棉铃中籽棉的重量、100 个棉铃的籽棉重量或 0.5 千克的棉铃数来表示。铃重是在总铃数相同的情况下,决定籽棉产量的主要因素。衣分是皮棉占籽棉重量的百分数。一般用衣分来表示籽棉加工成皮棉的比例,正常年份衣分为 36% 到 40%。

五、棉花品种特性和分级

首先需要了解衡量棉花质量的主要指标——长度、长度整齐度、纤维细度、纤维强度、纤维成熟度。我国棉花的质量检验是按照国家标准 GB 1103 进行的。根据棉花的成熟程度、色泽特征、轧工质量这 3 个条件把棉花划分为 1—7 级。其次要简单了解棉花的分级与检验,包括棉花的品级、长度、马克隆值、断裂比、强度、长度、整齐度指数、回潮率、含杂率和危害性杂物。最后要了解棉花的储存与保管。棉花一般存放在专业的棉花仓库内,目前国内的棉花仓库房有砖混仓和钢板仓两种。仓库要求交通便利、防火、通风、防潮、防霉变等,特别是防火,棉花储备库都是特级防火单位。

六、棉花的分级标准

棉花标准分为国家标准、地方标准和企业标准。我国棉花的质量检验是按照国家标准 GB 1103 进行的。根据棉花的成熟程度、色泽特征、轧工质量这 3 个条件把棉花划分为 1—7 级。

棉花质量标示如下:

类型代号:黄棉以 Y 标示;灰棉以 G 标示;白棉不做标示。

品级代号:一级至七级用 1—7 标示。

长度级代号:25 毫米至 31 毫米用 25—31 标示。

马克隆值级代号:A、B、C 级分别用 A、B、C 标示。

皮辊棉、锯齿棉代号:皮辊棉在质量标示符号下方加横线标示;锯齿棉不做标示。例如:一级锯齿白棉,长度 29 毫米,马克隆值 A 级,质量标示为 129A;三级皮辊白棉,长度 28 毫米,马克隆值 B 级,质量标示为 328B;四级锯齿黄棉,长度 27 毫米,马克隆值 B 级,质量标示为 Y427B;五级锯齿白棉,长度 29 毫米,马克隆值 C 级,质量标示为 527C;以此类推。

棉花分类标准

第二节　棉花期货的基本知识

棉花期货已有较长的发展历史。为了转移现货风险,1870 年纽约棉花交易所应运而生,并在当年推出了棉花期货。国内,郑州商品交易所于 2004 年 6 月推出棉花期货合约,经过近 20 年的探索,郑商所棉花期货市场逐步成熟,持仓量和成交量稳步增长。"郑州价格"已成为棉花产业关注和利用的重要参考价格。如今,已经有越来越多的现货企业参与到期货交易中来。截至 2020 年底,涉棉企业开户数已近 7000 户,较 2011 年底增长 175%,棉花期货发现价格和套期保值的功能得到初步发挥,正在发挥着为现货企业回避经营风险、保驾护航的积极作用。

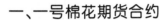

一、一号棉花期货合约

表 8-2 是郑商所的一号棉花期货合约,交易所在合约交易单位、报价单位等详细条目上都有明确的规定。投资者在进行棉花期货交易前,对期货合约进行详细的解读和理解是必要的。

每个期货合约的交易都是有期限的,到了合约最后交易日没有平仓的话就只能以实物交割。期货合约有主力合约和非主力合约之分。

表 8-2　一号棉花期货合约条款

项目	一号棉花
交易单位	5 吨/手(公定重量)
报价单位	元(人民币)/吨
最小变动价位	5 元/吨
每日价格最大波动限制	不超过上一交易日结算价±4%
合约交割月份	1、3、5、7、9、11 月
交割时间	星期一至星期五(法定节假日除外) 上午 9:00—11:30,下午 1:30—3:00 以及交易所规定的其他交易时间
最后交易日	合约交割月份的第 10 个交易日
最后交割日	合约交割月份的第 13 个交易日
交割品级	基准交割品:符合 GB 1103.1—2012《棉花 第 1 部分:锯齿加工细绒棉》规定的 3128B 级,且长度整齐度为 U3,断裂比强度为 S3,轧工质量为 P2 的国产棉花,替代品详见交易所交割细则,替代品升贴水由交易所另行制定并公告
交割地点	交易所指定棉花交割仓库
最低交易保证金	合约价值的 5%
交易手续费	8 元/手(含合约准备金)
交易方式	实物交割
交易代码	CF
上市交易所	郑州商品交易所

二、棉花期货交割仓库

尽管我国长江流域、黄河流域和新疆都是棉花的种植区域,但是郑州商品交易所一号棉花期货的实物交割仓库主要分布在新疆。表 8-3 是一号棉花指定交割仓库一览表。从表中可以看到,这些交割仓库主要分布在新疆,河南、河北、山东、江苏、湖北等有少量分布。因此,棉花企业如果参与实物交割,就要考虑交割仓库到生产地的物流费用。

表 8-3　一号棉花指定交割仓库一览表

地区	仓库名称	地址	升贴水/(元/吨)
新疆	库尔勒银星物流有限责任公司	新疆库尔勒市上户镇	0
	新疆中新建现代物流股份有限公司	喀什地区巴楚县火车站(巴莎公路以西)	−100
	新疆农资(集团)有限责任公司	新疆奎屯市阿独公路南 229 号	0
	新疆银棉储运有限公司	新疆伊犁州奎屯市胡杨园 2 号	0
	中储棉库尔勒有限责任公司	新疆巴州库尔勒市火车西站	0
	新疆汇锦物流有限公司	新疆库尔勒市上库综合产业园区	0
	新疆伊犁州陆德棉麻有限责任公司	新疆伊犁州奎屯市南环路翠竹园	0
	新疆中锦胡杨河仓储物流有限公司	新疆第七师 130 团太行山路(东)187 号	0
	新疆兵棉宏泰物流有限公司	新疆第八师石河子市 143 团 10 连	0
	阿拉尔市鹏宇棉花仓储物流有限责任公司	新疆维吾尔自治区阿拉尔市经济技术开发区 2 号工业园绿园路以北	−50
河南	国家粮食和物资储备局河南局四三二处	河南省新乡市获嘉县史庄村南	900−运费补贴
	河南豫棉物流有限公司	河南省郑州市管城区南曹乡小李庄火车站	900−运费补贴
	中储棉漯河有限公司	漯河市孟南工业区纬三路	900−运费补贴
河北	衡水市棉麻总公司储备库	河北省衡水市人民西路西段 98 号	950−运费补贴
山东	菏泽市棉麻公司巨野棉麻站	山东省菏泽市巨野县新华路 35 号	950−运费补贴
	菏泽市棉麻公司菏泽转运站	菏泽市高新区 346 省道菏泽收费站西 500 米路南天运物流	950−运费补贴
	滨州中纺银泰实业有限公司	山东省滨州市滨城区小营办事处虎跃三路 14 号	950−运费补贴
	中储棉菏泽有限责任公司	山东省菏泽市黄河西路 5666 号	950−运费补贴
	中棉集团山东物流园有限公司	山东省潍坊市滨海经济技术开发区汉江西街 000666 号	950−运费补贴
江苏	中国供销集团南通供销产业发展有限公司	江苏省南通市通州高新区锦绣路 888 号	1000−运费补贴
	张家港保税区外商投资服务有限公司	江苏省张家港市台湾路 2 号	1000−运费补贴
	江苏银海农佳乐仓储有限公司	江苏省盐城市建湖县上冈镇人民南路 666 号	1000−运费补贴
	江苏银隆仓储物流有限公司	江苏省海安市城东镇银联路 3 号	1000−运费补贴
	江阴市协丰棉麻有限公司	江苏省江阴市华西村华西商贸城 150 号	1000−运费补贴
湖北	国家粮食和物资储备局湖北局三三八处	湖北省孝感市孝昌县卫店镇三三八处	950−运费补贴
	中储棉武汉有限公司	湖北省武汉市江夏区大桥新区三合街	950−运费补贴

资料来源:郑商所交割库名录。

三、棉花期货的市场规模

棉花期货自 2004 年 6 月上市以后,以一号棉花期货合约历年交易情况为例,其市场规模的发展可以分为 3 个阶段:

一是,2004 年 6 月到 2005 年 12 月的快速增长期。

二是,2006 年 1 月到 2009 年 10 月的相对不活跃期。

三是,2009 年 11 月至今的爆发式增长期。2011 年全年成交量为 1.39 亿手,在全球商品期货成交量中排名第二。在当时成为期货公司营销的重点品种。2019 年,郑商所与洲际交易所的棉花期货价格相关系数为 0.91,说明中国棉花对全球棉花市场的影响力正在不断提升。2020 年以来棉花的日均交易量超 50 万手,稳居农产品交易量前三。

四、国际棉花期货市场

在纽约棉花期货交易所推出棉花期货交易以前,棉花期货市场价格波动很大,供求关系的突然失衡会造成价格的剧烈波动并严重冲击棉花生产和贸易。为了转移现货市场固有的风险,1870 年纽约棉花交易所应运而生,并于当年推出棉花期货交易。在此后的 130 多年中,全球有 15 个商品交易所开展过棉花期货交易,比较著名的有亚历山大棉花交易所(埃及)、新奥尔良交易所(美国)、利物浦棉花交易所(英国)、不来梅交易所(德国)等。日本、印度、巴基斯坦、法国、巴西等的交易所也曾先后开展过棉花期货交易。除纽约期货交易所(现已属于洲际交易所,简称 ICE)至今仍在进行棉花期货交易外,其他 14 个交易所的棉花期货交易均已停止。

随着棉花期货市场的不断发展,尤其是 20 世纪 70 年代以后,纽约棉花的期货价格越来越受到重视,其规避风险、发现价格的功能不断发挥出来。目前,棉花期货价格在贸易界和管理界都有很高的权威,已成为棉花行业和产棉国政府不可缺少的价格参考依据。美国政府依据洲际交易所的棉花价格对农民进行补贴;墨西哥政府为保护棉农利益,由农业农村部出面在洲际交易所对全国棉花进行套期保值操作(主要利用期权);英国的棉花企业、澳大利亚的植棉农场主也都在洲际交易所从事棉花的套期保值交易。据美国最大的棉花贸易商艾伦宝公司的专家介绍:若不将自己的现货贸易进行 100% 的套期保值,谁也没法抵御风云变幻的价格变动的影响,不参与期货,意味着赌博,公司随时可能破产。目前国外现货商参与期货已不仅仅限于套期保值,大公司有信息、预测优势,往往通过期货、期权交易获利。

第三节　棉花产业链分析

棉花既是重要的纤维作物,又是重要的油料作物,也是含高蛋白的粮食作物,还是纺织、精细化工原料和重要的战略物资。棉花涉及农业与纺织工业这两大产业,全国有2亿多农民直接参与棉花的生产。除了棉农,还有大量下游用棉企业如纺织企业等也都非常关注棉花的价格。

一、产业链特点

棉花产业链长,更多涉及中低收入群体、中小企业的利益;牵涉西部稳定、大宗商品的未来。其上游、下游对外依存度均高。上游严重依赖进口,下游依赖出口,中游加工环节较为混乱,外商贸易渗透增强。

棉花生产环节产量集中,种植面积不稳定;下游环节受宏观人民币汇率等影响加大。尽管有所改善,但棉花数据模糊性仍很强。产业受国家储备、进出口关税等调控政策影响大。产业链对电子交易的倚重性逐步提高,期货、现货“两条腿”走路区域增多。

二、产业链分析逻辑

在产业链中,棉籽是分离出去的,棉籽榨油之后和食用油有一定的关系,所以豆油和菜油的价格变化都会影响棉油的价格变化,并进一步影响棉籽的价格变化,从而影响皮棉的生产成本。棉花是很轻的,棉花去籽之后这个籽的数量相对来说比较多,其对成本的影响就体现在这里。

三、棉花产业链流程

图 8-1 是棉花的产业链。图中,棉花从良种繁育开始,进行初加工,其中皮面成为棉纺织品,最终加工成服装等产品;而棉籽可以加工成棉粕、精饲料、棉油、精化工及培养食用菌的原料。

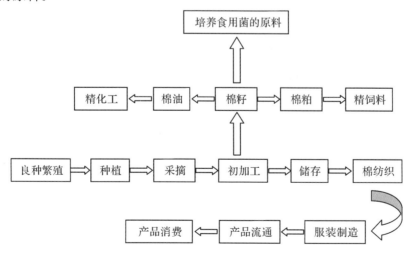

图 8-1　棉花产业链

（一）良种繁育

在良种繁育的过程中，要关注面积估算，确定棉花生产的上限。除此之外，还需要关注天气情况、当地的水资源、播种进度、农资价格、种子价格以及相关政策等。

（二）种植

种植期包括出苗期、苗期、蕾期、花铃期和吐絮期，如表 8-4 所示。

表 8-4　种植期

时间	生长期	特点	环境要求：长江流域			备注	分析内容
			温度/℃	光照/%	水分/mm		
4 月 10 日—4 月 30 日	播种期	适时播种决定丰产	15.6	42.9	117.4	关注播种进度期	棉种销量数量、农资价格、棉农种植成本
4 月 25 日—5 月 15 日	出苗期		20	46.3	143.9	温度小于 12℃ 或大于 40℃ 对出苗不利	棉花替代品的种植面积和效益分析
5 月 30 日—6 月 15 日	苗期	营养生长期	24.8	41.7	149.4	谨防低温冻害，枯萎病	棉花产量预估（铃数、铃重、衣分率）
6 月 15 日—7 月 10 日	蕾期	决定后期产量	28.2	50.7	164.6	营养不足易发红叶茎枯病	
7 月 10 日—8 月 20 日	花铃期	雨水需求量较大	27.7	51.7	127.8	久雨高温会烂铃，影响衣分	
8 月 20 日—9 月 30 日	吐絮期	纤维生长期决定质量	23.2	54.1	112.7		
10 月 10 日—11 月 10 日	收获期		17.4	52.6	65.5	关注采摘进度	

（三）采摘

在采摘期要关注采摘进度、种植成本和效益。到了采摘期今年的种植成本和效益就可以确定了，这对于当年棉花价格的分析有一定的借鉴意义。

（四）初加工

1. 皮棉收购成本

皮棉收购成本＝[籽棉收购价格－（1－衣分率－2%）×棉籽价格]÷衣分率，其中：棉籽损耗率为 2%。以国产 328 棉花为例，假设其收购价在 3.5 元/斤，棉花衣分率为 38%，棉籽价格为 1.2 元/斤，则加工商的收购成本为：[3.5－（1－38%－2%）×1.2]÷38%×2000＝14632 元/吨。棉花的衣分率是一定量的籽棉加工后与皮棉的重量比，分毛衣分和准重衣分。衣分率是衡量棉花品质和加工生产的重要指标，也是棉花生产效益高低的标志。

2．皮棉的加工成本

若棉企吨加工成本在 500—600 元，则：加工成本＝收购成本＋600 元。上例中，棉花的加工成本为 15232 元/吨。

3．进口成本

我国棉花的进口量超过 50%。因此，了解棉花的进口成本有助于棉花产业链中的企业控制成本。以美棉为例，其贸易方式成熟，以点价方式为主。通常的参考价是"期货＋10 美分"。因此，到港成本（滑准税）＝[（期货＋10）×汇率×2204.62×0.01＋570]×（1＋13%）＋200。滑准税要求在完税报价上增收 570 元/吨；200 元是港口费用。滑准税的作用就是保持进口产品在国内销售的价格与国内产品的价格一致，这样可以最大限度保护国内产品的生产企业，避免国际市场的波动造成国内价格的波动。

（五）储存

棉花仓储分为 3 种：一是商业库存，是棉花加工商和贸易商的库存；二是工业库存，即纺织企业的库存；三是国家准备库的库存。棉花的年度库存变化具有显著的规律性，对于工业库存，1 月份和 8 月份是高点。在纺织产业链中，由于国家对环境政策有所加强，其中的印染环节会发生一定的变化，从而影响棉花的价格。

2022 年 7 月，中国储备棉管理有限公司将组织 2022 年第一批中央储备棉轮入。回顾历史，距离目前最近的一次公开收储是在 2011 年 3 月，国家发展改革委等八部门发布 2011 年度棉花临时收储预案。规模最大的公开收储是在 2008—2009 年的国际金融危机期间，共完成收储 286 万吨。2022 年 7 月的这次收储，主要是为了稳定棉花现货价格，给轧花厂和种植棉花的农民吃上定心丸，在现货价格低于 18600 元/吨时，进行公开竞价交易，收储总量为 30—50 万吨。

（六）棉纺纺织

纱线成本＝原料费用＋加工费用。通过此公式可以监控纱线行业的利润，监控纺织行业的生存状况和风险状况。

我国棉纺织行业的产业集群主要在东南沿海地区，主要是浙江、山东、江苏等省市。中国纺织工业协会在 2020 年初共确定了 28 个棉纺织行业产业集群地区，主要分布在 11 个地区，大多集中在长江三角洲、环渤海经济圈等地，其中山东省、江苏省和浙江省的集群数量占据全国约 50% 以上。28 个产业集群试点地区有 2 万家以上的企业，纱锭规模达 1768 万锭，产能占全国的 35% 左右。

下面以浙江省的棉纺织行业为例。2021 年，在浙江省现代纺织服装产业集群"十四五"规划中，浙江省政府规划了以杭州萧山、嘉兴桐乡、绍兴柯桥等地为重点的化纤产业集群，以杭州萧山、绍兴柯桥、嘉兴海宁、金华兰溪、湖州长兴等地为重点的织造产业集群，以杭州萧山、绍兴柯桥、嘉兴秀洲为重点的印染产业集群，以杭州余杭、绍兴诸暨、宁波海曙、温州等地为重点的家纺服装产业集群，规划了桐乡化纤产业示范基地、长兴长丝织造产业示范基地、柯桥纺织印染产业示范基地、宁波智尚国际服装产业园等 20 余个重点产业园。

四、替代品关系

我国棉纺织业的主要原料为棉花纤维、涤纶短纤、粘胶短纤和涤纶再生纤维。每年上述 4 种纤维共同支撑着我国棉纺织业的发展需求,换言之,在每年的棉纱产量中,4 种纤维之间存在着非此即彼的相互关系,因而分析掌握棉花替代品的使用量,对准确了解棉花的消费量有着极其重要的意义。

2021 年一季度,国内涤纶短纤、粘胶短纤价格行情跟随棉价呈现整体上涨态势。截至 2021 年 8 月底,常规棉型涤纶短纤价格在 12000 元/吨附近,常规棉型粘胶短纤价格在 18000 元/吨附近,当前棉涤和棉粘价差位于相对历史高位,其中棉涤价差已升至 11262 元/吨左右,棉粘价差也已升至 6004 元/吨左右。

棉花产业链分析

第四节　棉花价格分析框架

一、世界棉花生产、消费和贸易概况

(一)世界棉花生产

第二次世界大战后,世界棉花生产格局的主要特点如下:一是棉花生产在 20 世纪 50 年代迅速增长,从 60 年代开始转入爬坡式的缓慢增长。世界棉花产量和消费量的逐年增长与世界人口的增长速度基本适应,与人类生活水平的提高相适应,并通过国际贸易需求杠杆不断得到平衡。二是棉花种植总面积变化不大(见图 8-2),世界棉花产量的增长主要依靠单位面积产量的提高(见图 8-3)。由于棉花价值较高,各棉花生产国较重视提高棉花单产,中国是目前棉花单产最高的国家。三是在原棉消费量方面,中国位于世界第一,然而在原棉出口量方面,美国依然是世界第一。

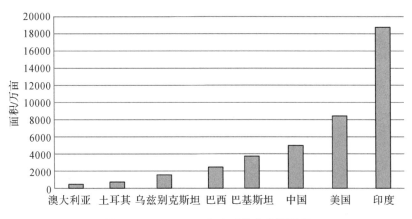

图 8-2　2019—2020 年全球棉花种植面积

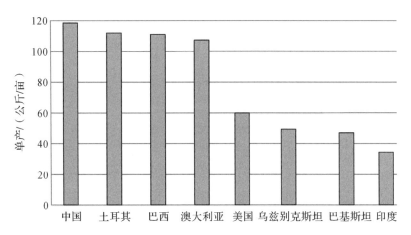

图 8-3　2019—2020 年全球棉花单产

图表资料来源:亚洲纺织联盟、智研资讯。

　　近年来,虽然棉花主产国年际间棉花产量有增有减,但国际棉花总产量稳步增长,目前已达 26000 万吨左右(见图 8-4)(1 包≈218 千克)。

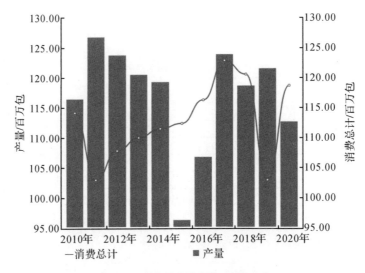

图 8-4 世界棉花产量和消费总计

数据来源：同花顺 iFinD。

(二)世界棉花的消费与出口

棉花作为一种生活必需品,除了棉花生产国消费棉花外,其他不产棉花的国家也要消费棉花,一些产棉国与非产棉国之间、产棉国之间的供求和调剂关系,形成了世界棉花贸易。总的来说,世界棉花的绝大部分贸易量集中在少数大国之间,出口棉花最多的3个国家依次是美国、巴西、印度,合计出口量约占世界出口总量的 70.05%,其中美国的出口量占世界出口总量的 34.80% 左右。进口棉花较多的国家和地区分别是中国、孟加拉国、越南、巴基斯坦、土耳其等(见图 8-5)。

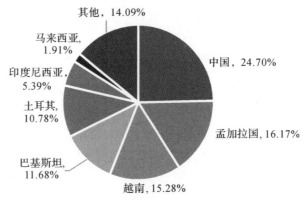

图 8-5 2020 年全球主要棉花进口国家和地区及其进口量

图表数据来源：同花顺 iFinD。

由于世界各地所处的纬度不同,各主产地的棉花种植期和采摘期是不同的,因此其出口期也不同。表 8-5 是全球各主产地棉花的种植、采摘和出口时期表。

表 8-5　各主产地棉花的种植、采摘和出口时期

地区	种植期	采摘期	出口期	运至中国所需时间
美国	3—5 月	8—11 月	全年	3 周
印度	5 月	10—11 月	12 月—次年 5 月	3 周
巴基斯坦	3—4 月	8—9 月	10 月—次年 4 月	3—4 周
巴西	11 月—次年 1 月	6—8 月	7—12 月	5 周
乌兹别克斯坦	3—4 月	9—10 月	10 月—次年 5 月	2—3 周
非洲	4—5 月	11—12 月	1—9 月	4 周
澳大利亚	11—12 月	3—4 月	5—8 月	2 周

二、中国棉花种植和贸易

我国是世界上种植棉花较早的国家之一,目前国内所种植的棉花多为陆地棉种(细绒棉),新疆还种植有少量海岛棉(长绒棉)。

(一)中国棉花产区分布及区划

我国划分为三大棉区:新疆棉区、长江流域棉区和黄河流域棉区。其中,新疆棉区包括新疆和河西走廊一带。新疆水土光热资源丰富,气候干旱少雨,种植棉花条件得天独厚。新疆棉花以纤维长、色泽洁白、拉力强著称。新疆是我国最大的棉花种植基地,且优势非常明显。长江流域棉区包括上海、浙江、江苏、湖北、安徽、四川、江西、湖南 8 省市,近年来种植面积稳中有减。黄河流域棉区包括河南、河北、山东、山西、陕西 5 省,近年来种植面积也有所下降。除三大主产区外,北京、天津、辽宁、广西、云南等地也有分散种植,但其产量合计不到全国棉花总产量的 1%。

(二)我国棉花产量

20 世纪 90 年代以来,棉花生产比较稳定,除了特殊的 1993 年和 1999 年,其余年份棉花产量均在 450 万吨左右,基本能够满足生产经营的需要(见表 8-6)。加入 WTO 以后,由于我国纺织品出口的爆炸性增长,用棉量急剧上升,用棉缺口很大。

表 8-6　2010—2020 年我国棉花生产情况统计表

年份	播种面积/千公顷	单产/(千克/公顷)	产量/万吨
2010	4,365.97	1,315.00	577.04
2011	4,523.99	1,265.00	651.89
2012	4,359.62	1,346.00	660.80
2013	4,162.15	1,438.00	628.16
2014	4,176.47	1,486.00	629.94
2015	3,774.98	1,484.00	590.74

续 表

年份	播种面积/千公顷	单产/(千克/公顷)	产量/万吨
2016	3,198.33	1,570.00	534.28
2017	3,194.73	8,000.00	565.25
2018	3,354.41	1,760.00	610.28
2019	3,339.00	1,726.00	588.90
2020	3,169.00	1,720.00	591.00

数据来源:同花顺 iFinD。

三、中国棉花现货市场特点

(一)价格波动大

棉花是农产品中受气候影响最大的品种。同时,作为重要的轻纺原料,棉花价格还受到进出口、纺织需求、储备、国家政策等多种因素的影响。近年来棉花价格波动剧烈,如图 8-6 所示。

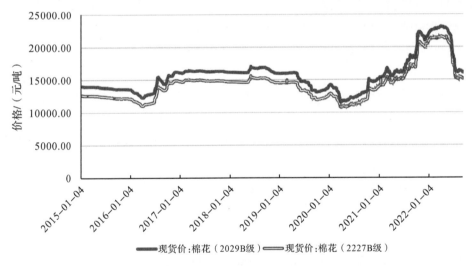

图 8-6 2015—2022 年我国棉花主产区现货价格走势图

数据来源:同花顺 iFinD。

(二)影响因素多

影响棉花现货价格的因素主要有以下几个方面。

1.政策

一般说来,政策对价格的影响是很短的,但是有时却很剧烈。影响棉花现货价格的政策因素主要有:

(1)政府宏观政策。

包括政治、经济政策,如农业政策、贸易政策、金融政策和税收政策等,都会对棉花期货价格产生影响。在分析国家重大宏观经济政策对棉花期货价格影响的同时,还要分析国务院和其他职能部门出台的政策对棉花价格的影响程度。

(2)行业组织政策。

行业组织(如地方棉花协会、纺织工业协会等)在市场经济中起的作用已日益明显,其制定的产业政策有时会影响棉花的种植面积、产量、消费量以及相对价位。

(3)国家收/放储政策。

国家的收储、放储政策能够改变市场的供应关系,从而影响棉价走势,因此要重点关注国家的收储、放储计划。2011—2012 年国内棉花市场供大于求,国家为了保护农民利益,以"限价不限量"形式进行收储,总收储量达到 313 万吨,超过年度产量的 42%。

(4)国家农业补贴政策和纺织品进出口政策。

纺织品出口政策和棉花的配额管理政策影响国内的棉花价格,国际棉花价格与棉花补贴存在着密切的关系。

2. 产量

产量直接决定当期市场的供给能力。当期产量是一个变量,主要受当前播种面积和单产的影响。一般情况下,棉花的播种面积主要受上年度棉花价格的影响,上年度棉花的价格较高,则本年度的播种面积将增加,反之,播种面积则下降。另外,由于棉花生长周期较长,受气候变化影响大,棉花生长关键时期的气候因素影响棉花的生长情况,进而会影响到单产水平。因此,投资者在全面、充分研究棉花的播种面积、气候条件、生长条件、生产成本以及国家的农业政策等因素的变动情况后,对当期产量会有一个较合理的预测。

3. 期初库存

它是构成总供给量的主要组成部分,前期库存量的多少体现了前期供应量的紧张程度,供应短缺则价格上涨,供应充裕则价格下降。

4. 进出口量

在生产量和期初库存一定的情况下,进出口量能够直接改变供应量。进口量越大,国内可供应量就越大,则国内市场价格可能会下跌;出口量越大,国内可供应量就越小,国内市场价格就可能回升。因此投资者应密切关注实际进口量的变化,尽可能及时了解和掌握国际棉花形势、价格水平、进口政策的变化等。

5. 国内消费量

棉花的国内消费并不是一个常数,它处于经常变动的状态,并受多种因素影响。这些因素主要有:消费者购买力的变化;人口增长及消费结构的变化;政府收入与就业政策;等等。我国棉花 95% 用于纺纱,江苏、浙江、山东、湖北为棉花的主要消费省。

6. 天气

2003 年新棉上市后棉价之所以大涨,很重要的一个因素是天气恶劣,在收获期雨量过多。从历年的情况看,8、9、10月的天气情况,是决定棉花产量和质量的关键因素,也是投资棉花期货要关注的首要因素。

7.国家储备

棉花行业是一个劳动密集型行业,就业人口达到2亿多,棉花价格的高低直接关系到农民和棉纺织企业工人的收益。因此,做好棉花市场的宏观调控,确保棉花价格合理波动非常重要。棉花市场放开以后,我国棉花储备和进出口政策成为调节棉花价格的两个主要工具。1984年我国棉花储备达到430万吨。20世纪90年代末,我国棉花价格居高不下,为了满足棉纺企业的加工需要,我国大量抛售棉花储备,棉花储备降到最低点,接近零库存。

8.替代品

化纤是棉纱的主要替代品。化纤价格的变化,直接影响棉纱的需求,间接影响棉花需求量和棉花价格。2010年下半年国内棉价大涨导致棉纱价格上扬,化纤的需求量增加。

9.国际市场

(1)世界棉花的产量和库存量。

棉花的产量与库存量是影响棉花供给的两个主要因素,与棉花价格具有反向关系。1961年以来,世界棉花面积基本在4.5亿—5亿亩之间波动。由于科技水平的提高,棉花单产不断增加,世界棉花年产量由1000万吨增加到2600万吨左右。棉花生产集中在中国、美国、印度、巴基斯坦等国。

(2)世界经济增长和对棉纺织品的需求量。

世界经济形势对棉花进出口和棉花价格影响较大,发达国家是棉纺织品的重要需求国,发达国家的宏观经济形势好转,棉纺织品的需求增加,则棉花的价格上升,总之,棉花价格与世界经济形势的相关性很强。

(三)产量和消费量大

我国是世界上棉花产销量最大的国家。根据国家统计局的数据,2020年我国棉花产量已超过600万吨,消费量接近850万吨(占世界三分之一以上)。中国在世界棉花市场上的影响力越来越大,世界棉花价格看中国已是不争的事实。图8-7是我国近年的棉花产量和消费量图。图中可以看到,2016—2018年我国棉花的消费量增长较快,而棉花的产量增速较慢。在2019年末至2020年4月初,因为疫情影响,我国对棉花的需求跌至低点,2020年8月至今棉花消费量在恢复过程中。

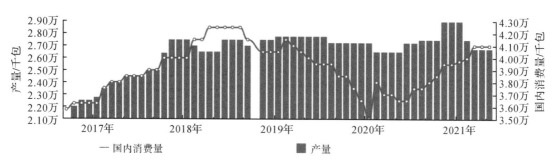

图 8-7 中国棉花近年产量和消费量

数据来源:同花顺 iFinD。

(四)进口量大

2000 年以来,我国棉花的产销量存在缺口,使得我国棉花进口量较大,2011 年棉花进口量超过 330 万吨。针对中国棉花进口量的不断增多,国际上诸多经济学家提出了"中国因素"的说法,即中国作为初级产品的消费大国,对全球商品市场的供求格局和市场价格的影响不断加深,并成为拉动世界经济增长的一个关键因素。图 8-8 是我国 2011 年以来的棉花进出口示意图。

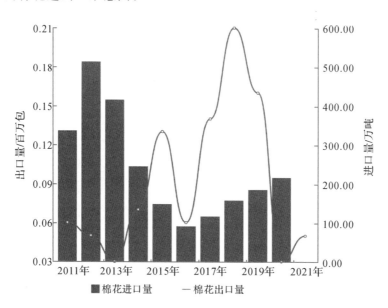

图 8-8 2011 年以来中国棉花进出口量

数据来源:同花顺 iFinD。

(五)年间供求变化大

主要表现在:种植面积变化大、产量变化大、库存量变化大、价格变化大。

四、中国棉花期货市场特点

(一)棉花期货价格波动大

我国棉花产业具有产量高、消费量大、进口量大、商品率高、市场参与活跃等特点,因此棉花期货价格波动也大。郑棉期货价格具有对上述因素反应敏感、与现货价格关联度高、波动幅度大、波动频繁、与国际市场联动性较强等特征。

(二)与国际期货、现货价格关联度高

棉花现货中可用于期货交割的量大(大约为80%),且交割成本相对较低。因此,棉花期货价格具有与现货价格关联度高、理性程度高和可预期性强等大品种特性。

(三)影响因素多

棉花产业链长、参与群体种类多、对外贸易量大等特点决定了棉价的影响因素较多:天气变化、生长情况、供求关系、国家对棉花价格预测指导信息、金融政策、国家收放储政策、进出口政策、纺织业发展情况、播种预期(根据10月份麦播时预留面积预测)等。这些都为棉花期货价格的波动提供了参考,同时,也提供很多投资机会。

(四)市场信息透明

我国棉花产销区相对集中,收集信息相对便利,所以,投入人力和物力收集棉花主产区和主销区的供求信息,及时了解国家有关棉花政策,投资棉花期货成功率就会很大。棉花期货潜在投资机会多,投资价值大,及时挖掘和发现有价值的棉花信息,客观、全面地分析棉花信息,把握棉花期货的投资机会,必将取得巨大的投资回报。

(五)适宜广泛参与

棉花期货适合套期保值的现货企业、机构投资者和中小投资者参与。从1999年9月以来的棉花价格走势来看,棉花价格波动频繁且剧烈,适宜套期保值者利用期货市场规避风险,同时棉花价格具有趋势性强、可预测性强的特点,尤其适宜机构投资者进行长线投资。机构投资者可以通过收集棉花供求信息,以相对较低的成本,获取较高的投资回报。同时,棉花期货价格的影响因素多,对基本面因素反应敏感,波动频繁,投资机会较多,非常适宜于中小投资者进行短线技术性操作。

五、棉花价格形成机制

棉花期货价格的形成主要受供应、需求、政策、国际棉花状况、棉花现货价格、投资力量、市场心态、资金情况、仓单增减、交易规则和技术分析等因素的影响,如图8-9所示。

供应方面主要关注种植面积、产量、质量、天气、种植比较收益以及进口方面的配额、关税、汇率等,另外期初库存也需要关注。

需求方面需要关注纺织服装业景气度、棉纱、布产量、补库情况、替代品以及出口情

况等。

政策方面需要关注农发行信贷政策（棉花企业的大部分资金都来自农发行的贷款）、国家储备计划、棉花收购加工政策、棉花进出口政策和国家质检制度改革等。

国际方面需要关注全球棉花产量、贸易量，全球棉花消费、库存，世界经济增长，各国农业补贴政策和进出口政策，等等。

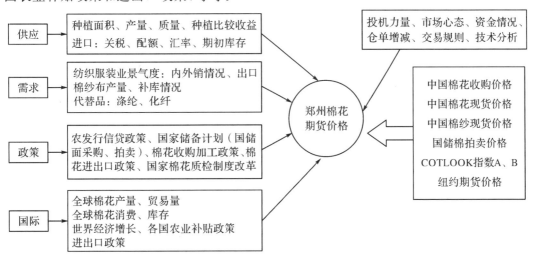

图 8-9　郑州棉花期货价格的形成

 **小　结**

棉花作为农产品，其价格表现出一定的季节性、时差性和政策敏感性。棉花的产业链非常长，它既是重要的纤维作物，又是重要的油料作物，也是含高蛋白的粮食作物，还是纺织、精细化工原料和重要的战略物资。一年四季，市场上的各种因素周而复始地影响着棉花的生长，从而影响着棉花期货价格的走势，使其呈现出价格波动大，与国际期货、现货价格关联度高，影响因素多，市场信息透明以及适宜广泛参与的特征。

本章主要介绍了棉花的基本知识、棉花的产业链、世界棉花的产销、中国的棉花种植以及棉花价格形成机制。

推荐阅读

［1］中国期货业协会：《棉花》，中国财政经济出版社 2011 年版。

［2］中商产业研究院：《2022 年中国棉花行业市场前景及投资研究报告》，https://www.163.com/dy/article/HFD64PRG05198SOQ.html。

名词解释

①棉花的产业链

②铃重

③交割仓库

思 考 题

①棉花的产量如何形成？

②国内棉花的成本有哪些？

③棉花期货价格形成的机制包括哪些因素？

④在加工贸易情况下为什么无须支付关税和增值税？

第八章课后练习资料

第九章　油脂油料产业链概述

第一节　油脂油料概述

油是生活的必需品,被有效地应用于食品、化工、农业等领域,油脂行业是直接关系国计民生的基础性行业。因此,油以及与油相关的农作物的价格,成了诸多农民和企业关心的问题。

一、油脂油料的定义

油脂是油与脂肪的合称。油脂分为工业油脂和食用油脂,其中食用油脂又分为植物油脂和动物油脂。

油料是油脂制取工业的原料,油脂工业通常将含油率高于 10% 的植物性原料称为油料。市场上比较常见的油料有向日葵、芝麻、花生、大豆、油菜籽等。

二、油脂油料的品种

油脂来源于油料。但是油脂和油料并不是一一对应的,其中部分油料可以压榨出 2 种甚至 2 种以上的油脂。目前,市场上主要的油料及其对应的油脂品种见表 9-1。

表 9-1　油脂油料的品种

品种	油料	油脂	出油率/%
1	大豆	豆油	15—19
2	油菜籽	菜籽油	33—42
3	棉籽	棉籽油	10—16
4	花生	花生油	30—32
5	葵花籽	葵花籽油	35—42
6	棕榈仁	棕榈油	20—40
		棕仁油	2

资料来源:粮油信息网。

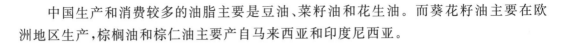

中国生产和消费较多的油脂主要是豆油、菜籽油和花生油。而葵花籽油主要在欧洲地区生产，棕榈油和棕仁油主要产自马来西亚和印度尼西亚。

三、油脂油料的期货品种

尽管油脂油料的种类有很多，但是在我国的期货市场上市的油料品种只有豆油、菜籽油和棕榈油，油脂品种只有大豆和油菜籽。

油脂油料定义及相关品种

第二节　油脂油料市场概述

一、中国油脂油料市场的特征

（一）油脂品种丰富

随着人们生活水平的提高，人们的消费趋势也发生转变，由以豆油、菜籽油为主要消费品种向棕榈油、花生油和玉米油等多品种转变。目前在我国的油脂消费量中，豆油占比为43％，菜籽油占比为22％。花生油的占比增速明显，从2010年的9％上升至2020年的16％。

（二）对外依赖度过高

不同于粮食市场，我国的食用油市场是一个开放的市场，许多油品和主要原材料直接从海外进口。自20世纪90年代开始，我国的油脂需求量不断增加，油脂油料对外依存度不断提高，目前已高达70％以上。其中，80％以上的大豆依靠进口，棕榈油则完全来自马来西亚和印度尼西亚。图9-1是我国棕榈油和豆油的对外依存度。

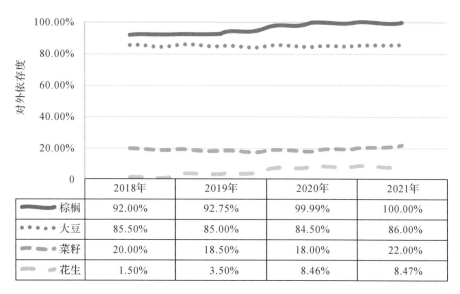

	2018年	2019年	2020年	2021年
棕榈	92.00%	92.75%	99.99%	100.00%
大豆	85.50%	85.00%	84.50%	86.00%
菜籽	20.00%	18.50%	18.00%	22.00%
花生	1.50%	3.50%	8.46%	8.47%

图 9-1 我国棕榈油和豆油的对外依存度

资料来源:同花顺 iFinD。

(三)替代品之间的价格联动性强

豆油与棕榈油、菜籽油作为主要的植物油品种,三者之间的替代消费较为明显,其中豆油与其他两种油脂之间的相关性最强:豆油的消费比较稳定,棕榈油的消费除了稳定的食品需求之外,因为还能在天气温度高时替代豆油,进行现货掺兑,因此对豆油消费存在替代作用;而菜籽油的价格一般高于豆油,且上市时间一般从 5 月开始,所以在消费上豆油对菜籽油存在替代效应。植物油品种之间的互相替代消费,致使其现货价格及期货走势联动性明显增强。

(四)产能过剩现象明显

伴随着需求的不断增长,产能扩张迅猛,产能过剩现象越来越明显。产能过剩即生产能力的总和大于消费能力的总和。尤其是大豆、菜籽和棕榈油三个主要品种。

1. 大豆

随着工业水平的快速提高,大豆压榨产能近几年呈明显增长态势,尤其是 2009 年以后产能扩张迅速。2019 年以来,大豆的压榨产能达到 1.72 亿吨,日压榨产能达到 47.5 万吨左右。随着产能的扩张,对进口大豆的依存度不断提高,大豆压榨企业逐步集中于沿海地区以及长江流域。同时产能的迅速扩张,使得当前进口的压榨开机率仅稳定在 45.75%—67.20%之间,并且有下滑趋势,有一定的产能过剩倾向。

2. 菜籽

目前,我国菜籽压榨的总产能为 3800 万吨,其中新增产能达到 1500 万吨,产能已经过剩。菜籽产能的大增,导致了两方面的变化:一是菜籽进口依存度提高,长江沿线成菜籽主产区;二是传统中小型菜籽工厂产能比重依然较大,但其设备落后,劳动生产率低,竞争力较弱,面临淘汰风险。

3.棕榈油

目前,我国棕榈油的产能为每天5.7万吨水平,总产能为2000万吨。由于近5年棕榈油的消费规模增长速度不快,在扣除直接流入消费领域的量后,用于分提的量还不少,因此棕榈油分提同样也过剩。

油脂产能扩张迅猛的原因主要有两点:一是面对国内需求不断增长,各企业对行业有利可图的预期不断增加,导致产能扩张较快;二是2008年金融危机之后金融形势的变化,汇率、利率对大豆进口带来的有利因素也是扩产的一个原因。

(五)油脂油料企业竞争加剧

随着国内油脂油料产能过剩越来越严重,行业竞争不断加剧,产业的经营难度越来越大,主要表现在3个方面:一是行业的开工率大。尽管需求在不断增长,但是产能增长要快于需求增长,直接导致行业开工率低。二是利润低,尤其是近几年利润一度恶化。三是市场的风险加大。2012年以来,油脂油料市场的价格波动幅度增大。

二、中国油脂油料供需形势

近年来,我国油料供给增长逐渐放缓,对外依存度越来越高,使得国内油料的价格深受国际油料价格的影响。

(一)国产油料的供给

目前,我国国内油料以大豆、菜籽2个品种为主,以花生、葵花籽和棉籽为辅。

油料供给增长逐渐放缓,主要有以下几个方面的原因:第一,大豆、油菜两大油料作物由于单产水平低,比较收益差。比较收益是指在同样面积的耕地上播种两种农作物的收益不同。油料的比较收益差主要反映在两个方面:一是国产品种的种植效益差。图9-2是国产大豆跟玉米的收益比较图,2008年以前大豆的收益高于或者等于玉米的收益,然而2008年之后玉米的收益长期比大豆高出许多,在2015—2017年大豆收益又短暂地高于玉米。同样,这个差异也反映在菜籽和小麦的收益上,见图9-3。二是国产与进口品种的收益差。国内油料的生产效率和单产水平较低,而南北美洲的大豆和菜籽的单产水平远远超过了我国,使其价格优势日益凸显。因此,油料的进口成本反而低于国内的生产成本。

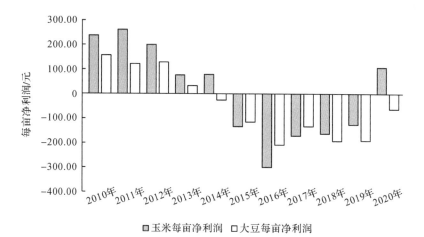

图 9-2　我国主要产区大豆和玉米的利润对比

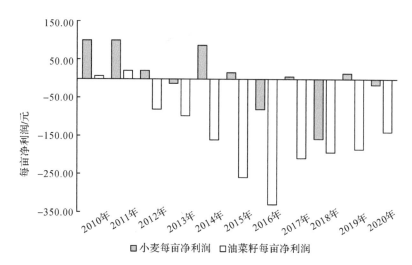

图 9-3　我国主要产区小麦和油菜的利润对比

数据来源：同花顺 iFinD。

第二，国家的耕地面积有限。改革开放以来，城市化进程导致了国内耕地面积在持续减少，在保证主粮面积的情况下，油料的种植面积更是不断减少。见图 9-4 和 9-5。

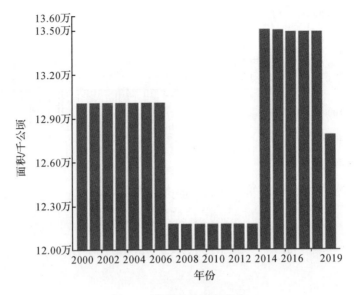

图 9-4　我国耕地面积变化

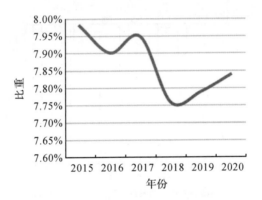

图 9-5　油料面积占总耕地面积比重

数据来源:同花顺 iFinD。

(二)国内油料的需求

图 9-6 是 2013 年至 2018 年国内的分品种油脂消费量。从图中可以看出,2013 年至 2018 年,在食用植物油消费占比中,豆油仍占主导地位,菜油由 11% 增长至 14%,花生油从 5% 增长至 6%,玉米油从 3% 增长至 4%,葵花籽油从 0.7% 增长至 2.4%,棕榈油消费则从 21% 下降至 18%。

图 9-6　中国分品种油脂消费量

数据来源:前瞻数据库。

从 2002 年以来,随着需求增长,供需缺口越来越大,进口需求快速增长,这也表明了我国油脂油料市场的对外依存度不断提高。表 9-2 是我国油脂的供需平衡表,从表中可以看出,大豆进口量逐年增长,且增速较快。

表 9-2　中国油脂供需平衡表　　　　　　　　　　　　　　单位/千吨

期初库存	2015/2016	2016/2017	2017/2018	2018/2019	2019/2020
大豆	11830	11920	7010	6260	7580
油菜	—	194	255	119	203
合计	11830	12114	7265	6379	7783
产　量	2015/2016	2016/2017	2017/2018	2018/2019	2019/2020
大豆	10510	11850	15300	15700	16950
油菜	—	6082	6366	6301	6693
合计	10510	17932	21666	22001	23643
进　口	2015/2016	2016/2017	2017/2018	2018/2019	2019/2020
大豆	83220	93500	94130	82600	97500
油菜	—	3935	4423	4694	2210
合计	83220	97435	98553	87294	99710
出　口	2015/2016	2016/2017	2017/2018	2018/2019	2019/2020
大豆	180	100	220	230	250
油菜	—	0	0	0	0
合计	180	100	220	230	250
期末库存	2015/2016	2016/2017	2017/2018	2018/2019	2019/2020
大豆	11920	7010	6260	7580	11780
油菜	—	255	119	370	384
合计	11920	7265	6379	7950	12164

数据来源:同花顺 iFinD。

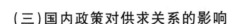

（三）国内政策对供求关系的影响

我国油脂油料的储备由来已久，并随着时间推移不断完善。目前，根据管理权，油脂油料分为中央和地方两级储备，中央的储备主要由中央政府直接管理，并为此成立了中储粮管理总公司，地方储备实行行政首长负责制。中央储备分为长期储备和临时储备，长期储备主要用于应急救灾，保障人民生活和安全，临时储备主要用来提高农民种植油料作物的积极性，以及稳定最低保护价。临时储备是一种定向销售的运营管理方式，随着储备政策的完善和储备规模的扩大，其对油脂油料的影响力会逐步显现，在稳定市场以及保证市场健康发展方面发挥积极作用。

2020年3月份以来，国产大豆价格持续上涨，至2020年6月6日，黑龙江地区食用大豆收购价格为每吨5100元至5200元，比2019年上市初期每吨上涨1650元左右。

上涨的原因是2019年以来国内猪肉价格高企，国产大豆作为主要植物蛋白替代需求增加，国产大豆供应出现阶段性偏紧。

为了稳定市场价格，2020年6月12日，中储粮油脂公司委托中储粮网竞价销售储备轮换国产大豆60486吨，起拍价格为每吨4800元，最低成交价5140元，最高成交价5270元，全部成交，中央储备轮换大豆投放市场以后，价格上涨幅度得到抑制。

三、油脂油料市场的发展

未来油脂油料产业的发展趋势是：产能扩张放缓但产能过剩现象仍然存在；行业通过整合扩张实现产业升级，企业逐步向集团化、产业化、专业化方向发展。保障原料供应，提高市场竞争能力，企业集团迈向国际化的步伐将有所加快。

未来10年，油脂油料的总产量预计将小幅增长，种植面积稳中有涨，2025—2030年，油菜和花生的种植面积有望达到10278万亩和7159万亩，分别增长3.8%和2.3%。大豆的种植面积将达到76630万亩。棕榈进口量将达到1000万吨。食用油籽消费量到2025年有望达到1.76亿吨，食用油总体消费量有望达到3714万吨，较基期增长7.3%。用途多元化、加工精深化趋势凸显，适度加工、精准加工、多元化用于休闲食品的加工数量有望提升。菜籽进口量将逐年增加，预计至2030年，我国菜籽进口量将增加至1.18亿吨；食用油的进口量略有下降，将降至785万吨。未来10年中，豆油、棕榈油、菜籽、花生、油葵籽、亚麻籽等特色油料价格将稳中偏强运行。

第三节　大豆产业链概述

一、大豆基本情况概述

(一)大豆品种的特征

大豆是一年生草本植物,每年的 4—5 月播种,9—10 月成熟。大豆的用途极为广泛,主要应用在食品、工业加工、饲料产业、医疗保健和生物柴油等领域。大豆是主要的油料作物,亦是植物蛋白的重要来源。大豆一般约含 40％ 的蛋白质、20％ 的脂肪和 25％ 的碳水化合物,还含有纤维素和钙、磷、铁等多种微量元素。

作为油料作物,大豆是世界上最主要的植物油和蛋白饼粕的提供者。每 1 吨大豆可以制出大约 0.2 吨的豆油和 0.8 吨的豆粕。用大豆制取的豆油,油质好,营养价值高,是一种主要食用植物油。作为大豆榨油的副产品,豆粕主要用于补充家禽、猪、牛等的蛋白质,少部分用在酿造及医药工业上。

(二)大豆的资源分布

尽管我国是大豆的故乡,但长期以来,大豆产量最大的国家却是巴西,其次是美国、阿根廷和中国。随着南美大豆种植的扩张,美国大豆产量所占的份额逐渐下降,2020 年为 31.20％,巴西及阿根廷大豆产量总和占全球大豆产量的比重上升至 50.03％。

我国大豆产量位居世界第四。大豆的集中产区在东北平原、黄淮平原、长江三角洲和江汉平原。根据大豆品种特性和耕作制度的不同,我国大豆分为 5 个主要产区:一是以东北三省为主的春播大豆区;二是黄淮流域的夏播大豆区;三是长江流域的春播、夏播大豆区;四是江南各省南部的秋作大豆区;五是两广、云南南部的大豆多熟区。其中,东北春播大豆和黄淮流域的夏播大豆是我国大豆种植面积最大、产量最高的两个地区。

(三)大豆及相关产物的期货

大豆期货是我国最早的期货品种之一。目前我国的大豆期货一共有两个品种,分别是黄大豆 1 号和黄大豆 2 号。这两个期货品种均在大连商品交易所上市。此外,大连商品交易所还上市了豆粕期货和豆油期货。

表 9-3 是大连商品交易所的黄大豆 1 号标准合约,表 9-4 是大连商品交易所的黄大豆 2 号标准合约。黄大豆 1 号标准合约和黄大豆 2 号标准合约的最主要区别在于两者交割实物的不同,前者的交割标准是非转基因大豆,后者则包含全球各地的大豆,包括转基因和非转基因的。换言之,黄大豆 1 号合约定位于食用大豆,黄大豆 2 号合约定位于榨油用大豆。

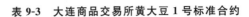

表 9-3　大连商品交易所黄大豆 1 号标准合约

项目	黄大豆 1 号
交易单位	10 吨/手
报价单位	元(人民币)/吨
最小变动价位	1 元/吨
涨跌停板幅度	上一交易日结算价的 8%
合约交割月份	1、3、5、7、9、11 月
交易时间	每周一至周五上午 9:00—11:30,下午 1:30—3:00 夜盘交易时间为 21:00—23:00
最后交易日	合约月份第十个交易日
最后交割日	最后交易日后七日(遇法定节假日顺延)
交割等级	符合大连商品交易所黄大豆 1 号交割质量标准
交割地点	大连商品交易所指定交割仓库
交易保证金	合约价值的 12%
交易手续费	不超过 4 元/手(当前暂为 2 元/手)
交割方式	实物交割
交易代码	A
上市交易所	大连商品交易所

表 9-4　大连商品交易所黄大豆 2 号标准合约

项目	黄大豆 2 号
交易单位	10 吨/手
报价单位	元(人民币)/吨
最小变动价位	1 元/吨
涨跌停板幅度	上一交易日结算价的 8%
合约月份	1、3、5、7、9、11 月
交易时间	每周一至周五上午 9:00—11:30,下午 1:30—3:00 夜盘交易时间为 21:00—23:00
最后交易日	合约月份第 10 个交易日
最后交割日	最后交易日后第 3 个交易日
交割等级	符合大连商品交易所黄大豆 2 号交割质量标准
交割地点	大连商品交易所指定交割仓库
最低交易保证金	合约价值的 9%
交易手续费	不超过 4 元/手(当前暂为 2 元/手)
交割方式	实物交割
交易代码	B
上市交易所	大连商品交易所

此外,两者的合约定价和交割包装方式不同。在合约定价上,黄大豆1号合约价格将包装物计算在内,黄大豆2号合约价格不包括包装物价格。包装方面,考虑到进口大豆主要以散装方式进口和流通,因此黄大豆2号合约采用散装和袋装并行的方式,兼顾进口与国产大豆流通的不同包装方式,而黄大豆1号合约则只采用袋装的包装方式,与国产大豆现货流通的袋装方式相吻合。

二、大豆的产业链

大豆既是我国人民膳食中蛋白质的良好来源,又是重要的油料作物,也是牲畜与家禽饲料的主要原料。大豆是产业链较长的一个产业,涉及农业生产、油脂加工、食品加工、养殖业、医药、化纤等多个行业。除了豆农,还有大量下游企业,如大豆加工企业和饲料加工企业等也都非常关心大豆的价格。

(一)大豆及其相关产品

图9-7是大豆及其相关产品。图中,大豆的上游是大豆种子,下游产品有许多,主要有食用豆制品、大豆蛋白、大豆油和豆粕。

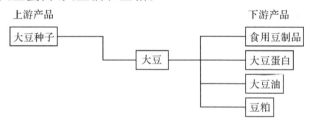

图9-7 大豆及其相关产品

(二)大豆的产业链

图9-8是大豆的产业链。图中,大豆从良种繁育开始,经过初加工,不仅可以直接加工成大豆油和食用豆制品,而且可以加工成食品添加剂和饲料,或者成为化妆品添加剂。

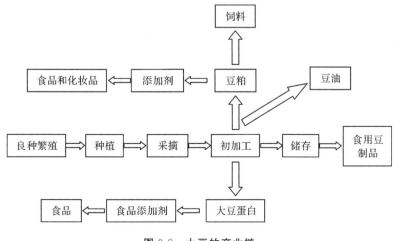

图9-8 大豆的产业链

大豆产业链分析

第四节 大豆及豆粕、豆油价格的影响因素

一、大豆价格的影响因素

以下部分主要从基本面中的供求关系、宏观因素、政策因素、季节因素和资金因素 5 个方面来分析大豆价格。

(一)供求关系

在大宗商品投资理论概述这一章中,已经详细地介绍了影响大宗商品供给与需求的内容。其中,供给主要包括产量、进口和期初库存三大部分;需求主要包括期末库存量、本期出口量以及国内消费量。

图 9-9 是供需平衡分析图。从图中可以看到:关于大豆的供给,在库存方面主要参考基期库存和报告期库存。实际产量有上年同期产量和预期产量,因为每一年的产量根据种植面积、天气等各种因素在发生变化,但不会偏离上一年太远。进口数据是比较直观的,可以从海关等网站上查到。而大豆的需求中,期末库存量间接反映了上年同期需求,包括压榨需求和其他需求。预期需求可以参考农业农村部每年末的需求报告进行预测。而我国的大豆出口极少,可以忽略不计。

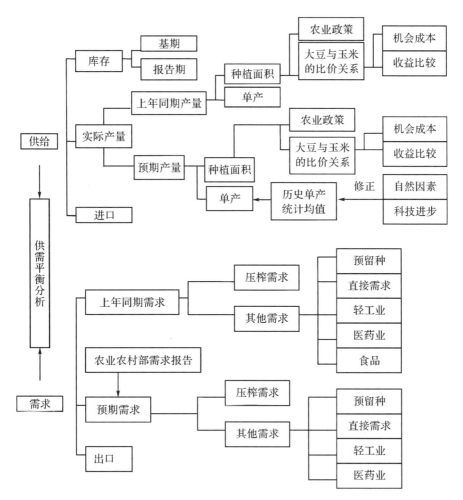

图 9-9　供需平衡分析

大豆的供求关系是预测大豆期货价格的基础。例如,市场上 2012 年 9 月的合约,由于该合约所对应的大豆还未收获,因此投资者需要通过 9 月大豆的供求来判断 9 月大豆期货合约的价格。

然而,投资者在预测本国当期产量的同时,还需要关注大豆的其他主要生产国家的大豆产量,具体分析如下。

1. 大豆库存消费比与价格成反比

库存消费比是期货投资者重要的分析指标之一,其被投资者作为增减头寸的一个标准。其中,库存可以通过前期的数据计算得出,而当月消费可以从一些网站上得到,由此可以得到本月的整个供需平衡状态,最终得出库存消费比。当一个国家大豆的库存消费比接近标准值时,大豆的供求处于平衡状态;该比值高于标准值,预示着该国的大豆市场供大于求,库存压力较大;该比值低于标准值,预示着该国的大豆市场供不应求,大豆存在安全问题。库存消费比与价格存在反比关系,即库存比较低的时候价格高,在库存比较高的时候价格低。图 9-10 是历年我国大豆库存消费比与价格的关系图。图中,在 2021 年时,大豆的价格是最高的,因为受到疫情和美联储降息等各种因素的影响,库存消费比到了一个极值。

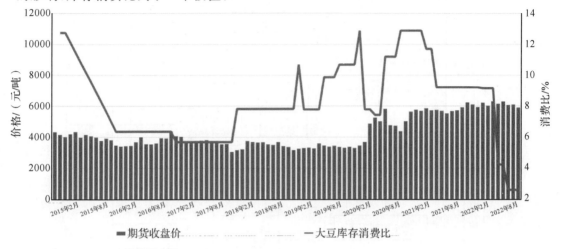

图 9-10 2015—2022 年我国库存消费比与大豆价格的关系

数据来源:同花顺 iFinD。

2. 全球大豆供求的主要国家

由于全球大豆的产量主要集中在巴西、美国、阿根廷和中国四个国家,因此这四个国家影响了全球大豆的总供给。其中,巴西的大豆占全球的 36.9%,位居第一,其次是美国、阿根廷和中国。如图 9-11 所示。

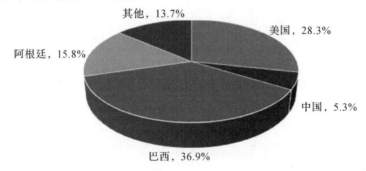

图 9-11 全球大豆的主要生产国

数据来源:前瞻数据库。

美国和中国同处北半球,整个作物生长时间几乎一致,因此美国对中国大豆市场的影响最直接。此外,美国是大豆期货交易的主要国家,所以 CBOT 盘面的价格直接影响全球大豆的价格。投资者打算投资大连商品期货市场黄大豆 1 号 1 月的期货合约,首先就要分析美国大豆期货的价格。如果美国大豆期货价格出现下跌,那么国内的大豆期货价格之后也会下跌。例如,2019 年 8 月的拉尼娜天气,对美国大豆及南美地区的影响很大,导致大豆期货价格出现了跳水。

巴西和阿根廷位处南半球,它们大豆的生长时间与中国相反。但是,目前南美的大豆产量在不断增加,因而其未来的影响会增大。

大豆的需求主要集中在中国和印度。其中中国是全球最主要的采购方,中国大豆的进口量已占全球大豆贸易总量的 60％,无疑是全球最大的大豆进口国。因此中国消费需求的变动会在很大程度上影响全球的大豆价格。例如,2022 年 3 月我国进口大豆777 万吨,较 2020 年同期上升了 81.6％。因此,3 月份美国市场上大豆期货的价格出现了不同程度的上扬。

(二)宏观因素

目前,许多投资者以美元指数和 CRB 指数来衡量宏观因素。美元指数是全球货币体系中最重要的衡量指标之一。美元指数和大宗商品价格成反比,即:美元指数上涨,大宗商品价格下跌。CRB 指数,称为商品期货指数,是商品研究局根据大宗商品价格编制的指数,自 2005 年更新后改名为 RJ/CRB 指数。由于 RJ/CRB 指数涵盖的商品都是原材料性质的大宗物资商品,而且该指数具有及时性,因此其已经成为投资者在进行投资分析时极为重要的参考内容。图 9-12 是 RJ/CRB 指数与美元指数的关系图。从图中可以看出,两个指数的周线呈负相关走势,即美元指数在上涨的过程中,RJ/CRB 指数基本上处于弱势,而当 RJ/CRB 指数上涨,美元指数就会下降。例如,2020 年初美国开始实行零利率的宽松货币政策,导致 RJ/CRB 指数出现一个大幅的上涨,同时美元指数从 102 多下滑至 90。

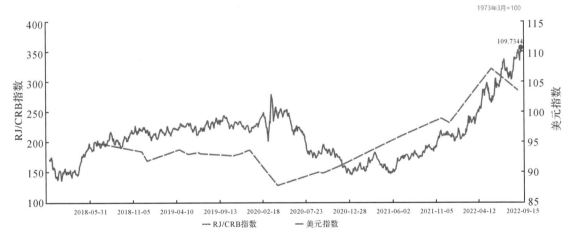

图 9-12　美元指数和 RJ/CRB 指数的关系

数据来源:同花顺 iFinD。

(三)政策因素

大豆的种植补贴政策对大豆价格的影响是不容忽视的。2021 年大豆种植补贴如下:①大豆高标准农田建设补贴。大豆高标准农田建设可以直接发放种植补贴,每亩能够补贴 2000 元,预计到 2030 年,大豆的高标准农田将达到 2000 万亩。这可以改善大豆生产基础条件,建成一批旱涝保收的大豆生产基地,解决大豆生产品质问题,还可以提高防灾减灾和稳产增产能力。②大豆良种补贴。国家加大大豆育种创新投入,加快培育高产高油高蛋白的大豆新品种。对于生产大县,促进原有品种提纯和增质。推动实施良种选育后的奖励政策。

(四)季节因素

除了宏观因素、供需因素以及政策因素之外,季节因素对大豆价格波动的影响也较明显。例如,拉尼娜、厄尔尼诺等现象,都对大豆市场造成了巨大的影响。

(五)资金因素

在美国市场,基金对美国大豆期货价格的影响非常大。因此,分析大豆的价格必须关注基金的头寸,如指数基金、对数基金。例如,2011 年整个基金头寸在大豆期货市场上大量减持,导致整个盘面持续下跌。

二、豆粕价格的影响因素

(一)豆粕基本情况概述

豆粕是大豆提取豆油后得到的一种副产品,按照提取的方法不同,可以分为一浸豆粕和二浸豆粕两种。其中以浸提法提取豆油后的副产品为一浸豆粕;而先以压榨取油,再经过浸提取油后所得的副产品为二浸豆粕。一浸豆粕的生产工艺较为先进,蛋白质含量高,是目前国内现货市场上流通的主要品种。

豆粕一般呈不规则碎片状,颜色为浅黄色或浅褐色,具有烤大豆香味。豆粕是棉籽粕、花生粕、菜粕等 12 种油粕饲料产品中产量最大、用途最广的一种。作为一种高蛋白质原料,豆粕不仅是牲畜与家禽饲料的主要原料,还可以用于制作糕点食品、健康食品以及化妆品。此外,豆粕还作为抗生素原料使用。近些年,水产养殖对豆粕的需求也呈快速增长态势。随着科学技术的发展,豆粕的用途将越来越广,豆粕在饲料中的应用见图 9-13。

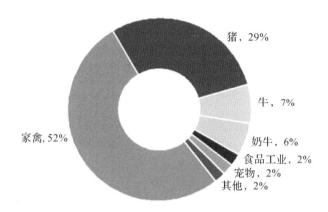

图 9-13　豆粕在饲料中的应用

资料来源:布瑞克农业数据库。

豆粕作为植物蛋白的主要来源,价格波动较大,产业链条长,参与企业多,影响的范围广,这使企业的避险和投资需求都较为强烈。大连商品交易所大豆、豆粕、豆油品种的相继推出,完善了大豆品种体系,形成了一个较完善的品种套保体系,为相关企业提供了一个使用方便、功能齐全的风险规避场所。

(二)豆粕期货合约

表 9-5 是大连商品交易所的豆粕期货合约,交易所在合约交易单位、报价单位等条目上都有详细明确的规定。投资者在进行豆粕期货交易前,对期货合约进行详细的解读和理解是必要的。

表 9-5　大连商品交易所豆粕期货合约条款

项目	豆粕
交易单位	10 吨/手
报价单位	元(人民币)/吨
最小变动价位	1 元/吨
涨跌停板幅度	上一交易日结算价的 7%
合约月份	1、3、5、7、8、9、11、12 月
交易时间	每周一至周五 9:00—11:30,13:30—15:00 夜盘交易时间为 21:00—23:00
最后交易日	合约月份第 10 个交易日
最后交割日	最后交易日后第 4 个交易日
交割等级	符合大连商品交易所豆粕交割质量标准
交割地点	大连商品交易所指定交割仓库
最低交易保证金	合约价值的 8%

续　表

项目	豆粕
交易手续费	不超过 3 元/手(当前暂为 2 元/手)
交割方式	实物交割
交易代码	M
上市交易所	大连商品交易所

(三)基本面分析

1.大豆价格

大豆所含物质的 78%—80%转化为豆粕,因此大豆价格的高低直接影响豆粕生产的成本,而且豆粕价格的走势与大豆基本相同。近几年,我国许多大型压榨企业选择进口大豆作为加工原料,进口大豆价格对我国豆粕价格的影响更为明显。图 9-14 是大豆、豆油和豆粕的价格走势图。图中,大豆的价格总是率先变动,而豆油和豆粕的价格紧跟其后。此外,大豆价格的波动幅度要大于豆油价格和豆粕价格的波动幅度。

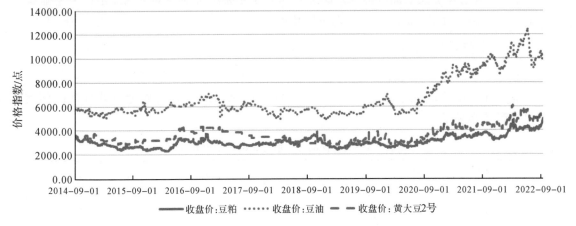

图 9-14　大豆、豆油和豆粕的价格走势

数据来源:同花顺 iFinD。

2.豆粕的下游需求

在饲料业中,家禽对豆粕的使用量占 52%,所以牲畜、家禽的价格直接构成对饲料需求的影响。正常情况下,牲畜、家禽的价格与豆粕价格之间存在明显的正相关。统计显示,90%以上的豆粕用于各类饲料,所以饲料行业景气度对豆粕需求的影响非常明显。例如,大猪料和小猪料中豆粕的比例占到了 30%。豆粕的价格受到畜牧、家禽等产业的影响,并在今后几年可能会出现一个爆发式的增长。

3.相关商品和替代品的价格

棉籽粕、花生粕、菜粕等豆粕的替代品对豆粕价格有一定影响,如果豆粕价格高,饲料企业往往会考虑增加使用菜粕等替代品。目前,豆粕最直接的替代品只有青饲料,而青饲料的种植非常少,所以整个饲料市场上豆粕的需求量非常大。

4. 政策因素

政策因素以《防止生猪价格过度下跌调控预案》为例,见表 9-6。此外,还需要关注国家饲料工业的发展规划。

表 9-6　《防止生猪价格过度下跌调控预案》内容

正常情况	猪粮比价处于 9∶1—6∶1 之间(绿色区域)
三级响应	猪粮比价低于 6∶1 时,在中国政府网及时向社会发布生猪预警信息;猪粮比价连续 4 周处于 6∶1—5.5∶1 之间(蓝色区域),根据市场情况增加必要的中央和地方冻肉储备
二级响应	猪粮比价低于 5.5∶1 时,通过财政信息的形式鼓励大型肉猪加工企业增加商业储备和猪肉深加工规模;当猪粮比价连续 4 周处于 5.5∶1—5∶1 之间(黄色区域),进一步增加中央政府冻肉储备
一级响应	当猪粮比价低于 5∶1 之间(红色区域),较大幅度增加中央冻肉储备规模

三、豆油价格的影响因素

(一)豆油基本情况概述

豆油是从大豆中提取的具有一定黏稠度、呈半透明液体状的油脂,未经过精炼的豆油颜色因大豆种皮及大豆的品种不同而异。一般为淡黄、略绿、深褐色等,精炼过的大豆油为淡黄色。豆油的主要成分为甘油三酯,还含有微量磷脂、固醇等成分。此外,豆油中还富含维生素 E 和维生素 A,其中维生素 E 的含量在所有油脂中是最高的。作为一种营养成分高、产源丰富的食用油料,豆油以其物美价廉的特点受到世界各国人民的喜爱,在全球植物油生产和消费中占有重要地位。

豆油的制取一般有两种方法:压榨法和浸出法。压榨法是用物理压榨方式,从油料中榨油的方法。它源于传统作坊的制油方法,目前使用量很少。浸出法是根据化工原理,使用食用级溶剂从油料中抽提出油脂的一种方法。我国近几年新建的油厂主要采用浸出法生产豆油。

豆油除直接食用外,还可用于食品加工。豆油可以用来制作多种食用油,如凉拌油、煎炸油、起酥油等。此外,豆油还被用于制造人造奶油、蛋黄酱等食品。我国食品加工用油量约占豆油总消费量的 12％。由于餐饮习惯不同,西方国家的这一比例要高于中国,如美国食品加工用油量约占其国内豆油总消费量的 25％以上。豆油经过深加工,在工业和医药方面的用途也十分广泛。在工业方面,豆油经过加工可制成甘油、油墨、合成树脂、涂料、润滑油、绝缘制品和液体燃料等,豆油脂肪酸中的硬脂酸可以制造肥皂和蜡烛,豆油与桐油或亚麻油掺和可制成良好的油漆。在医药方面,豆油有降低血液胆固醇、防治心血管病的功效。

(二)我国豆油产业及其贸易

我国豆油产业发展表现为两个特点,一是发展速度快,二是产业布局由大豆产区向沿海地区集中。

2000年,我国日压榨大豆300吨以上的油厂总加工能力为6.6万吨,全年大豆压榨能力为2000万吨。2008年我国日压榨大豆300吨以上的油厂总加工能力达到30万吨,年加工能力约为9000万吨。至2020年我国日压榨大豆300吨以上的油厂总加工能力已经达到50万吨,年加工能力超过1.5亿吨,占全球豆油加工能力的近30%。2000年之前,我国的豆油生产集中在黑龙江等大豆主产区。自2016年以来,我国大豆月压榨能力平均已超过800万吨。近年来,沿海地区兴建了很多设备先进、现代化程度高,包含了相对完整的上下游供应、销售、物流仓储环节的大中型大豆加工企业,它们中的绝大多数使用进口大豆作为原料生产豆油。根据布瑞克农业数据库,我国沿海地区日榨油能力占全国大豆榨油能力的比重接近80%。其中两广地区榨油能力所占比重接近18%,江浙地区为16.3%,山东地区为18.3%,京津冀地区为10%,辽宁地区为10%。2021年全国大豆实际压榨量已超8000万吨,产能负荷率超80%。

经过近几年的发展,我国豆油生产基本上已经形成以沿海地区为主,内陆地区为辅的格局。其中沿海地区主要以进口大豆为原料生产豆油,内陆油厂可用国产大豆为原料生产,也可用进口大豆为原料生产。

豆油的销售遵守就近原则,辐射范围有限。但对于西南地区来说,由于当地大豆加工企业较少,因此,华东和广东地区的部分豆油会销往这里。豆油销售的辐射范围主要受到费用的制约,其中运输成本是影响销售费用的重要因素。近年来随着铁路运输费用的逐步降低,豆油的销售区域和辐射范围正呈现着稳步扩大的趋势。此外,由于销售价格越来越透明,中间经销商的利润越来越低,原有的贸易公司正逐渐淡出豆油的流通环节,大豆加工厂直接将豆油送达终端销售商或用户手中变得越来越常见。

(三)豆油期货

表9-7是大连商品交易所的豆油期货合约,交易所在合约交易单位、报价单位等详细条目上都有明确的规定。

表 9-7　大连商品交易所大豆原油期货标准化合约

项目	大豆原油
交易单位	10吨/手
报价单位	元(人民币)/吨
最小变动价位	2元/吨
涨跌停板幅度	上一交易日结算价的7%
合约月份	1、3、5、7、8、9、11、12月
交易时间	每周一至周五上午9:00—11:30,下午1:30—3:00 夜盘交易时间为21:00—23:00
最后交易日	合约月份第10个交易日

项目	大豆原油
最后交割日	最后交易日后第 3 个交易日
交割等级	符合大连商品交易所豆油交割质量标准
交割地点	大连商品交易所指定交割仓库
最低交易保证金	合约价值的 8%
交易手续费	不超过 6 元/手(当前暂为 2.5 元/手)
交割方式	实物交割
交易代码	Y
上市交易所	大连商品交易所

豆油期货以大豆原油作为交割标的,无论是进口豆油还是国产豆油,只要达到规定的质量标准都可以交割。但期货交割的大豆原油与国标规定的大豆原油在指标上略有差别,期货交割豆油针对现货流通中的情况对酸值和含磷量重新进行了规定。

(四)基本面分析

1.植物油供需平衡分析

在需求方面,我国是一个豆油消费大国。近年来,国内豆油消费高速增长,增速达到 12%。现在发达国家植物油的人均年消费量在 25—30 千克,而我国只有 18—20 千克。因此,我国离国际平均水平还有比较大的差距,也就是说,我国未来几年植物油的需求量仍将以 4%—5% 的速度增长。同时,随着食品安全问题不断被人们重视,目前食用油市场上油的品种在不断增加,人们开始选择橄榄油、玉米油等比较健康的油。因此,豆油的市场会被挤占。在供给方面,豆油是大豆加工的下游产品,大豆供应量的多寡直接决定着豆油的供应量。正常的情况下,大豆供应量的增加必然导致豆油供应量的增加。大豆的来源主要有两大部分,一是国产大豆,二是进口大豆。当期国产大豆的产量是一个变量,它受制于大豆供应量、大豆压榨收益、生产成本等因素。一般来讲,在其他因素不变的情况下,豆油的产量与价格之间存在明显的反向关系,豆油产量增加,价格相对较低;豆油产量减少,价格相对较高。同时,随着我国豆油的消费量逐年增加,其进口数量也逐年上升,豆油进口量的变化对国内豆油价格的影响力在不断增强。2006 年以后,随着进口豆油配额的取消,国内外豆油市场将融为一体。这样,豆油进口数量的多少对国内豆油价格的影响将进一步增强。此外,豆油库存是构成供给量的重要部分,库存量的多少体现着供应量的紧张程度。在多数情况下,库存短缺则价格上涨,库存充裕则价格下降。由于豆油具有不易长期保存的特点,一旦豆油库存增加,豆油价格往往会走低。

2.豆油的贸易情况

我国大豆的人均产量较低,而需求比较大,因此豆油的供给一直存在缺口。20 世纪

90年代以来,我国豆油进口量逐年增加,1993—1994年和1997—1998年曾经超过100万吨,而后逐渐稳定,2003—2004年,进口量近300万吨,2009—2012年,进口量曾一度超过1000万吨,后至2020年,稳定在100万吨左右。与此形成鲜明对比的是,我国豆油出口量很少,年均出口量在5万吨左右。从豆油进口来看,阿根廷和巴西是我国豆油进口的主要来源国,我国豆油进口量的90%以上来自这两个国家。

3. 季节因素

豆油以大豆为原料生产,大豆产量的变动会对豆油价格形成较大影响。一般情况下,影响大豆产量变动的因素都会对豆油价格形成直接或间接的影响,这些因素包括:大豆种植面积的变化、天气变化、大豆病虫害等。北半球大豆的播种、生长与南半球具有互补性,一年四季均有因素影响全球大豆产量,豆油价格炒作因素较多。3—5月是北半球春播时期,在此期间美国农业部会发布大豆种植意向报告,意向报告及大豆播种进度的变化会带来豆油价格的波动;6—9月是北半球大豆生长期,天气、病虫害会引起大豆单产变化,也会影响到豆油价格;10—11月是南半球大豆播种期,12月到次年2月是南美大豆生产期,在此期间,相关因素的变化也会对豆油价格形成影响。在大豆压榨成本相对固定的条件下,油与粕价格的"跷跷板效应"十分突出。换言之,第一季度和第四季度为豆油的消费旺季,油厂将以油为主。第二季度和第三季度为豆粕的消费旺季,油厂将以粕为主。这是因为冬季人们会增加油的消费,尤其是在西北和西南地区,例如人们吃火锅使用更多的油,因此每年的9月至次年的2月是食用油消费的旺季。表9-8是豆油与豆粕的季节性消费特征表。该表反映了豆油和豆粕的"跷跷板效应"。

表9-8 豆油与豆粕的季节性消费特征

月份	1月	2月	3月	4月	5月	6月	7月	8月	9月	10月	11月	12月
豆粕												
豆油												

注:深色月份代表消费旺季。

每年的冬季到来之前,油厂都会进行储油以增加收入。而3—10月是豆粕的消费旺季。因此每年的2月和3月是饲料厂开始补充豆粕库存的月份,6—7月是每年豆粕的采购旺季,这与猪、家禽等的养殖周期一致。

4. 政策因素

目前我国对豆油进口征收9%的关税,与此相比,进口大豆关税率为3%,具有一定的进口优势。因此,我国的豆油供给形成了以进口大豆压榨为主、豆油进口为辅、国产大豆压榨补充的格局。根据布瑞克农业数据库,以2019—2020年度为例,以进口大豆为原料生产的豆油数量近1360万吨,占总供给量的比重为84%;豆油进口量为120万吨,占总供给量的比重为7%;以国产大豆为原料生产的豆油数量约为160万吨,占总产量的比重约为9%。豆油供给对外高度依赖,使国际市场大豆、豆油价格的波动对国内产生直接的影响,国内大豆价格与进口豆油联动性较强。

第五节　棕榈油

一、棕榈油的概况

（一）棕榈油基本情况

油棕树是食用油的重要来源。油棕树果实在所有油料作物中产油量最高,其产油量是大豆的 8—10 倍,是油菜籽的 3—4 倍。油棕树是一种四季开花结果且长年都有收成的农作物,油棕果生长在油棕树的大果串上,每个果串有油棕果 2000 多个,棕榈油是从油棕树上的棕果中榨取出来的。油棕树通常 2—3 年开始结果,花期为 4—5 月,10—11 月果熟;8—15 年进入旺产期,商业性生产可保持 25 年。油棕果可被加工成两种不同的油,果肉可提炼出棕榈油,果仁可提炼出棕仁油。每个油棕果中可得到 9 份棕榈油和 1 份棕仁油。

（二）棕榈油的用途

棕榈油具有丰富的营养物质及抗氧化性,同时也含有诸多适合工业使用的物质,被广泛用于餐饮业、食品制造业及油脂化工业。棕榈油在餐饮业中主要用于油炸和烧烤,这是因为相比于其他食用油,棕榈油具有良好的抗氧化性(耐炸性),脂肪酸构成较为理想,更加经济。棕榈油在食品工业应用方面,一般被加工成起酥油、人造奶油、氢化棕榈油、煎炸油脂和专用油脂等。棕榈油在工业运用中主要分两类:一类是从棕榈产品中可以直接得到的,如皂类、环氧棕榈油及其多元醇、聚氨酯和聚丙烯酸酯类产品;另外一类是油脂化工类产品,如脂肪酸、酯、脂肪醇、含氮化合物及甘油。棕榈油的具体用途见表9-9。

表 9-9　棕榈油在主要食品和化工行业中的应用

应用领域	用途
食用	方便面、食用棕榈油、薯条
食用工业	人造奶油、人造黄油、巧克力
工业应用	化妆品、蜡烛、肥皂、甘油

（三）棕榈油的产地

尽管棕榈油单产高,生产成本低,但全球大多数国家都不适宜油棕树的种植和生长,导致其主产国高度集中。马来西亚和印度尼西亚属于热带雨林气候或热带季风气候,全年高温,雨水丰富,适宜规模化种植油棕树。全球棕榈油的生产主要集中在马来西亚和印度尼西亚等少数几个国家。2005 年前,马来西亚一直是世界上最大的棕榈油生产国,但由于马来西亚适于油棕树生长的农业耕地越来越少,全球棕榈油产量的增长目前已经转移到了印度尼西亚。2005—2006 年印度尼西亚棕榈油产量首次超过马来西

亚,其成为全球最大的棕榈油生产国,至 2020 年,印度尼西亚棕榈油产量占全球产量的
55％以上。

(四)棕榈油的消费特点

我国棕榈油的消费特点主要有两个:一是季节性特点。目前,国内消费的棕榈油主
要依靠进口,其中以 24 度精炼棕榈油为主,占进口总量的 60％以上。所谓 24 度精炼棕
榈油,即当温度下降到 24 摄氏度以下时,棕榈油就会凝结。因此,在寒冷的冬季,棕榈
油的需求量明显下降;而在夏季其用量明显增加。二是食用消费较工业消费多 1 倍,食
用消费主要集中于用油的食品企业,例如方便面生产企业。

二、棕榈油期货

表 9-10 是大连商品交易所于 2007 年 10 月 29 日上市交易的棕榈油期货合约。与
豆油期货相比,棕榈油期货的交易标的是可以直接食用的成品油,价格变化不需要中间
环节,即可直接传导至消费领域。因此,开展棕榈油期货交易,能够为现货企业提供有
效的避险工具,增强我国企业在国际贸易中的话语权。

表 9-10　大连商品交易所棕榈油期货标准合约

项目	棕榈油
交易单位	10 吨/手
报价单位	元(人民币)/吨
最小变动价位	2 元/吨
涨跌停板幅度	上一交易日结算价的 8％
合约月份	1、2、3、4、5、6、7、8、9、10、11、12 月
交易时间	每周一至周五上午 9:00—11:30,下午 1:30—3:00 以及交易所规定的其他交易时间
最后交易日	合约月份第 10 个交易日
最后交割日	最后交易日后第 2 个交易日
交割等级	符合大连商品交易所棕榈油交割质量标准
交割地点	大连商品交易所棕榈油指定交割仓库
最低交易保证金	合约价值的 10％
交易手续费	不超过 6 元/手(当前暂为 2.5 元/手)
交割方式	实物交割
交易代码	P
上市交易所	大连商品交易所

目前,国内的商品期货品种中,只有棕榈油是不易储存的商品。棕榈油储存期间,
酸值、过氧化值、色泽 3 个主要质量指标都会产生一定程度的变化,根据这一商品特性

及相关指标的变化情况,大连商品交易所在开发该品种时,对仓单注销制度进行了创新,规定棕榈油仓单当月注销,使得棕榈油实际在库时间约为 20—30 日,并对上述 3 个指标分别设计了入库、出库标准,以保证棕榈油出库时易变化的指标也能符合国标要求。

三、影响棕榈油价格的主要因素

随着全球棕榈油贸易量的持续快速增加以及棕榈油用途不断扩展,影响棕榈油价格变化的因素越来越多。除了供需状况以外,国际经济金融市场变化、能源价格、美元汇率、豆油和菜籽油等相关替代品的价格变化对棕榈油价格的影响也越来越大。

(一)产量因素

由于棕榈油主要产自马来西亚和印度尼西亚等少数几个国家,而其他国家必须从这几个国家进口棕榈油(其中印度是棕榈油进口最多的国家之一),因此,马来西亚等国家的棕榈油产量是影响其价格波动的根本因素。

受全球植物油食用和工业消费量不断增加的影响,过去 10 多年来全球植物油产量一直呈现增加的态势,其中表现最为突出的是棕榈油,其产量持续快速增加。然而,从图9-15 中可以看出,棕榈油产量经历了多年的快速增长后,其增速在近几年来有所放缓。这主要是由棕榈油的主要进口国印度和中国在 2018 年时棕榈油的库存量较大所致。

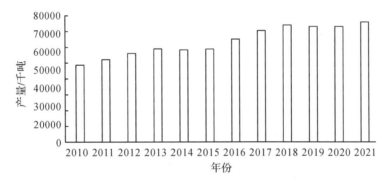

图 9-15　2011—2020 年全球棕榈油产量

资料来源:同花顺 iFinD。

(二)需求因素

棕榈油作为全球最为廉价的食用植物油,在食品工业上具有其他植物油无法替代的地位。

在我国,随着国民经济的快速发展和人民生活水平的不断提高,国内植物油食用量和工业消费量持续增加。但由于我国耕地面积有限,油料种植与粮食和其他作物的种植存在争地现象,国内油料产量难以大幅增加,国内食用植物油供需不平衡的矛盾一直存在,导致我国油料和植物油进口量不断增加。相关数据显示,2020 年我国进口食用植物油数量达到 1169.5 万吨,较 2006 年增加 498 万吨。最近两年我国植物油进口量都超过了 1000 万吨,如果加上进口大豆和油菜籽,我国植物油对国际市场的依赖程度超过了 72%。

(三)政策因素

2006 年以前,我国对棕榈油的进口是由国家统一管理的,实行配额许可证管理制度。国家将配额下发到各省市,再由各省市下发给具体用油单位。配额许可证由当时的商务部配额许可证管理局发放。毛棕榈油的进口关税为 9%,增值税为 13%,精炼棕榈油的进口关税为 12%,增值税为 13%。

2006 年 1 月 1 日开始,我国放开了对棕榈油进口的管制政策,取消其进口关税配额管理,改为自动进口许可证管理。我国取消植物油关税配额之后,植物油进口环境更加趋于宽松,没有配额的限制,有条件进口植物油的企业数量明显增多,进口数量的不确定性也明显增强。

除贸易政策外,如果价格下跌,主产国会采取一些托市政策。近几年主要采用的是:第一,对树龄过高的油棕树进行重植;第二,加大国内生物柴油消费,提高棕榈油制成的生物柴油混掺率。

(四)天气因素

棕榈油生产的周期比较长,每年的 9—10 月是产量高峰期,而 1—2 月是低谷期。但是,如果这两个月出现暴雨天气,那么大量的降雨将使棕榈油的产量大幅度下降,导致这段时间内盘面上的棕榈油价格大幅度上涨。

由于马来西亚和印度尼西亚的地理位置,棕榈油的产量深受厄尔尼诺和拉尼娜天气的影响。厄尔尼诺现象是发生在横跨赤道附近太平洋的一种准周期气候类型,大约每 5 年发生一次。发生厄尔尼诺现象时,这两个国家的气候异常偏暖,可能导致当地气候干旱。相反地,拉尼娜是指赤道太平洋东部和中部海面温度持续异常偏冷的现象。拉尼娜天气还常常引起大量降水。这两种天气都会导致棕榈油产量下降。

扩展阅读 9-1

厄尔尼诺对棕榈油的产量影响

目前全球棕榈油的主产区在马来西亚和印度尼西亚,厄尔尼诺现象可能导致当地气候干旱,进而导致棕榈油减产。

首先我们从历来厄尔尼诺出现的年份看棕榈油产量的变化情况。从整体上来说,近 20 年来马来西亚棕榈油产量持续稳步上升,但在出现厄尔尼诺现象的年份产量还是出现了减少或者微增的情况,可见厄尔尼诺现象的出现确实对产量产生了很大的影响。

从 20 世纪 70 年代至 90 年代的 20 多年间,厄尔尼诺现象分别在 1976—1977 年、1982—1983 年、1986—1987 年、1993—1994 年和 1994—1995 年出现过 5 次。从马来西亚棕榈油产量来看,1982—1983 年其产量出现了 14.8% 的降幅。1986—1987 年产量出现了 0.21% 的上涨。1993—1994 年产量出现了 2.47% 的下降。这些产量数据的变化也印证了厄尔尼诺现象会导致棕榈油的减产。

四、棕榈油和豆油间的跨品种套利

由于豆油和棕榈油都是主要的油脂类产品,互相的替代性强。通过数据计算也能看到两者有着紧密的联系,同涨同跌的趋势非常明显(见图 9-16)。豆油价格受到国产大豆和进口大豆(CME 大豆)期价的影响;而棕榈油价格受到马来西亚毛棕榈油期价的影响。这些因素又常常造成豆油与棕榈油间价差的波动。这种变化为投资者进行豆油与棕榈油间的跨品种套利提供了机会。

图 9-16 棕榈油与豆油的期现价格走势图

数据来源:同花顺 iFinD。

豆油与棕榈油的套利,是利用它们不同但相互关联的特性造成价格差异,再进行套利的一种投资方式。能够实行跨品种套利的期货合约之间必须具有很强的相关性,品种之间的相关性越强,出现跨品种套利机会时的投资风险相对就越小。例如,农产品期货中大豆与豆油、豆粕之间由于原料的一致性,其期货价格存在着相对稳定的比价关系,通常在价差偏离明显的时候都会出现大量的跨品种套利机会。在做豆油和棕榈油套利方案设计及分析时,需要关注制订方案时的实际情况,不能只根据相关性及历史价差做判断。

业界实例 9-1

棕榈油和豆油间的跨品种套利

对 2006 年 10 月至 2009 年 2 月豆油和棕榈油的价差进行统计分析后发现,二者价差的均值为 1313.55,波动幅度为 588 元/吨。投资者进行套利时,可以参考历史数据,估算出豆油和棕榈油的合理价差区间。当二者的价差低于界定区间时,可以买入豆油,卖出棕榈油;而当价差高于界定区间时,可以买入棕榈油,卖出豆油。虽然这是根据现货价格而确定的理论区间,但由于棕榈油和豆油的期现价差稳定在较小的波动范围内,因此,通过现货得出的合理价差区间仍具有很强的指导意义。

根据上述分析,棕榈油和豆油每年至少有两次较大的套利机会,同时,在价差波动不是非常剧烈的时候,投资者也可以通过对价差走势的跟踪,实时关注价差变化,仍有很多可以获得小额收益的套利机会。

但总体来看,2007 年之后,棕榈油和豆油的价差活动范围出现明显扩大。因此,根据价差难以确定合理的套利区间,而通过比较比价和比值的走势可以发现,虽然 2008 年价差出现了巨幅波动,但是比值相对而言仍处于比较平稳的区间,总体保持在 1.1—1.4 的范围内运行。2008 年比值范围最高时也只为 1.68,因此,相较价差而言,用比值来进行判断更为合理。

棕榈油产业链分析

 小 结

油是生活的必需品,被有效地应用于食品、化工、农业等领域,油脂行业是直接关系到国计民生的基础性行业。因此,油以及与油相关的农作物的价格,成了诸多农民和企业关心的问题。本章首先介绍了油脂油料的概况,然后介绍油脂油料市场的现状和未来发展,最后分析大豆及其相关产品和棕榈油的基本面。这些油脂之间存在着互相可替代性,其期现价格存在着显著的相关性,因此存在着跨品种套利的可能性。

推荐阅读

[1] 赵玉:《大豆期货价格波动的风险管理研究》,北京理工大学出版社 2012 年版。

[2] 中国期货业协会:《大豆》,中国财政经济出版社 2010 年版。

[3] 中国期货业协会:《棕榈油》,中国财政经济出版社 2010 年版。

[4] 李桂华:《油料油脂检验与分析》,化学工业出版社 2006 年版。

名词解释

①CRB 指数

②油料

③厄尔尼诺

④跷跷板效应

⑤临储政策

⑥产能过剩

思 考 题

①简述豆粕的产业链。

②收储政策对大豆价格有什么影响？

③我国棕榈油消费的特点是什么？

④棕榈油和豆油间如何进行跨品种套利？

第九章课后练习资料

第十章　能源化工板块概述

2013 年 2 月 26 日,中国第三大国有石油公司——中国海洋石油集团有限公司宣布完成收购加拿大油气公司尼克森的交易,收购尼克森的普通股和优先股的总对价约为151 亿美元。这桩耗时 7 年,被尼克森称为中国有史以来最大的一笔海外并购生意终于签字达成。有外电评价说,这只是一家中国公司全球布局的开端,此举不仅会让中海油拥有更大的海外资源,更有望提升这家中国国有公司在国内同行业中的地位。一桩生意引发的国际猜想显然超出了当事人的预料。中海油首席执行官李凡荣表示:"尼克森是一个较强且具备较好增长前景的多元化公司,拥有丰富的资源量及储量、较好的勘探前景以及能够实现其资产价值的高素质员工。中海油将充分发挥该平台的功能,进一步拓展公司的海外业务。"不仅中海油,中国另外两大石油巨头——中国石油天然气集团有限公司和中国石油化工股份有限公司也都希望通过海外并购提升自己的市场竞争力。这能否为中国能源在国际市场的布局带来新的突破?

第一节　能源化工产业概述

一、石油化工

能源化工一般包括石油化工产业和煤化工产业,如图 10-1 所示。

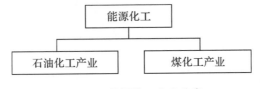

图 10-1　能源化工产业分类

石油化工又称石油化学工业,指化学工业中以石油为原料生产化学品的领域,广义上也包括天然气化工。石油、天然气和冶炼气的开采技术日渐成熟,开采成本持续降低,国内石油化工行业迎来了新一轮的发展机遇。

石油化工作为一个新兴产业,是 20 世纪 20 年代随着石油炼制工业的发展而逐步形成的,石油化工的高速发展,使化学品的生产从传统的以煤及农林产品为原料,转移到以石油及天然气为原料。石油化工已成为化学工业的重要组成部分,在国民经济中占有极其重要的地位。以石油及天然气为原料生产的化学品品种极多,范围极广。原料主要为石油炼制过程中产生的各种石油馏分和炼厂气,以及油田气、天然气等。

二、煤化工

煤化工是指以煤为原料,经化学加工使煤转化为气体、液体、固体燃料及化学品的过程。主要包括煤的汽化、液化、干馏,以及焦油加工和电石乙炔化工等。

截至目前,由于煤化工的原料中煤杂质很多,所以其成品在实际的工业应用中受到了很大的限制。在煤化工可利用的生产技术中,炼焦是应用最早的工艺,并且至今仍然是煤化工的重要组成部分。

煤的汽化在煤化工中占有重要的地位,用于生产各种气体燃料,是洁净的能源,有利于提高人民生活水平和保护环境;煤汽化生产的合成液体、燃料等是多种化学工业的原料。煤直接液化,即煤高压加氢液化,可以生产人造石油和化学产品。在石油短缺时,煤液化之后的产品将替代目前的天然石油。

第二节 能源化工产业链

能源化工产业链包括石油的开采行业、石油炼制行业、基本有机行业、高分子合成行业、高分子合成材料成型行业。

一、石油化工产业链

石油领域的上游通常指原油和天然气的寻找、采收和生产,称为勘探和生产领域。还包括寻找地下或者水下油田和气田,以及钻井等工作,还有后续开采原油和收取天然气等油井的运营工作。

下游领域包括石油炼厂、化工厂、石化产品的分配和销售环节,以及天然气销售等。下游行业涉及数千种油品和化工产品,如汽油、柴油、航空燃料、取暖油、沥青、润滑剂、合成橡胶、塑料、化肥、防冻剂、杀虫剂、医药品、天然气和丙烷等。

生产石油化工产品的第一步是对原料油和气(如丙烷、汽油、柴油等)进行裂解,生成以乙烯、丙烯、丁二烯、苯、甲苯、二甲苯为代表的基本化工原料。第二步是用基本化工原料生产多种有机化工原料(约 200 种)及合成材料(塑料、合成纤维、合成橡胶)。这两步生产的产品属于石油化工的范畴。有机化工原料继续加工可制得更多品种的化工产品,习惯上不属于石油化工的范畴。在有些资料中,以天然气、轻汽油、重油为原料合成氨、尿素,甚至制取硝酸也列入石油化工范围。

石油产品可分为:石油燃料、石油溶剂与化工原料、润滑剂、石蜡、石油沥青、石油焦等 6 类。其中,各种燃料产量最大,约占总产量的 90%;各种润滑剂品种最多,产量约占 5%。各国都制定了产品标准,以适应生产和使用的需要。从炼油出发的产业链见图 10-2。

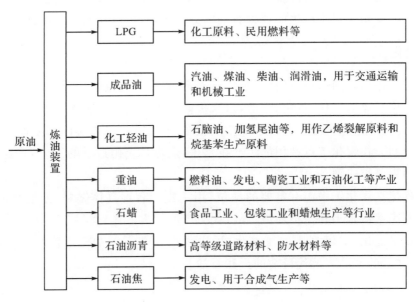

图 10-2 石油化工产业链

石油馏分(主要是轻质油)通过烃类裂解、裂解气分离可制取乙烯、丙烯、丁二烯等烯烃和苯、甲苯、二甲苯等芳烃,芳烃亦可来自石油轻馏分的催化重整。石油轻馏分和天然气经蒸汽转化、重油经部分氧化可制取合成气,进而生产合成氨、合成甲醇等。随着科学技术的发展,上述烯烃、芳烃经加工可生产包括合成树脂、合成橡胶、合成纤维等高分子产品及一系列制品,如表面活性剂等精细化学品,因此石油化工的范畴已扩大到高分子化工和精细化工的大部分领域。其中石脑油进一步裂解产生的产品见图 10-3、图 10-4。

从烯烃出发,可生产各种醇、酮、醛、酸类物质及环氧化合物等。C4 馏分主要为含 4 个碳原子的多种烷烃、烯烃、二烯烃和炔烃的混合物。C4 馏分是一种可燃气体,但通常是以液态贮运。其可作为燃料,或经分离作为基本有机化工原料。具有工业意义的 C4 烃主要组分有正丁烷、异丁烷、1−丁烯、异丁烯、1,3−丁二烯、C4 炔烃等,其中以 1,3−丁二烯最为重要。C4 馏分广泛用作燃料和化工基础原料。

另一石油裂解的产物是苯。苯在工业上用途很广,涉及的行业主要有染料工业等,其可用作农药生产及香料制作的原料等,又可作为溶剂和黏合剂用于造漆、喷漆、制药、制鞋及苯加工业、家具制造业等。

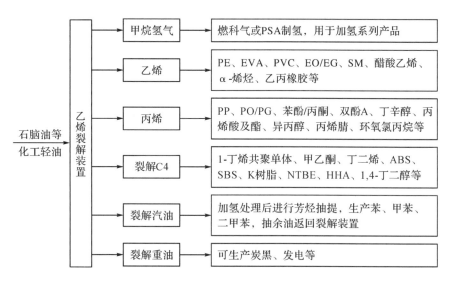

图 10-3 石脑油进一步裂解产生的产品(1)

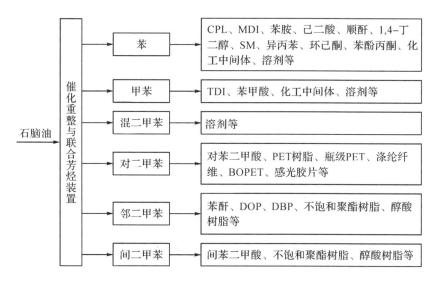

图 10-4 石脑油进一步裂解产生的产品(2)

石油化工产业链

二、煤化工产业链

新型煤化工以生产洁净能源和可替代石油化工的产品为主,如柴油、汽油、航空煤油、液化石油气、乙烯原料、聚丙烯原料、替代燃料(甲醇、二甲醚)等,它与能源、化工技术结合,可形成煤炭能源化工一体化的新兴产业。如图 10-5 所示。

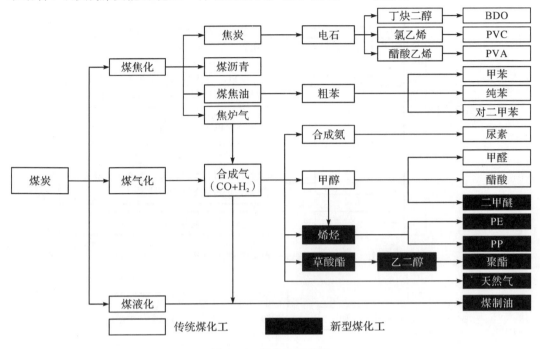

图 10-5 煤化工产业链

煤炭能源化工产业将在中国能源的可持续发展战略中扮演重要的角色,是今后 20 年的重要发展方向,这对于中国减轻燃煤造成的环境污染、降低中国对进口石油的依赖具有重大的意义。可以说,煤化工行业在中国面临着新的市场需求和发展机遇。

第三节 能源化工期货

能源期货最早是在 1978 年的纽约商业交易所上市交易的,商品是热燃油。到 1992 年间增加了其他的商品品种。能源期货的市场参与者许多是避险需求者,包括了燃油经销商、炼油者等,因此其价格具有参考性,甚至成为许多现货交易者的参考。不过原油的供需状况常常改变,特别是供给面,常受到石油输出国组织(OPEC)决议的影响。

由于油品的炼制不存在所谓的“中间体”,且国内具有成熟的现货交易市场,因而其价格的形成过程较为简单。在我国,尽管大部分油品仍由国家发展改革委定价,但石脑油和燃料油已经采取了市场定价的方式。鉴于炼油企业处于产业链的上端,因而油品的价格形成也具有某些垄断特征,地方小型炼厂往往处于不利的地位。

目前,我国有多个期货品种属于能源化工类产品。如原油、燃油、低硫燃油、焦煤、焦炭和动力煤等能源期货,沥青、聚乙烯(PE)、聚氯乙烯(PVC)、聚丙烯(PP)、乙二醇(EG)、甲醇等化工产品类期货。

一、原油期货

（一）轻质原油

原油相对密度一般在 0.75—0.95 之间，少数大于 0.95 或小于 0.75，相对密度在 0.9—1.0 的称为重质原油，小于 0.9 的称为轻质原油。

低硫轻质原油是炼油者的首选，因为它包括许多高价值产品，如汽油、柴油、民用燃料油和航空燃油等。其产品本身价值高，购买者众多，因此可以成为期货。

目前推出轻质原油期货的交易所有 4 个——纽约商业交易所、洲际交易所、新加坡交易所、日本东京工业品交易所。这四大交易所的能源商品包括原油、取暖油、汽油、轻柴油、丙烷及天然气等。其中，纽约商业交易所和洲际交易所互推旗舰品种——WTI 原料和布伦特原油，使投资者实现了在同一交易所进行 WTI 和布伦特这两种流动性最高的原油期货交易。纽约商业交易所和洲际交易所除了能源的期货合约外，还推出了期权合约供投资者选择。

（二）五大主要原油期货合约

1. 在纽约商业交易所上市的 WTI 原油合约

WTI 原油即美国西得克萨斯轻质原油，是北美地区较为通用的一类原油。目前 WTI 原油是全球原油定价的基准。而为了统一国内原油定价体系，美国以在纽约商业交易所上市的 WTI 原油合约为定价基准。

2. 伦敦国际石油交易所的布伦特原油期货合约

布伦特混合油（Brent blend）是英国北海出产的原油，其价格是其他原油定价的参照基准。被广泛用作能源市场外石油价格的参考指标。其出产地区——北海油田是世界著名的石油集中出产区，日产约 600 万桶。位于大西洋的陆缘海——北海，介于欧洲大不列颠岛、挪威和欧洲大陆之间，其所出产之石油为沿岸英国、挪威和荷兰等国所享有。北海原油因其品质高，产量稳定，迅速成为欧洲重要的能源来源。世界石油市场约 6.4％ 的供货来源于此。

3. 上海期货交易所的原油期货合约

上海期货交易所的原油期货合约于 2018 年 3 月 26 日在上海期货交易所上海国际能源交易中心正式挂牌交易。自开市至 2020 年 3 月，两年来累计成交 6568.31 万手（单边），累计成交金额 29.88 万亿元。上海原油期货总开户数突破 10 万，境外客户分布在五大洲 19 个国家和地区，日均交易量、持仓量占比约 15％ 和 20％。上海原油期货交易活跃度越来越高，持仓量不断增大，屡创新高，据美国期货业协会统计，上海原油期货交易规模已位居世界第三，成为仅次于 WTI 原油和 Brent 原油期货的世界第三大原油期货产品。

4. 新加坡交易所的迪拜酸性原油期货合约

迪拜原油是一种轻质酸性原油，产自阿联酋迪拜。迪拜油价在一般新闻报道中较少涉及。

5. 东京工业品交易所的原油期货合约

东京工业品交易所以中东原油为标的,将迪拜原油和阿曼原油的平均值作为基准价。

全球主要原油期货合约

二、油品期货

汽油期货的交易量仅次于原油。汽油是美国销售量最大的石油精炼产品,占美国石油消耗量的一半左右。纽约港是美国东海岸油品主要集散地,负责进口产品以及从纽约港和墨西哥湾精炼中心向美国其他地区发送。纽约商业交易所汽油合约价格主要基于该港石油价格。纽约商业交易所与联邦政府及州政府密切联系,不断发展监管手段以使该期货合约价格准确反映现货市场情况。

ICE 的 RBOB 汽油是一种批发型非氧化库存混合油,在纽约港驳船市场交易。

东京工业品交易所汽油期货的标的是 JIS K2202 2 级普通汽油,最大含硫量不超过百万分之十。其合约价格不包括汽油税,买方收货须向卖方支付与汽油税相等的金额。其可交割货品是在日本提炼或已结关的 JIS K2202 2 级普通汽油。其交割方式是驳船交货,地点由卖方选择,交割日原则上由买方选择,可分批交割。买方和卖方匹配以抽签方式确定,除非交割双方在最后交易日至抽签公布日期间自行找到对方。

取暖油又称 2 号燃油,是继汽油之后的第二大提炼产物,一桶原油中大约有 25% 的产出是取暖油。目前推出取暖油期货的交易所有纽约商业交易所和洲际交易所。纽约商业交易所取暖油期货合约的交割地是美国的金融中心——纽约港,实物交割。通过纽约商业交易所的清算系统,还可以完成基于炼油毛利、地区价差以及纽约港取暖油与喷气燃油和柴油价差的取暖油互换期货交易。

柴油期货合约价格是欧洲精炼油、初级分馏油、取暖油以及喷气燃油市场的基准价格。洲际交易所柴油期货的实体市场是在安特卫普、鹿特丹和阿姆斯特丹交割的取暖油驳轮。欧洲及其他地区的所有蒸馏燃油交易均用该期货合约价格作为定价参考,结算方式为实物交割。

三、天然气期货

天然气占美国能源消费的近 1/4,纽约商业交易所的天然气合约价格被广泛地作为天然气的基准价格。交割地点是路易斯安那州的亨利中心,该地区拥有产量丰富的天然气矿床,有 16 条连接洲内与洲际的天然气管道系统交会于此,负责美国东海岸、墨西哥湾沿岸、美国中西部,直至加拿大边境的所有市场的天然气供应。

四、化工品期货

(一)燃料油

中国的燃料油行业,近年来得到了迅猛的发展,其产品主要由中国石油和中国石化两大集团公司生产,少量为地方炼油厂生产。2004 年 8 月,我国期货市场迎来了第一个品种:上海期货交易所的燃料油期货。当时交易的燃料油期货品种是以 180 燃料油为标的的,上市之后运行稳健,的确发挥了应有的作用。但是,市场瞬息万变,随着技术的进步和经济的发展,燃料油市场的格局发生了巨大的变化。为了顺应行业的发展趋势,上期所于 2018 年挂牌保税 380 燃料油期货,填补了我国保税燃料油定价机制缺失的空白,并且交易规模不断扩大,凸显出其服务实体经济的功能,国际影响力也在不断加强。2020 年开始,随着限硫令的施行,全球船用油市场发生了巨大的变革,低硫燃料油逐渐成为市场主流消费品种。为了适应市场的发展,上期所于 2020 年 6 月挂牌上市了低硫燃料油期货合约,致力于促进低硫燃料油行业形成合理的定价机制,逐渐形成具有影响力的国际低硫燃料油定价中心,增强我国保税船用油行业的议价能力和国际竞争力。

国内燃料油产量相对稳定,2012 年以来一直保持在 2000 万吨左右,之后一直呈现微幅增长态势,地方炼油厂在倾向于深加工原油后,进口燃料油受到排挤,进口量在不断减少,已从 2004 年的 3054 万吨降至 2020 年的 1251 万吨左右(如图 10-6、图 10-7 所示)。

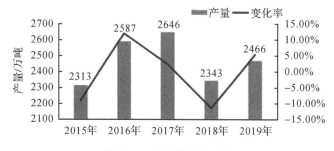

图 10-6　中国燃料油产量

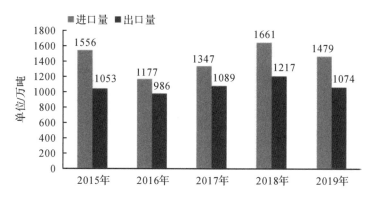

图 10-7　中国燃料油进出口量

资料来源:国家统计局。

国内燃油表观消费量 2893 万吨。我国燃料油消费主要集中在交通运输、炼化、工业、电力 4 个领域。2017 年,交通运输及工业制造板块消费继续回暖,而炼化消费板块需求继续降低,电力需求仍在低谷。由于环保替代能源的大规模应用,2010 年以来,以冶金和轻工业为代表的工业燃料油以及电力板块的燃料油消费量持续缩减,以船用油为代表的运输业受到了国际船运行业不景气等的影响,燃料油消费量有所下降,但整体保持在一个较为稳定的水平。

中国燃料油行业在发展的同时,也日益显露出一些问题。中国燃料油企业必须抓住新的发展形势,规范燃料油的分类和商品名称,生产适应市场需要的品种,推广环保新技术,谨慎投资扩张,建立与燃料油市场相适应的管理体制,加强合作,只有这样才能在新形势下立于不败之地。

(二)LLDPE

LLDPE 已渗透到聚乙烯的大多数传统市场,包括薄膜、模塑、管材和电线电缆。防渗漏地膜是新开发的 LLDPE 市场地膜,是一种大型挤出片材,用作废渣填埋和废物池衬垫,防止渗漏或污染周围地区。LLDPE 的一些薄膜市场,例如垃圾袋、弹性包装物、工业用衬套、巾式衬套和购物袋,都是这种树脂改进强度和韧性后的产物。透明薄膜,例如面包袋,一直由 LDPE 占统治地位,因为它有更好的浊度。

LLDPE 与 LDPE 的共混物将改进强度、抗穿透性和 LDPE 薄膜的刚度,而不显著影响薄膜的透明度。注塑和滚塑是 LLDPE 最大的两项模塑应用。这种树脂优越的韧性使其在理论上适用于废物箱、玩具和冷藏器具。另外,LLDPE 的高抗环境应力开裂性使其适用于注塑与油类食品接触的模塑盖子,滚塑废料容器、燃料箱和化学品槽罐。在管材和电线电缆涂覆层中应用的市场较小。目前,LLDPE 的 65%—70% 用于制作薄膜。

(三)PVC

PVC 行业步入高成本支撑时代已经毋庸置疑,行业利润被极大压缩,此时商品的价格通常会与其生产成本相差不大,而且,PVC 的生产工艺路线有多条,相对而言,低成本的工艺路线的原料价格会对 PVC 的价格影响更大一些。影响 PVC 下游的因素:(1)房地产行业;(2)国内经济走势;(3)塑料制品的出口。

(四)PTA

PTA 是重要的大宗有机原料之一,广泛用于化学纤维、轻工、电子、建筑等国民经济的各个方面。同时,PTA 的应用又比较集中,世界上 90% 以上的 PTA 用于生产聚对苯二甲酸乙二醇酯(简称聚酯,PET)。生产 1 吨 PET 需要 0.85—0.86 吨的 PTA 和 0.33—0.34 吨的 MEG(乙二醇)。聚酯包括纤维切片、聚酯纤维、瓶用切片和薄膜切片。国内市场中,有 75% 的 PTA 用于生产聚酯纤维;20% 用于生产瓶级聚酯,主要应用于各种饮料尤其是碳酸饮料的包装;5% 用于膜级聚酯,主要应用于包装材料、胶片和磁带,PTA 的下游延伸产品主要是聚酯纤维。

(五)焦炭

焦炭是重要的工业原材料,其需求量与经济形势密切相关。经济增长时,焦炭需求增加从而带动焦炭价格上升,经济萧条时,焦炭需求萎缩从而促使焦炭价格下跌。在分析宏观经济时,有两个指标是很重要的,一是经济增长率,或者说是 GDP 增长率,另一个是工业生产增长率。

(六)天然橡胶

天然橡胶是重要的工业原料,其从橡胶树的分泌物中得到。其因具有优异的综合性能,被广泛地运用于交通运输、机械制造、医药卫生领域和日常生活等方面。

(七)甲醇

甲醇是最简单的饱和醇,也是重要的化学工业基础原料和清洁液体燃料,它广泛用于有机合成、医药、农药、涂料、染料、汽车和国防等领域中。其用于制造甲醛和农药(杀虫剂)、医药(磺胺类、合霉素类)等,合成对苯二甲酸二甲酯、甲基丙烯酸甲酯、丙烯酸甲酯,以及醋酸、氯甲烷、甲胺和硫酸二甲酯等多种有机产品。并用作有机物的萃取剂和酒精的变性剂等。还可用作基本有机原料、溶剂及防冻剂。以上产品皆为基础的有机化工原料和优质燃料。

第四节 能源化工产品定价机制

一、价格传导的过程

鉴于化工领域广泛存在着"中间体",而国内又缺少交易"中间体"的现货市场,因而我国石化终端产品的价格形成过程较为复杂,往往受到上游价格垄断的影响。

能源化工产品价格的形成主要受两种因素主导:一是消费拉动,二是成本推动。在这两种类型之间,价格传导的过程和效果也大不相同。

(一)消费拉动型

在消费拉动的情况下,受下游需求增长的影响,价格开始上涨。此时,该加工环节的边际利润也随之增长,进而拉动原材料价格的上涨。这一过程在产业链中的每一个加工环节中重复,直至传导至产业链的源头石脑油(或者天然气)。这一过程有时也会在某一环节受到阻碍,特别是在产能远远大于产量或者需求的环节。

(二)成本推动型

在成本推动的情况下,产业链源头原材料价格首先上涨,其结果要求将增加的原材料成本转嫁到该加工环节的产品价格之中。这一过程在产业链中的每一个加工环节重复,直至传导至产业链末端的终端产品。不同的是,成本的推动不如需求的拉动那么顺利。由于产业链中下一环节的阻碍,价格传导过程无法完成,致使该加工环节的边际利润降低,甚至处于亏损状态。事实上,上游价格的向下传导,必须得到下游产品消费市场的消化。一旦价格超过了消费者愿意接受的程度,该产品将面临积压的命运,价格根本无法继续传导。结果该产品不得不亏损销售,生产企业必须承担亏损的现实,直到价格能够向下传导为止。

(三)消费萎缩

当消费萎缩时产品开始积压,企业开始减产,导致该加工环节的原材料价格下降。这一过程逐渐向上游传导,最终迫使产业链源头产品价格回落。这一过程有时会在某一环节减弱,因为该上游产品有可能是其他产业链的上游,只要其他产业链的整体需求没有充分下降,这一环节的产品价格也将保持稳定。

(四)成本下降

对于下游企业来说,原材料成本的下降是件好事。不但可以提高加工利润,还可以降低产品价格,扩大市场。然而,在成本下降的整个传导过程中,加工企业却很难应对。面对不断降价的原材料,无论以何种价格买入,企业都要面临亏损。这就导致了另外一种局面,企业宁可停产也不愿意生产。当然,为了保住重要的客户资源,大多数大型企业不得不继续亏本生产。

我们还可以将上游原材料价格与下游产品价格进行对比,找出价格运动的相关性。从以往产业链上产品价格的年均变化趋势来看,石脑油价格的变化与原油价格的变化总体一致,相关度在产业链中最高。也就是说,其裂解差价相对稳定。此外,从原油到PTA的整个产业链,价格传导有如下规律:原油—石脑油(加工费区间:35—50美元/吨);石脑油—MX(加工费区间:50—60美元/吨);MX—PX(加工费区间:80—100美元/吨);PX—PTA(加工费区间:150—170美元/吨)。

事实上,将原料和产品之间的差价与上述加工费区间对比,我们可以了解某一环节的盈利状况和所处的环境。一旦某一环节出现扭曲,该环节或许就是影响价格的主要因素。

二、石化价格传导的特点

石化产业价格传导主要存在以下几个方面的特点:①时间滞后性。通常产业链越长,滞后的时间也越长。②过滤短期小幅波动。由于具有滞后性,一些短期和小幅波动还没有来得及向下传导,价格就已经发生变化,因而短期和小幅波动得以过滤。③传导过程可能被阻断。当产业链中某一环节的供需关系处于极端状态时,该环节供需关系本身上升为影响价格的主导因素,因而价格传导被阻断。④价格垄断性。由于国内缺少交易石化"中间体"的市场,因而其价格具有垄断性。越是靠近产业链上端的企业,其价格垄断性越强。⑤国际市场价格的影响。进口依存度较高的"中间体",其定价常常受到国际市场价格的影响。进口依存度越高,受国际市场价格的影响越大。

三、油品价格的形成

在我国,除石脑油和燃料油外,油品的价格仍然由国家发展和改革委员会统一定价,采用区间定价的原则。即只有当国际油价波动超过一定幅度时,才会进行调整。2013 年 3 月 26 日,成品油调价周期由 22 个工作日缩短至 10 个工作日;取消挂靠国际市场油种平均价格波动 4% 的调价幅度限制;适当调整国内成品油价格挂靠的国际市场原油品种。因此这些油品的价格与国际市场价格的联动性并不太大,且滞后的时间很长。但我国的石脑油和燃料油已率先采用了"市场定价机制"。可以设想,随着改革的深入,我国的油品价格形成机制将最终采用由市场定价的方法。

在市场定价的环境下,油品价格一方面受原材料成本和加工环节边际利润的影响,另一方面还要受产品供求关系的影响。除了生产成本之外,我国的油品价格往往受进口成本的影响,特别是亚洲市场价格的影响,尤其是在国内需求缺口较大的情况下。例如,我国黄埔市场的燃料油(180CST)价格,主要受新加坡市场价格的影响,而我国的石脑油价格则主要受日本市场价格的影响。

在亚洲的油品市场中,最为重要的就是新加坡市场。亚洲地区的成品油定价基本上都要参考新加坡成品油市场价格,而"普氏"(PLATTS)的油品报价具有一定的权威性。普氏公开市场是指每天下午 5:00—5:30 在公开报价系统(PAGE190)上进行公开现货交易的市场,每天公布的报价是 15 天以后交货的价格,实际交割一般在 15—30 天之内进行。

四、裂解差价与价格传导

与化工产业不同,由于不存在所谓石化"中间体",油品的价格均由交易油品的市场决定。一般来说,油品成本应该包括生产原材料和辅料,以及加工过程中发生的费用。或者说,油品价格由"原材料成本+边际利润"构成。通常,我们使用"裂解差价"的概念,描述某一油品的市场价格与原油的市场价格之差。

在油品市场上,裂解差价是衡量企业盈利状况的一种指标,也是市场供求关系的一种反映。当裂解差价走高时,炼厂的利润扩大。这意味着:或者油品价格上涨,或者原油价格下降,或者两者兼而有之,其结果是炼厂利润增加。当裂解差价走低时,意味着:或者油品价格下跌,或者原油价格上涨。这种价差的变化,通常暗示着价格的未来走向。

五、影响价格的其他因素

(一)季节性影响

季节性主要是指随着季节的交替而产生的需求量不同的情况,石化终端产品的季节性消费情况直接带动上游石化产品的产销变动,从而进一步引发价格的相应波动,形成一定的季节性交替。在石化产业链中,还有一些环节具有季节性特点,包括原油等。

（二）相关商品价格走势

由于相关商品价格具有较强的替代作用,其价格变动也直接影响到石化产品价格走势,如 PTA 和棉花,由于其都是纺织品的直接上游原料,所以它们之间具有较强的替代作用,价格走势也具有一定的联动性。

（三）人民币汇率变化

人民币汇率变化直接影响到石化"中间体"及其上下游产品的进出口价格,将直接影响到该系列商品的进出口竞争力。如对 PTA 而言,我国是全球最大的纺织品生产国和出口国,人民币升值会降低纺织品的出口竞争力。但从另一方面来看,人民币升值意味着按美元计价的进口对二甲苯价格更加具有吸引力,有可能促使相应的报价上升。

（四）国家宏观政策法规对价格的影响

国家宏观政策法规对价格的影响主要包括进口关税、出口退税以及国家产业政策取向等。进口关税直接影响到进口商品的成本,出口退税反映了出口商品在国外的竞争力,而国家产业政策取向则直接影响到某个产业或领域在未来的发展状况,对未来产品的供需情况及相关产业的发展状况具有较强的联动作用。

总之,石化产业链较为复杂,各品种具有各自的特点。如 PTA 与纺织品市场密切相关,而 LLDPE 与农膜市场密切相关。这就导致了各个品种还有自己的运行规律,尽管它们受原油价格的影响完全相同。鉴于我国的农业生产受经济危机的影响有限,LLDPE 领先于原油价格恢复上行,就是一个"减缓、阻断甚至逆转原油走势"的典型例子。

石化价格的传导特点

 小 结

本章主要介绍能源化工产业,石油化工作为一个新兴产业,是 20 世纪 20 年代随着石油炼制工业的发展而形成的,20 世纪三四十年代石油化工技术的成熟,使得"二战"后石油化工行业快速发展,大量化工产品生产从传统的以煤及农林产品为原料,转移到以石油及天然气为原料。石油化工已成为化学工业中的基础工业,在国民经济中占有极其重要的地位。本章主要介绍能源化工的产业链、国内期货品种的基本面以及交易实践。

推荐阅读

[1] Y. H. 惠:《贝雷:油脂化学与工艺学(第五版第一卷)》,徐生庚、裘爱泳译,中国轻工业出版社 2001 年版。

［2］李为民、王龙耀、许娟:《现代能源化工技术》,化学工业出版社 2011 年版。

［3］姚蒙正、程侣柏、王家儒:《精细化工产品合成原理》,中国石化出版社 1992 年版。

［4］陈洁:《油脂化学》,化学工业出版社 2004 年版。

［5］李昌珠、蒋丽娟、程树棋:《生物柴油——绿色能源》,化学工业出版社 2004 年版。

名词解释

①烃类裂解

②实物交割

③炼焦

④裂解气分离

思 考 题

①裂解差价是什么意思?

②石油期货市场的基本功能是什么?

第十章课后练习资料

第十一章 塑料相关产业链概述

第一节 PTA 概述

PTA 是精对苯二甲酸(Pure Terephthalic Acid)的英文简称,在常温下是白色粉状晶体,无毒,易燃,若与空气混合,在一定限度内遇火即燃烧。

一、生产过程

PTA 为石油的下端产品。石油经过一定的工艺过程生产出石脑油(别名轻汽油),从石脑油中提炼出 MX(混二甲苯),再提炼出 PX(对二甲苯)。PTA 以 PX(配方占 65%—67%)为原料,以醋酸为溶剂,在催化剂的作用下经空气氧化(氧气占 33%—35%),生成粗对苯二甲酸。然后对粗对苯二甲酸进行加氢精制,去除杂质,再经结晶、分离、干燥,制得精对苯二甲酸产品,即 PTA 成品。

国际、国内有厂家生产粗对苯二甲酸,如三鑫石化的 EPTA,韩国三南的 QTA,等等。其生产工艺中少了后面的精制过程,成本低,具有价格优势,可满足不同聚酯企业需要。

二、用途

PTA 是重要的大宗有机原料之一,广泛用于化学纤维、轻工、电子、建筑等国民经济的各个方面。同时,PTA 的应用又比较集中,世界上 90% 以上的 PTA 用于生产聚对苯二甲酸乙二醇酯(简称聚酯,PET)。生产 1 吨 PET 需要 0.85—0.86 吨的 PTA 和 0.33—0.34 吨的 MEG(乙二醇)。聚酯包括纤维切片、聚酯纤维、瓶用切片和薄膜切片。国内市场中,有 75% 的 PTA 用于生产聚酯纤维;20% 用于生产瓶级聚酯,主要应用于各种饮料尤其是碳酸饮料的包装;5% 用于膜级聚酯,主要应用于包装材料、胶片和磁带。可见,PTA 的下游延伸产品主要是聚酯纤维。

聚酯纤维,俗称涤纶,在化纤中属合成纤维。合成纤维制造业是化纤行业中规模最大、分支最多的子行业,除了涤纶外,其产品还包括腈纶、锦纶、氨纶等。2020 年,我国化纤产量为 6025 万吨,同比增长 3.4%。其中,涤纶产量 4923 万吨,同比增长 3.9%;锦纶产量 384 万吨,同比增长 3.9%;粘胶短纤产量 379 万吨,同比下降 3.8%;氨纶产量

83万吨,同比增长14.4%。涤纶分长丝和短纤,长丝约占62%,短纤约占38%。长丝和短纤的生产方法有两种:一是PTA和MEG生产出切片,用切片溶解后喷丝而成,这种方式被称为二步纺或切片纺;一种是PTA和MEG在生产过程中不生产切片,而是直接喷丝而成,这种方式被称为一步纺。

涤纶可用于制作特种材料,如防弹衣、安全带、轮胎帘子线、渔网、绳索、滤布及绝缘材料等。但其主要用途是作为纺织原料的一种。国内纺织品原料中,棉花和化纤占总量的90%。我国化纤产量位列世界第一,2020年,我国纺织纤维加工总量占世界的比重超过50%,化纤产量占世界的比重超过70%。因此,涤纶是纺织行业的主要原料。涤纶长丝供纺织企业用来生产化纤布,涤纶短纤一般与棉花混纺。棉纱一般占纺织原料的60%,涤纶占30%—35%,不过,二者因价格变化可互相替代。

三、交割的质量标准

(一)检验规则

PTA产品以同等质量、均匀的产品为一批,可按生产周期、生产班次或产品贮存料仓组批。PTA产品的取样按GB/T 6678—2003和GB/T 6679—2003的规定进行。样品量1kg—2kg,样品分装成两份,一份供检验用,一份作为留样保存。工业用PTA应由生产厂的质量检验部门进行检验,并按相关规定进行合格判定。生产厂应保证所有出厂的产品质量符合标准要求。每批出厂产品都应附有质量证明书,其内容包括:生产厂名、产品名称、等级、批号、净含量、生产日期和标准代号等。如果检验结果不符合标准要求,应重新加倍抽取有代表性的样品复验,复验结果只要有一项指标不符合标准要求,则该批产品不能按标准验收。产品接收单位有权按标准对所收到的PTA产品进行质量验收,验收期限由供需双方商定。当供需双方对产品质量发生异议时,可由双方协商解决,或共同提请仲裁机构进行仲裁检验。

(二)包装、标志、运输和贮存

袋装产品采用内衬塑料薄膜的包装袋包装,每袋产品净含量1000kg。包装袋上应印有生产厂名、厂址、商标、产品名称、等级、批号、净含量和标准代号等。PTA产品也可使用不锈钢槽车装运,装料前应检查槽车是否清洁、干燥,装料后进料口应密闭并加铅封。

PTA产品运输中应防火、防潮、防静电。袋装产品搬运时应轻装轻卸,防止包装损坏;槽车装卸作业时应注意控制装卸速度,防止产生静电。PTA产品应存放在阴凉、通风、干燥的仓库内,应远离火种和热源,与氧化剂、酸碱类物品分开存放,应防止日晒雨淋,不得露天堆放。

(三)安全要求

PTA为易燃物质,遇高热、明火或与氧化剂接触,有燃烧的危险。PTA粉尘具有爆炸性。因此,产品的生产和装卸过程中应注意密闭操作,工作场所应采取必要的通风和防护措施,防止产品泄漏和粉尘积聚。PTA属低毒类物质,对皮肤和黏膜有一定的刺激作用。对过敏症者,接触本品可引起皮疹和支气管炎。

四、交割制度

(一)实物交割制度

实行滚动交割制度。自合约进入交割月第一个交易日至交割月最后交易日前一交易日,买方、卖方均可在每个交易日下午2:30之前提出交割申请;最后交易日闭市后,按交易所规定集中配对,并按规定程序完成交割。采用三日交割法,第一日为配对日,第二日为通知日,第三日为交割日。

期货转现货。期货合约自上市之日起到该合约最后交易日期间,均可进行期转现。持有同一交割月份合约的买卖双方达成协议并按规定填写期货转现货协议表后,在每个交易日的下午2:30之前到交易所办理期转现审批手续。交易所批准后,期转现的买卖双方持有的期货头寸,由交易所在批准日的下午闭市之后,按买卖双方达成的平仓价格平仓。买卖双方达成的平仓价格应当在审批日合约价格限制的范围内。

(二)PTA交割各种费用及收费标准

入库费(吊卸、码垛):10元/吨。出库费(扒垛、装车):10元/吨。交割预报定金:20元/吨(货物入库完毕之日起两个工作日内予以返还)。交割手续费:交易所收2元/吨(应以期货公司收取为准)。仓储费:0.4元/吨·天。仓单转让手续费、期转现手续费:1元/吨。

第二节　PTA产能

一、世界产能分布和市场分析

(一)产能和消费

目前,亚洲是全球PTA最主要的生产地和需求地,而北美和西欧地区的生产能力远远低于亚洲。

世界PTA主要贸易量集中在亚洲地区。2020年我国PTA总进口量约为61.59万吨,较2019年同期减少33.9万吨,跌幅35.50%;2020年我国累计出口量约为84.68万吨,较2019年增加15.51万吨,增幅为22.42%。北美及西欧地区是世界PTA主要净出口地区,而亚洲、中南美洲和中东欧是主要净进口地区。从近几年世界PTA的贸易趋势来看,亚洲地区贸易量占世界总贸易量的比例逐年上升,西欧地区略有下滑,而北美地区呈下降的趋势。

目前,世界PTA主要用于生产聚酯,占PTA总消费量的98%以上,而PTT(聚对苯二甲酸丙二醇酯)与 PBT(聚对苯二甲酸丁二醇酯)的生产规模较小,目前对 PTA 的需求量仅为约 200 万吨。未来几年世界 PTA 工业仍将快速发展,2020 年中国 PTA 需求量达 4536.39 万吨,较 2019 年增加了 24.68 万吨,同比增长 0.5%。新增产能主要来自中国、印度、泰国等国家。中东、北美及西欧等地的 PTA 产能增速相对较缓,新建计划不多。而未来世界 PTA 的消费结构变化不明显,用于生产聚酯的比例仍将超过 90%。

产能方面,全球 PTA 产能亚洲第一,占比 88% 左右。中国是全球最大的 PTA 生产国和消费国。2021 年,亚洲 PTA 产能为 8683 万吨,占全球总产能的 88%,其中中国地区的 PTA 产能占全球的 67%,产量约为 5200 万吨。中国是亚洲最大的 PTA 生产和消费中心,全球 PTA 的话语权完全掌握在中国企业手中。

(二)近期扩能项目与产业整合

根据方正中期 2021 年的年报,近几年的新增产能都来自中国,且来自聚酯龙头企业的进一步扩张,其他地区新增产能不多。目前我国 PTA 有效产能达到 6480 万吨/年左右。国内 PTA 生产企业主要包括荣盛石化、福建百宏、恒力石化、福海创、逸盛石化等。

2021 年,我国 PTA 新装置投产 800 万吨,主要来源于福建百宏、逸盛新材料、盛虹石化等企业。PTA 产能区域集中度较高,我国 PTA 产能主要集中在华东、东北和华南地区,三大地区合计产能占比高达九成。从国内 PTA 企业投产计划来看,未来 3 年,我国 PTA 产能将进一步增加,2021—2024 年,国内企业计划投产总产能将突破 2500 万吨,新增产能主要集中在宁波、江阴、惠州等地区。

二、中国产能分布和市场分析

(一)产能

2003 年,随着 3 套 PTA 新装置的投产,我国 PTA 总产能达到 424.5 万吨/年,随后 3 年依然保持稳步增长态势。2006 年上海亚东、翔鹭石化、远东石化二期、扬子石化、宁波三菱、逸盛石化二期等项目陆续投产,使我国 PTA 总产能达 944.5 万吨/年,同比增长 60%,成为世界最大的 PTA 生产国。2007 年远东石化三期、辽阳石化以及珠海 BP 公司等大型 PTA 装置投产后,我国 PTA 产能达到 1148.5 万吨/年,增幅超过 20%,约占亚洲 PTA 产能的 1/3,占全球 PTA 产能的 1/4。其中远东石化、厦门翔鹭、珠海 BP、扬子石化、逸盛、上海亚东和宁波三菱 7 家企业合计产能为 843 万吨/年,占国内总产能的 73.4%,也是国内合同货的主要来源;其他如仪征化纤、洛阳石化、天津石化等产品基本内部消化,占现货市场份额较小。

2008 年仍有 210 万吨/年新增产能投产,国内 PTA 产能达到 1358.5 万吨/年。其中,BP 集团珠海 BP 化工有限公司 PTA 二期装置于 2008 年 11 月 20 日投产。珠海 BP 化工有限公司是中国境内第一个生产和销售 PTA 的中外合资企业,是 BP 集团和富华集团合作的结晶,其中 BP 和富华分别持有 85% 和 15% 的股份。珠海 BP 化工有限公司成立于 1997 年,其第一套 PTA 装置于 2003 年 1 月投产。此后,经过一年的工艺优化及可靠性提升,一期 PTA 装置的生产能力由 35 万吨/年提升至 50 万吨/年。二期装置设计能力为 90 万吨/年,是世界上单线设计能力最强的 PTA 装置,凭借超过 6.6 亿美元的总投资和 140 万吨的年总生产能力,珠海 BP 业已跻身中国最大的 PTA 生产企业之列。

2010—2011 年 PTA 处于暴利状态,进口依赖度比较大,在利益的驱动下,国内 PTA 产能从 2010 年的 1600 万吨激增至 2012 年的 3200 万吨,2 年全行业产能翻一倍,行业很快由暴利状态进入亏损状态;还有 1000 多万吨推迟到 2014 年才投产,2014 年达到 4320 万吨,产能增长率也达到 33%,从 2012 年开始 PTA 行业进入了漫长的熊市;2015—2017 年产能投放明显放缓,2017 年 PTA 产能增速为 4%。2019 年底中国 PTA 产能为 5766 万吨,2019—2022 年新建 PTA 项目合计产能 3620 万吨,全球 PTA 新建产能主要集中在中国,美国、印度仅各一套装置,合计产能 240 万吨/年。2020 年以后中国大型 PTA 聚酯一体化企业继续加大投资规模。开工率方面,自 2015 年起,落后产能逐步出清,开工率稳步提升,2018 年开工率为 76%,相对于 2015 年的 65% 开工率已有大的提高。2019 年全球 PTA 行业周期性回升,PTA 成本效益比较好,开工率回升至 85%。

PTA 巨大的市场需求刺激着资金向该领域大量投入,国内仍有一大批 PTA 项目正在建设或准备启动,兴起一股 PTA 投资热潮。建设规模也由过去的 60 万—100 万吨/年发展到现在的 200 万—300 万吨/年。

其中,2010 年 PTA 生产企业浙江恒逸集团和浙江荣盛控股集团,合资成立逸盛石化,10 年来该公司已累计完成投资 83 亿元,具有年产 PTA460 万吨的能力。

2020—2022 年规划的在建 PTA 项目中,恒力 4 期、5 期规划 500 万吨产能,浙江逸盛规划 600 万吨产能,桐昆石化规划 500 万吨产能,龙头企业为抢夺更多的市场占有率,纷纷加速产能扩张的步伐,从而带动自身 PTA 供给需求的持续提升。

(二)进出口

根据同花顺数据,2020 年 PTA 总进口量约为 61.59 万吨,较 2019 年同期减少 33.9 万吨,跌幅 35.50%;2020 年我国累计出口量约为 84.68 万吨,较 2019 年增加 15.51 万吨,增幅在 22.42%。

2020 年 PTA 主要进口来源地为中国台湾地区、泰国和韩国,中国台湾地区是 PTA 进口最大的来源地,其次是泰国,2020 年我国大陆地区从台湾地区进口 PTA 的总量为 33.2 万吨,占进口总量的 54%。

2021 年 PTA 净出口表现亮眼,2021 年 1—11 月份,PTA 累计出口 232 万吨,较 2020 年同期增加了 159 万吨,增幅为 219%;PTA 累计进口 6.5 万吨,较 2020 年同期下降了 53 万吨,降幅为 89%。2021 年出口表现亮眼主要是因为海外 PTA 供应受不可抗力因素影响出现明显缩量,而中国供应链维持稳定,且国产 PTA 在全球竞争中具有价格优势。

(三)供需平衡

2004年以前,国内市场PTA的进口依存度均在50%以上。随着我国PTA产业的崛起,国内市场PTA消费格局开始发生转变,2010年我国PTA自给率已由2004年的43.6%不断提高到77.15%,随着大量民营聚酯工厂地向上游PTA扩产,我国PTA已完全实现自足,并在2021年实现出口200余万吨。

(四)生产格局

我国PTA生产主要集中在江浙一带。2021年,PTA产能分布为华东地区占42.64%,华南地区占28.95%,东北地区占22.34%,其他地区占6.07%。自2005年"国退民进",民营资本乘势向上游PTA发展,塑造了当今PTA业态,生产规模主要集中于龙头企业,如逸盛、恒力、福海创、新凤鸣等,恒力石化占全国年产能的18.25%,逸盛石化约占15.26%,新凤鸣的独山能源占6%,桐昆占比5%。

近年来,由于民营企业参股和外资企业大举扩张聚酯工业,形成了由国企、民营和外资构成的多元化体系,其中民营企业约占据国内总产能的74.73%,合资企业约占据国内总产能的18.49%,国有企业约占据国内总产能的6.78%。以扬子石化、仪征化纤、上海石化等为代表的中石化旗下企业在继续扩大PTA生产规模的同时,民营企业、外资企业也踊跃加入了PTA行业。

第三节　PTA产业链

一、PTA产业链结构

简单地说,PTA的原料是PX,PX的原料是石油。PTA的下游产品主要为涤纶长丝、短纤、切片(包括纤维切片、瓶用切片、薄膜切片)。PTA的整个生产过程如图11-1所示。在以上产业链中,PTA是石油的末端产品。同时,由于很多大的聚酯厂中间不切片,而直接从PTA生产出涤纶短纤和长丝,因此,PTA是化纤的前端产品,也可以说,PTA是石化与化纤产业链的分水岭,承前启后。

由于以上分类的不同,我们在实际生活中会听到化纤行业、聚酯行业、涤纶行业等不同说法,其实,都是与PTA有关系的行业,都是投资期货需要关注的。

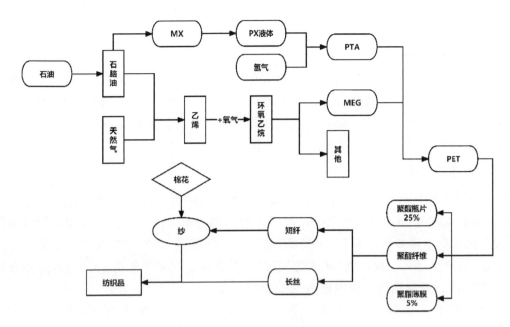

图 11-1　PTA 产业链

二、PTA 生产成本分析

PTA 的生产工艺采用 PX 和醋酸(生产 1 吨 PTA 需要 40 多公斤醋酸)反应生成 $C_8H_6O_4$,其反应式为:

C_8H_{10}+醋酸 $C_8H_6O_4$。

根据等摩尔比定律,可以计算出 PTA 生产中 PX 的理论消耗:

PX 理论消耗/PX 分子量(106)＝1 吨 PTA/PTA 分子量(166)。

即 PX 理论消耗＝106/166＝0.639,PX 实际消耗多在 0.65—0.66 左右。中国 8 万吨装置的消耗为 0.66,50 万吨和 22.5 万吨 PTA 装置对 PX 的消耗要较 8 万吨装置低一些,韩国等地的 PTA 厂对 PX 的消耗估计与中国 50 万吨和 22.5 万吨 PTA 装置对 PX 的消耗差不多,因此平均消耗估计在 0.655。

PTA 的原料成本＝0.655×PX 价。

1. 单位产品最低完全生产成本为 319 元

目前装置最先进、成本最低的是恒力石化 4♯装置,它的 PTA 完全生产成本＝0.65PX价格+0.029 醋酸价格+319,所以加工成本只有 319 元,扣除摊销和折旧后,可变成本为 256 元。也就是说当 PTA 的加工费低于 256 元后,业内就没有公司可以赚钱了,理论上可以把这个值作为加工费的底线。

2. 单位产品包装成本约为 45 元/吨

PTA 包装一般有 3 种:一种是 1 吨包装,一种是 1.05 吨包装,还有一种是 1.1 吨包装。一个包装袋的成本一般在 45—50 元。

3. 单位产品人工成本约为 20 元/吨

中国 90 万吨 PTA 项目一般的用工编制近 300 人,目前一套 50 万吨装置车间用一线工人编制仅需 70—80 人,考虑到管理、财务、供销、储运及其他后勤人员,估计一配套 53 万吨的 PTA 装置总用工 150 人足够,预计工资劳保福利总额 1100 万元,即人均约 20 元/吨。

4. 单位产品财务费用约为 145 元,单位产品折旧约为 305 元

PTA 企业资产设备的固定摊销大约占了 300—500 元。目前国内 PTA 行业的吨投资成本约为 2500 元,依技术来源和整体规划设计的不同而不同。桐昆集团的 80 万吨 PTA 产能,总投资 34.94 亿元,其吨投资成本约为 4367 元(桐昆集团 PTA 计划投资二期,其中二期 190 万吨,不排除一期建设时已将二期土地配套做好)。恒力集团的第三期 220 万吨,总投资约为 40 亿元(在土地配套都做好的情况下,只计算设备的价格),其吨投资成本约为 1818 元。荣盛集团的 120 万吨,总投资约为 45 亿元,其吨投资成本约为 2667 元。恒逸集团的三期 150 万 PTA 生产线,总共投资 31.06 亿元,吨投资成本约为 2071 元。从以上的统计中我们可以看出,第一次做 PTA 的公司的吨投资成本总是高于平均线,在 PTA 行业已经有一定经验的公司的吨投资成本会大大减少。

5. 单位产品运费约 50 元/吨

PTA 项目选址一般离聚酯生产企业相对集中地区较近,且附近最好有深水港,如宁波,这样成品运出和原料输入均方便且费用相对较低。若在宁波投资 PTA 项目,因其离聚酯生产企业较集中的萧绍地区近,这样产品运费平均在 50 元/吨左右。

6. 国外 PTA 输入中国的平均成本

PTA 工厂生产 1 吨 PTA 的直接加工费用国外一般在 45 美元,一般情况下国外投资 53 万吨的 PTA 工厂,总投资约 2.5 亿美元。按 10 年折旧,其单位产品的折旧约为 43 美元/吨,若财务费用按负债率 60%、美元年利率按 4% 计算,则单位产品的财务费用约为 11 美元/吨,但国外 PTA 输入中国的运杂费多在 20—50 美元/吨,平均在 30 美元/吨左右,因此国外 PTA 的生产成本多在 $0.655 \times$ PX 价 $+130$ 美元/吨左右,含税成本多在 $0.655 \times$ PX 含税价 $+1350$ 元/吨左右。

中国 PTA 中小规模装置的平均成本约在 $0.655 \times$ PX 价 $+1200$ 元/吨左右。

中国加工成本(含辅料成本、公用工程、财务费用及折旧)一般在 1200 元/吨左右,若不计入折旧 PTA 的加工成本约在 800—840 元/吨(中国 8—10 万吨 PTA 产能年折旧 2900 万元),年产 25 万吨的 PTA 生产线不计折旧、财务费用、管理费用。

三、PTA 成本利润分析

原油是混合物,其密度并非为固定值,而是一个范围,按其密度可分为 4 类:轻质原油(密度$<0.87 g/cm^3$)、中质原油(密度$\geqslant 0.87$—$0.92 g/cm^3$)、重质原油(密度$\geqslant 0.92$—$1.0 g/cm^3$)、超重质原油(密度$\geqslant 1.0 g/cm^3$)。一般来说,我们可以按照世界平均比重的

原油,假设原油收盘 101 美元/桶来算:

1 吨原油＝7.35 桶;

101×7.35＝742.35 美元/吨。

从原油到石脑油的加工费用在 35—50 美元/吨之间;

742.35＋35~50＝777.35~792.35 美元/吨。

(石脑油市场价 905 美元/吨,利润空间 112.65—127.65 美元/吨)从石脑油到 MX 的加工费用为 50—60 美元/吨;

905＋50~60＝955~965 美元/吨(MX 价格在 982—983 美元/吨,FOB 韩国),毛利 18—27 美元/吨。

从 MX 到 PX 的加工费用为 80—100 美元/吨;

982＋80~100＝1062~1082 美元/吨(PX 价格在 1290 美元/吨,FOB 韩国),利润 208—228 美元/吨。

从 PX 到 PTA 的加工费用为 150—170 美元/吨;

1290×0.66＋150~170＝1001.4~1021.4 美元/吨(外盘价格 995 美元/吨)。

1290×1.02×7.02×1.17×0.66＋1200＝8332.7 元/吨(合同结算价 8350 元/吨,市场现货价 8150 元/吨)。

四、替代品关系

棉花和涤纶短纤同为棉纱的主要原料,两者之间存在着一定的相互替代关系。一般情形下,纺织企业按照订单生产产品,而配棉比是由订单规定的,纺织企业可选择的余地不大,但也不排除在出现特定价差的情况下,部分企业可以根据自身情况,适当地调整纺纱原料中涤纶短纤和棉花的比例。

五、消费

(一)直接消费

PTA 主要用于生产聚酯。生产 1 吨 PET 需要 0.85—0.86 吨的 PTA。聚酯产业发展状况决定 PTA 的消费需求。聚酯纤维,俗称涤纶,在化纤中属于合成纤维。合成纤维制造业是化纤行业中规模最大、分支最多的子行业,除了涤纶外,其产品还包括腈纶、锦纶、氨纶等。2021 年中国化纤产量 6708.5 万吨,同比增长 9.5%,约占世界总产量的 73.99%。2021 年合成纤维产量为 5633.8 万吨,占化纤总量的 83%,而涤纶纤维 2021 年产量为 4922.75 万吨,占合成纤维的 87.38%。聚酯涤纶行业已经度过了扩能高峰期,在 2010—2020 这 10 年中,聚酯公司如恒逸、桐昆、新凤鸣等都集中投放产能,使得 2021 年末的国内聚酯产量比 2010 年末多了 1 倍。

(二)终端消费

聚酯产品中涤纶对 PTA 的需求量最大,决定着 PTA 的消费情况。全球 GDP 与全球纤维总消费量之间有着密切的互动关系。强势的经济增长带动了终端产品服装的需求,会为纺织工业提供更大发展动力。纺织工业发展推动聚酯需求增长,最终影响市场对 PTA 的需求量。

中国是世界上最大的纺织品生产国。从国内来看,国民经济长期稳定增长。中国拥有全世界五分之一的人口,中国人自己的穿衣和家用,占中国生产的纺织品和服装总量的 70% 以上。这表明,中国纺织业的发展潜力主要在内需上,而且内需增长较快。这是包括化纤业在内的纺织行业持续发展的最大动力。同时,纺织品是中国最具有比较竞争优势的大宗出口商品,中国是世界上最大的纺织品出口国。除了内需因素外,国内纺织行业发展还受国际市场贸易摩擦、汇率变化的影响。

PTA 产业链分析

第四节　PTA 价格形成机制

一、供给方面

为了满足国内市场对 PTA 的消费需求,PTA 产能已完成了高速发展的阶段。随着大量 PTA 产能的投放,我国 PTA 产量已基本满足国内需求,平均有 20—30 万吨的累计库存。

但值得注意的是,聚酯生产线生产周期和 PTA 项目生产周期并不同步,聚酯生产线一般需要 12—18 个月的生产周期,但 PTA 项目一般建设周期在 30 个月。在产能不同步的过程中,就会出现供应或松或紧的局面。

PTA 为连续生产、连续消费,而生产和消费可根据市场情况进行调节。同时 PTA 现货交易中以直销为主,上下游产销关系相对稳定,产销率较高。因此,生产厂家库存很少。PTA 的价值高,资金占用多。下游聚酯厂家一般也只是保存 10 多天的消费量。库存量较大的一般为贸易商及现货投资商。

二、需求方面

聚酯增长决定直接需求。PTA 主要用于生产聚酯。聚酯产业发展状况决定 PTA 的消费需求。2021 年,国内实际新增 447 万吨聚酯产能,较 2020 年增幅为 9.08%。

纺织增长决定终端需求。聚酯产品中涤纶对 PTA 的需求量最大,决定着 PTA 消费情况。2021 年中国化纤产量为 6708.5 万吨,同比增长 9.5%,约占世界总产量的 73.99%。2021 年合成纤维产量为 5633.8 万吨,占化纤总量的 83%,而涤纶纤维 2021 年产量为 4922.75 万吨,占合成纤维的 87.38%。涤纶是纺织行业的主要原料。这就是说,纺织行业的景气程度、发展情况直接影响涤纶市场消费,进而决定对 PTA 的需求。

全球 GDP 与全球纤维总消费量之间有着密切的互动关系。强势的经济增长带动了终端产品——服装的需求,会为纺织工业提供更大发展动力。纺织工业发展推动聚酯需求增长,最终影响市场对 PTA 的需求量。

三、石油价格

PTA 的源头为石油。在 2004—2005 年全球 PTA 市场供求基本平衡的情况下,PTA 价格却出现大涨。其中原因在于成本推动。特别是 2004 年以来,世界石油价格一路上涨。在高油价下,化工市场价格与原油价格密切相关,同声涨落。PTA 所处的聚酯与化纤行业也不例外。石油上涨带来成本向下游的转移,直接造成 PX 的成本增加,从而影响 PTA 的生产成本。数据分析也表明,PTA 与上游的石油、PX 二者之间存在较高的价格相关性。

四、原料价格

PX 是生产 PTA 的最直接和最主要的原料,全球范围内超过 90% 的 PX 是用来生产 PTA 的,可见 PTA 和 PX 之间关系的密切程度。现货市场中,PTA 的成本价参考公式就是以 PX 为基础的:PTA 成本价 $=0.655 \times$ PX 价 $+1200$。其中 $0.655 \times$ PX 价格为原料成本,1200 元为各种生产费用。

PTA 与 PX 之间存在较高的价格相关性。

在前几年 PX 供应紧张之时,PX 合同报价和结价经常是市场的风向标。一来,PX 是 PTA 的最主要成本,PX 的 ACP 体系也是以往 PTA 价格的参照体系。二来,PX 合同报结价均在前一个月敲定,而 PTA 成本的相当部分也相应地在前一个月就被市场认知。在 PTA 期货并未成为市场风向标,PX 供应因 PTA 产能迅猛发展而相当之紧张之时,PX 在 2008 年 7 月也一度创下结算在 1600 美元之上的天价。彼时 PX 一货难求,PTA 工厂只能大量采购 PX 合同而且以 ACP 或是一半 ACP 一半现货公式结价,PTA 工厂 80% 的生产成本都来自 PX 的 ACP 结算价格和 PX 现货价格。在 2009 年之前 PX 每月合同报结价都受市场重点关注,一旦 ACP 结高或者结低,PTA 合同的当月报价很可能随之抬高。

但游戏规则在 2009 年 PX 大量产能集中投产之后被完全打破。一来 PX 大量投产之后大量以合同货倾销,PTA 工厂没有 PX 现货采购需求,从根本上打破了 PX 现货的供需平衡。二是聚酯产能和产量的巨幅增长使得 PTA 需求旺盛,而随之 PTA 供应增长与需求增长失衡,PTA 暴利之下有充足的现金流采购国产 PX,PTA 供应商的话语权大大增加。有了大量的 PX 国产货做支撑,PTA 国内供应商可以拒绝 PX 国外供应商的 ACP 价格或者以国内 PX 价格作为结算的参考依据之一。

目前中国 PX 产能产量已经居全球首位,2021 年 PX 产能、产量维持增长。截至

2021年12月初,中国PX产能基数达3208万吨,年内新增产能605万吨/年,产能增速达23％。1—11月,国内PX产量为1973万吨,较2020年同期增加了117万吨,同比增速为6.3％。2022年,浙江石化、江苏盛虹、华联石化、广东石化等PX产能投放,年度投放合计超1000万吨,2023年至2024年宁波中金、宁波大榭、唐山旭阳、唐山浅海等公司将继续投放超1700万吨产能,届时中国PX产能将超6000万吨。目前全球PX产能已经向亚洲,尤其是中国和印度集中,主因是世界对PX的需求主要集中在中国、印度和中东地区,而PX的亚洲价格体系也开始决定全球PX价格,以往经常性地受日韩厂商和北美PX价格引导的PX定价体系已经渐渐动摇并将破灭。

第五节　LLDPE、PVC概述

一、基本概念

(一)LLDPE

线型低密度聚乙烯,英文缩写为LLDPE。无毒、无味、无嗅的白色颗粒,密度比水略小。由乙烯和少量的烯烃在催化剂的作用下,经高压或低压聚合而成。具有良好的流动性和可塑性。主要是做包装膜、薄膜、电缆涂层。

(二)PVC

聚氯乙烯,英文缩写为PVC。PVC其实是一种乙烯基的聚合物质,是一种非结晶性材料。大家在家里看到的一些管道,都是用PVC粉末做的。要看这些管子做得好与不好,你可以通过管子上标注的生产日期来判断,当然是越新的越好。其电绝缘性优良,一般不会燃烧。

二、LLDPE和PVC在塑料家族中的位置

LLDPE和PVC在塑料家族中的位置如图11-2所示。

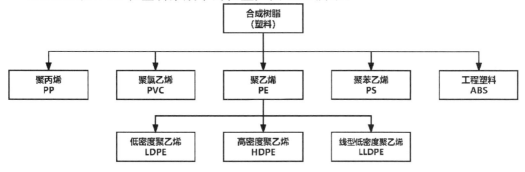

图 11-2　LLDPE和PVC在塑料家族中的位置

合成树脂统称熟料,聚丙烯 PP 和聚氯乙烯 PVC 现在已经上市了。聚乙烯 PE 的下游产品可以分为三大类:低密度聚乙烯 LDPE,高密度聚乙烯 HDPE 和线型低密度聚乙烯 LLDPE。而质量更好的产品是聚苯乙烯 PS 和工程塑料 ABS。

一般我们可以看到高密度聚乙烯 HDPE 是用来做一些比较硬的东西的。而低密度聚乙烯 LDPE 的流动性和延展性比较好,它可以和线型低密度聚乙烯 LLDPE 混合,用来做膜。

三、下游制品消费结构

(一)LLDPE 下游制品消费结构

LLDPE 下游制品的消费结构包括:包装膜 62%,农膜 22%,注塑 9%,管材 2%,电缆电线 1%,其他 4%。农膜也是影响消费非常重要的一个方面,因为农膜的消费是有季节性的。华北农业区都要用到农膜,一直要用到开春。所以说农膜是有消费周期的。

(二)PVC 下游制品消费结构

PVC 下游制品的消费结构包括:型材、门窗 22.9%,管件 2.3%,管材 13.3%,软质其他 8.5%,硬质 11.7%,硬片、板材及其他型材 9%,鞋及鞋底材料 5.2%,人造革 6%,薄膜 12%,电缆料 7%,地板革、壁纸、发泡材料 2.1%。其中一些产品与房地产相关性高,所以,房地产景气,PVC 的消费就会非常好。

四、LLDPE、PVC 的生产流程

以上产品的生产原材料都是石油,再到石脑油、乙烯,乙烯经过聚合,再到 LLDPE,到消费者手中就是包装膜、农膜等塑料制品。家里用的保鲜袋是食品级 PE,但是一些垃圾袋就不标成分,因为里面有回料。带颜色的塑料袋是绝对不能用来接触食物的。特别提醒,油炸过的食物千万不要用塑料盒装着进微波炉里加热,要加热就用陶瓷的或玻璃的器皿来装食物。因为在加热过程中塑料都会被融化,产生对身体有害的物质。

LLDPE 产业链分析

第六节　LLDPE、PVC 价格影响因素

一、影响国内 LLDPE 价格的因素

影响国内 LLDPE 价格的因素有:原油价格波动、乙烯供求、LLDPE 产能产量、LL-

DPE 国际市场价格、下游需求变化、替代品价格(有的货物可能用高密度做或低密度做,有些薄膜还是用低密度和线性混合做的,其比例也可以自己调)、库存情况(显性库存是商品交易所注册仓单的量,隐性库存是贸易商手里的货和港口压的货。库存的高低能代表现在消费的情况和整个行业周转的情况)、宏观经济形势。

二、影响国内 PVC 价格的因素

影响国内 PVC 价格的因素有:供需状况变化,原料(煤炭、焦炭、电力、原油、原盐、乙烯)价格的影响,国际原油市场波动,需求因素(房地产业,塑料制品出口),国家政策(行业振兴,行业准入,出口退税及加工贸易政策,反倾销),宏观经济形势(建材及房地产、汽车市场),人民币汇率,运输及自然灾害,出口形势,其他因素。

三、LLDPE、PVC 现货市场现状及特点

LLDPE 全球产能分布:亚洲 27%,中东 21%,北美 24%,西欧 13%,其他 15%。中东天然气非常多,做聚乙烯非常便宜,中东的货在海关报关时都很难,所以中东的货很多都是在新加坡绕一圈,换船过来,这样就算是新加坡进口的货了。但是通过看海关的报告,会发现依然有很多中东的货,也就是说中东的货在大量地冲击国内市场。它的成本很低,而且它的质量在逐渐地提高。

四、LLDPE、PVC 期货的参与者

参与者有:生产企业、贸易商、消费企业(塑料制品企业)、投资公司(代表机构的力量,会用程序化交易,会用交易的策略,会用国内的期货市场和国外的品种对冲,会用原油、黄金或者外汇等进行一种组合交易)、广大期货投资者。

没有套保单保留的市场,是不成熟的市场,不能正确反映产业链的基本情况。套保能将风险分散出去,如果只有套保没有投资,就没有来润滑风险的能力。

 小 结

通过对本章的学习,我们了解了塑料产业状况,了解了 PTA 的生产过程、检验规则、运输交割制度等基本知识,分析了当前 PTA 产能分布、PTA 的产业链发展状况以及影响 PTA 的价格因素。学习了 LLPDE 和 PVC 的基本知识、两者的期货交易情况、两者的现状和特点、影响两者价格的因素、进出口分析以及塑料期货参与者的类型等。

推荐阅读

[1] 徐智龙:《PTA 期货交易策略》,中国财政经济出版社 2011 年版。

[2] 施建军:《PTA:现货基础与期货实践》,中国财政经济出版社 2009 年版。

[3] 中国期货业协会:《精对苯二甲酸(PTA)》,中国财政经济出版社 2011 年版。

[4] 中国期货业协会:《聚氯乙烯(PVC)》,中国财政经济出版社 2010 年版。

[5] 中国期货业协会:《线型低密度聚乙烯(LLDPE)》,中国财政经济出版社 2011年版。

名词解释

①聚酯

②PET 塑料

③馏分

④乙烯

⑤线型低密度聚乙烯

⑥石脑油

⑦电石法

思考题

①PTA 期货的价格受哪些因素影响?

②影响 LLDPE 价格的因素有哪些?

③影响 PVC 价格的因素有哪些?

第十一章课后练习资料

第十二章　煤炭产业链概述

第一节　煤炭概述

中国是世界上最早利用煤的国家。辽宁省新乐古文化遗址中,就发现有煤制工艺品,河南巩义市也发现有西汉时用煤饼炼铁的遗址。《山海经》中称煤为石涅,魏、晋时称煤为石墨或石炭。明代李时珍的《本草纲目》首次使用煤这一名称。希腊和古罗马也是用煤较早的国家:希腊学者泰奥弗拉斯托斯在公元前约 300 年著有《石史》,其中记载有煤的性质和产地;古罗马大约在 2000 年前已开始用煤加热。

一、煤炭由来

千百万年来植物的枝叶和根茎,在地面上堆积而成一层极厚的黑色的腐殖质,由于地壳的变动,其不断地被埋入地下,长期与空气隔绝,并在高温高压下,经过一系列复杂的物理化学变化,形成黑色可燃沉积岩,这就是煤炭的形成过程。一座煤矿的煤层厚薄与这个地区的地壳下降速度及植物遗骸堆积的多少有关。地壳下降的速度快,植物遗骸堆积得厚,这座煤矿的煤层就厚,反之,地壳下降的速度缓慢,植物遗骸堆积得薄,这座煤矿的煤层就薄。又由于地壳的构造运动使原来水平的煤层发生褶皱和断裂,有一些煤层埋到地下更深的地方,有的又被挤到地表,甚至露出地面,比较容易被人们发现。

煤是一种包括许多有机和无机化合物的混合物,其主要构成元素有碳、氢、氧、氮、硫等,此外,还有极少量的磷、氟、氯和砷等元素。碳、氢、氧是煤炭有机质的主体,占 95% 以上。煤化程度越深,碳的含量越高,氢和氧的含量越低。硫、磷、氟、氯、砷等是煤中的有害成分,其中以硫最为常见。

煤炭被誉为黑色的金子、工业的食粮,它是 18 世纪以来人类世界使用的主要能源之一。现在虽然煤炭的重要位置已被石油所替代,但在今后相当长的一段时间内,由于石油的日渐枯竭,而煤炭储量巨大,加之科学技术的飞速发展使煤炭汽化等新技术日趋成熟并得到广泛应用,煤炭必将成为人类生产生活中无法替代的能源之一。目前我国的能源结构是富煤缺油少气,一次性能源消费结构中,2018 年以来煤炭约占 59%,石油占 18.18%,天然气消费增长超预期,占 7.8%,较 2010 年已增长 300%,但仍低于 23%

的世界平均水平。

二、煤炭的分类

煤炭是世界上分布最广阔的化石能源,世界煤炭可采储量的 80％ 集中在美国、俄罗斯、中国、澳大利亚、印度和南非等国。已探明的煤炭储量在石油储量的 63 倍以上,世界上煤炭储量丰富的国家同时也是煤炭的主要生产国。

煤炭主要分为褐煤、烟煤、次烟煤、无烟煤等 4 类。褐煤是未经过成岩阶段,没有或很少经过变质过程的煤,外观呈褐色或褐黑色,含碳量比较低、挥发分高、不黏结、易燃烧。褐煤主要用于发电,也可用作汽化原料和锅炉燃料,有的可用来制造磺化煤或活性炭,有的可做提取褐煤蜡的原料,如表 12-1 所示。

表 12-1　褐煤的分类

类别	符号	数码	分类指标	
			P_M,％	$Q_{CN}^{-N \cdot c_n^+}$ MJ/kg
褐煤一号	HM1	51	0—30	—
褐煤二号	HM2	52	>30—50	≤24

资料来源:国家标准局。

烟煤是由褐煤进一步煤化而成的,因燃烧时有烟而得此称。烟煤的爆化程度低于无烟煤,高于褐煤,具有黏结性,燃烧时火焰较长。烟煤包括贫煤、贫瘦煤、瘦煤、焦煤、肥煤、1/3 焦煤、气肥煤、气煤、1/2 中黏煤、弱黏煤、不黏煤、长焰煤。烟煤主要用作燃料及炼焦、低温干馏、汽化等原料,如表 12-2 所示。

表 12-2　烟煤的分类

类别	符号	数码	分类指标			
			V^+,％	G	Y,nn	b^{++},％
贫煤	PM	11	>10.0—20.0	≤5		
贫瘦煤	PS	12	>10.0—20.0	>5—20		
瘦煤	SM	13	>10.0—20.0	>20—50		
		14	>10.0—20.0	>50—65		
焦煤	JM	15	>10.0—20.0	>65*	≤	(≤150)
		24	>20.0—28.0	>50—65	25.0	
		25	>20.0—28.0	>65*	≤25.0	(≤150)
肥煤	FM	16	>10.0—20.0	(>85)*	>25.0	(>150)
		26	>20.0—28.0	(>85)*	>25.0	(>150)
		35	>28.0—37.0	(>85)*	>25.0	(>220)
1/3 焦煤	1/3JM	35	>28.0—37.0	>65*	≤25.0	(≤220)
气肥煤	QF	46	>37.0	(>85)	>25.0	(>220)

续　表

类别	符号	数码	分类指标			
			V^+,%	G	Y,nn	b^{++},%
气煤	QM	34	>28.0—37.0	>50—65		
		43	>37.0	>35—50		
		44	>37.0	>50—65		
		45	>37.0	>65*	≤25.0	(≤220)
1/2 中黏煤	1/2 ZN	23	>20.0—28.0	>30—50		
		33	>28.0—37.0	>30—50		
弱黏煤	RN	22	>20.0—28.0	>5—30		
		32	>28.0—37.0	>5—30		
不黏煤	BN	21	>20.0—28.0	≤5		
		31	>28.0—37.0	≤5		
长焰煤	CY	41	>37.0	≤5		
		42	>37.0	>5—35		

资料来源:国家标准局。

次烟煤是国际煤层煤分类中,含水无灰基高位发热量大于等于 20MJ/kg 到低于 24MJ/kg 的低煤阶煤。

无烟煤固定碳含量高,挥发分低,密度大,硬度大,燃点高,燃烧时不冒烟。01 号无烟煤为年老无烟煤,02 号无烟煤为典型无烟煤,03 号无烟煤为年轻无烟煤。北京、晋城、阳泉所产分别为 01、02、03 号无烟煤,如表 12-3 所示。

表 12-3　无烟煤的分类

类别	符号	数码	分类指标	
			V^*,%	H^{++},%
无烟煤一号	WY1	01	0—3.5	0—2.0
无烟煤二号	WY2	02	>3.5—6.5	>2.0—3.0
无烟煤三号	WY3	03	>6.5—10.0	>3.0

资料来源:国家标准局。

根据煤的煤化程度和工艺性能指标,煤炭开采和洗选业可分为 3 个子行业。

(1)烟煤和无烟煤的开采洗选:指对地下或露天烟煤、无烟煤的开采,以及对采出的烟煤、无烟煤及其他硬煤进行洗选、分级等提高质量的活动。

(2)褐煤的开采洗选:指对褐煤(煤化程度较低的一种煤炭)的地下或露天开采,以及对采出的褐煤进行洗选、分级等提高质量的活动。

(3)其他煤炭采选:指对生长在古生代地层中的含碳量低、灰分高的煤炭资源(如石煤、泥炭)的开采。

按照煤炭的指标属性,其用途可以分为化工、喷吹、动力和炼焦。具体分类如表 12-4 所示。

表 12-4 煤炭分类及储量占比

大类	小类	分类指标		储量占比(%)	用途
		干燥无灰基挥发分(V$_r$,%)	黏结指数(G)		
无烟煤	无烟煤	<=10.0		7.92	化工、喷吹、动力
烟煤	贫煤	>10.0—20.0	<=5	2.85	炼焦煤
	贫瘦煤	>10.0—20.0	>5—20	2.12	
	瘦煤	>10.0—20.0	>20—65	2.7	
	焦煤	>20.0—28.0	>50—65	2.94	
		>10.0—28	>65*		
	肥煤	>=10.0—37.0	>65*	5.03	
	1/3 焦煤	>28.0—37.0	>50—60	2.31	
	气肥煤	>37.0	(>85*)	3.26	
	气煤	>28.0—37.0	>50—60	9.76	
		>37.0	>35		
	1/2 中粘煤	>20.0—37	>30—50	4.21	动力煤
	弱粘煤	>20.0—37.0	>5—30	2.97	
	不粘煤	>20.0—37.0	<=5	25.53	
	长焰煤	>37.0	<=35	21.59	
褐煤	褐煤	>37.0		6.81	动力、化工
		37			

资料来源:国家标准局。

煤炭的分类

三、煤炭的分布

(一)世界煤炭分布情况

世界煤炭资源分布广泛且具有不平衡性。全世界拥有煤炭资源的国家约有 80 个,共有大小煤田 2000 多个。从资源的地区分布看,煤炭多集中在北半球,北纬 30°—70°之间是世界上最主要的聚煤带,占有世界煤炭资源量的 70%以上,尤其是北半球的中温带和亚寒带地区。世界煤炭资源的地理分布,以两条巨大的聚煤带最为突出:一条横穿欧亚大陆,西起英国,向东经德国、波兰、俄罗斯,直到我国的华北地区;另一条呈东西向绵延于北美洲的中部,包括美国和加拿大的煤田。南半球的煤炭资源也主要分布在温带地区,比较丰富的有澳大利亚、南非和博茨瓦纳。从各国拥有的煤炭资源来看,储量上 100 亿万吨的有美国、俄罗斯、中国、印度、澳大利亚、南非、乌克兰、哈萨克斯坦、波兰、巴西 10 个国家。

(二)中国煤炭分布情况

中国煤炭资源丰富,但分布极不均衡。中国北方的大兴安岭—太行山、贺兰山之间的地区,是中国煤炭资源集中分布的地区,其资源量占全国煤炭资源量的 50% 左右,占中国北方地区煤炭资源量的 55% 以上。在中国南方,煤炭资源量主要集中于贵州、云南、四川三省,这三省煤炭资源量之和占中国南方煤炭资源量的 91.47%;其探明保有资源量也占中国南方探明保有资源量的 90% 以上。

第二节　煤炭产业链分析

一、煤炭产业链特点

煤炭行业产业链结构如图 12-1 所示。

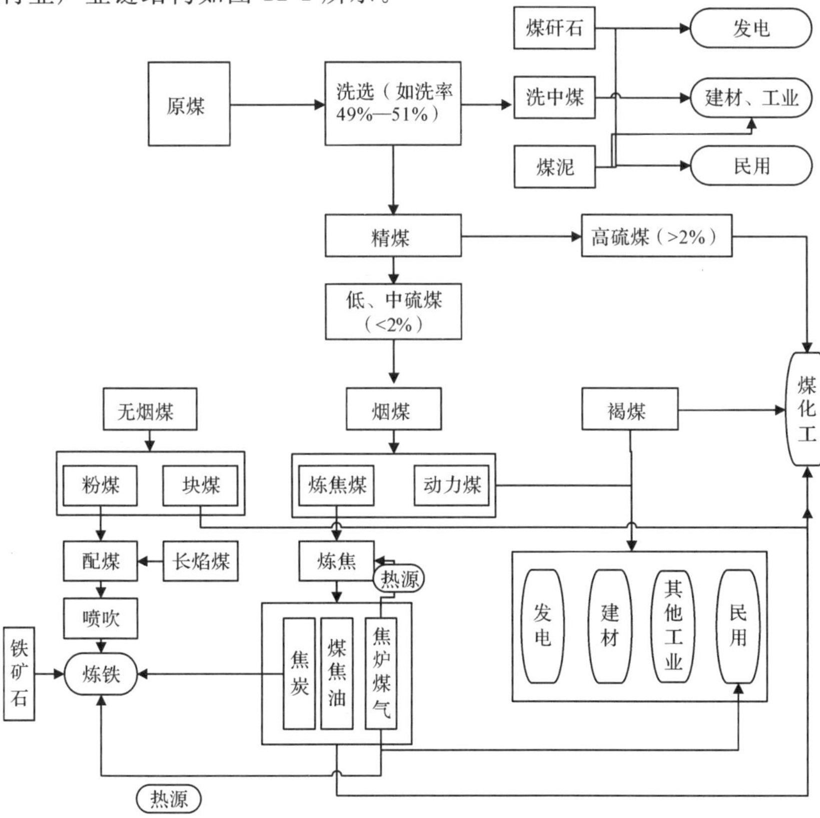

图 12-1　煤炭行业产业链结构

我国煤炭行业发展已经步入成熟阶段,上下游产业格局稳定,从现在的产业链来看,下游是影响煤炭行业发展的关键。与煤炭行业紧密相关的行业是煤炭采选业、炼焦行业和煤化工行业。

作为最上游的行业,煤炭的产业链颇长。其直接下游一般有四大行业:火电、钢铁、建材和化工行业。四大行业耗煤量合计占比接近 98.3%。电力是煤炭行业最大的下游行业,电煤消费在煤炭消费中占比超过 50%。近年来,随着经济结构转型的持续推进,火电逐渐被水电、风电、核电和太阳能发电等替代。但煤电仍然是当前我国电力供应的最主要来源,也是保障我国电力安全稳定供应的基础电源。中国电力企业联合会公布的数据显示,2021 年,全社会用电量为 8.31 万亿千瓦时,同比增长 10.3%,用电量增长快速,主要受国内经济持续恢复发展、上年同期低基数、外贸出口快速增长等因素拉动。第一季度、第二季度、第三季度、第四季度,全社会用电量同比分别增长 21.2%、11.8%、7.6% 和 3.3%,受同期基数由低走高等因素影响,同比增速逐季回落。2021 年,全社会用电量两年平均增长 7.1%,各季度两年平均增速分别为 7.0%、8.2%、7.1% 和 6.4%,总体保持平稳较快增长,如图 12-2 所示。

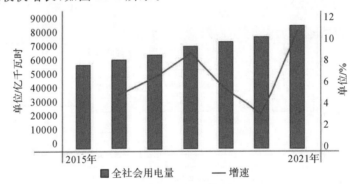

图 12-2　我国全社会用电量及增速图

资料来源:中国能源数据报告。

宏观经济不好的时候,国家依靠基础建设投资带动经济走出低谷(如 2020 年疫情期间),宏观经济向好时,基础建设逐渐退出,其增速趋于下降,基本上与房地产周期一致,如图 12-3 所示。

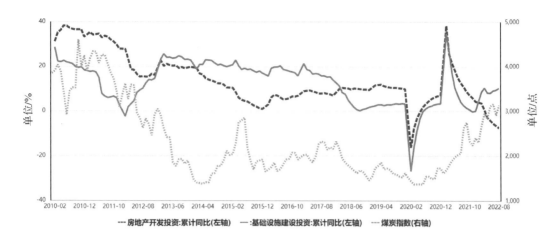

图 12-3 房地产和基础建设投资增速与煤炭指数比较

资料来源:同花顺 iFinD。

二、煤炭采选业

煤炭采选业主要包括两方面,首先是采煤业,然后是选煤业。一般的煤炭企业都经营这两方面,所以把这两个产业合称为煤炭采选业。煤炭采选,是煤炭企业最重要的部分,因为煤炭挖出来后大多不符合用户要求,其含有大量矸石等其他杂质,所以就需要选煤,也就是最常说的洗煤,但洗煤只是选煤的一种。按每个时期的采选方法,煤炭采选可以分为以下几类。

(一)爆破采煤工艺(中华人民共和国成立后至 20 世纪 60 年代初)

简称"炮采",其特点是爆破落煤,爆破及人工装煤,机械化运煤,用单体支柱支护工作空间顶板。

(二)普通机械化采煤工艺(20 世纪 60 年代初至 70 年代中期)

简称"普采",其特点是用采煤机同时完成落煤和装煤工序,而运煤、顶板支护和采空区处理与炮采工艺基本相同。

(三)综合机械化采煤工艺(20 世纪 70 年代中期以来)

简称"综采",即破、装、运、支、处五个生产工序全部实现机械化,因此综采是目前最先进的采煤工艺。

(四)浮选

是利用矿物表面物理化学性质的差异,使矿物颗粒选择性地向浮选介质气泡附着的选矿方法。

(五)煤炭洗选

煤炭洗选是利用煤和杂质(矸石)的物理、化学性质的差异,通过物理、化学或微生物分选的方法使煤和杂质有效分离,并加工成质量均匀、用途不同的煤炭产品的一种加工技术。

目前工业化生产中常用的选煤方法为跳汰、重介、浮选等。跳汰过程的实质是使不同密度的矿粒混合物,在垂直运动的水流中按密度分层。密度小的位于上层,密度大的矿粒位于下层。重介质选煤是用密度大于水,并介于煤和矸石之间的重液或重悬浮液做介质实现分选的一种重力选煤方法。依所用介质不同,可分为重液选煤和重悬浮液选煤两大类。重液是指某些无机盐类的水溶液和高密度的有机溶液,重悬浮液是由加重质与水配制成具有一定密度呈悬状的两相流体。目前,生产中广泛应用的是重悬浮液选煤,通称重介质选煤。如图 12-4 所示。

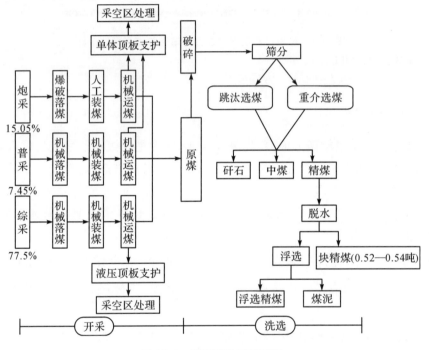

图 12-4　煤炭采选工艺流程

三、煤炭的应用

煤炭的应用主要集中在发电、供热、炼焦和制气 4 个领域,其中 50% 以上用于发电,12% 用于炼焦,剩余部分用作热能、动能燃料和生产各种化工产品,如表 12-5 所示。

表 12-5 煤炭的应用

	燃料	燃烧,生产热能、电能等
煤炭转化	固化	干馏:生产焦炭、炼铁、冶金、合成氨等 活化:生产活性炭、活化煤等各种吸附剂 炭化:制作电极、碳纤维等 磺化:制作离子交换剂等 喷吹:制作焦粉、无烟煤粉、烟煤粉等,可做喷吹燃料
	液体	干馏:煤炭油、粗苯、精制后作化工原料 加氢:制作液体燃料 卤化:制作润滑油、有机氟化物等
	气体	干馏汽化:合成气,用于生成合成氨、甲醇、煤气等 低热值煤气用于发电供热 还原性气用于冶金等
	直接利用	制作还原剂、过滤材料、吸附剂等

煤炭的固化干馏是指将煤置于惰性气体的环境中持续加热,发生一系列物理化学反应的过程。当煤料的温度高于 100℃,煤中的水分蒸发出;温度升高到 200℃以上,煤中结合水释出;高达 350℃以上时,黏结性煤开始软化,并进一步形成黏稠的胶质体;至 400—500℃时,大部分煤气和焦油析出,称一次热分解产物;在 450—550℃,热分解继续进行,残留物逐渐变稠并固化形成半焦;高于 550℃,半焦继续分解,析出余下的挥发物(主要成分是氢气),半焦失重同时进行收缩,形成裂纹;温度高于 800℃,半焦体积缩小变硬形成多孔焦炭。当干馏在室式干馏炉内进行时,一次热分解产物与赤热焦炭及高温炉壁相接触,发生二次热分解,形成二次热分解产物。经过干馏,煤炭可以产生焦炭、半焦、焦炉煤气和煤焦油等产品。

煤炭的汽化是指在特定设备、一定的温度及压力下使煤中的有机质和汽化剂发生化学反应,将固体煤转化为含有一氧化碳、氢气、甲烷、二氧化碳、氮气等气体的过程。

煤炭的液化是将固体煤炭转化为液体燃料、化工原料和产品的过程。煤炭通过液化,不仅可以生产汽油、柴油、喷气燃料,还可以提取 BTX(苯、甲苯、二甲苯),也可以生产各种烯烃及含氧有机化合物。

(一)炼焦行业

炼焦行业中有配煤炼焦和捣固炼焦,配煤炼焦的特点是对较为稀缺的主焦煤依赖程度较大,而捣固炼焦的特点就是适合我国肥煤焦煤紧俏的资源状况。捣固炼焦不仅使大量的气煤及弱黏煤资源得到充分利用,而且可以降低企业生产成本,提高盈利能力,简单的配煤炼焦由于需要耗费大量的主焦煤资源,正在逐渐遭到淘汰,如图 12-5 所示。

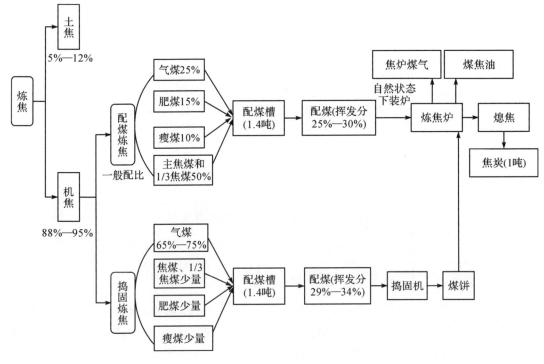

图 12-5 炼焦工艺流程图

在熄焦工艺上,应选择节能环保的"干法熄焦技术",淘汰落后的"湿法熄焦技术",如表 12-6 所示。从成本来说,炼焦煤成本一般占炼焦成本的 90% 左右。在同等规模下,大型焦炉的出炉次数少,可减少推煤、装煤、熄焦时污染物的排放,有利于减少对环境的污染,保护生态环境。大型焦炉原料煤的堆积密度大,有利于改善焦炭质量。或在保持同等质量的条件下,可多使用黏结性差的煤种,以利于焦化行业的可持续性发展。

表 12-6 两种熄焦工艺的优缺点对比

项目	湿法熄焦工艺	干法熄焦工艺
热量	产 1 吨焦炭浪费 1.49GJ 热量,相当于焦炭消耗热量的 45%	可回收 3.9MPa 450℃ 的蒸汽 0.45—0.6 吨
排入空气中的污染物	产生的蒸气中夹着酚、氯、硫化物等腐蚀性介质,造成周围空气大面积污染	年产 100 万吨焦炭,每年可减少向大气排放各种污染物 8 万～10 万吨
焦炭质量	焦炭强度低,水分波动较大,不利于高炉炼铁	使大型高炉的焦比降低 2%,高炉产能提高 1%,而且在保持焦炭质量不变的条件下,可降低强黏结性焦、肥煤配入量 10%—20%,有利于降低焦炭成本
投资及经济效益		110 万吨/年的炼焦装置配套建设 140 吨/小时的干熄焦装置,总投资估算 15000 万元,年净收益可达 2700 万元左右,7.2 年可收回投资

（二）煤化工行业

在国际油价急剧震荡、全球对替代化工原料和替代能源的需求越发迫切的背景下，中国的煤化工行业以领先的产业化进度成为中国能源结构的重要组成部分。在"十二五"期间现代煤化工进入大规模商业开发和规范化运营阶段，宁夏宁东煤化工基地、内蒙古鄂尔多斯煤化工工业园和陕西榆林煤化工工业园在此期间逐步建设成形。"十三五"期间经历过一轮投资热潮后，传统煤化工领域出现了严重的产能过剩，同时由于供给侧结构性改革、煤价低位反弹和国际原油价格相对低迷的状态，煤化工产品在低煤价和高油价区间内性价比较高的优势不复存在，整个行业进入调整期。如图 12-6 所示。

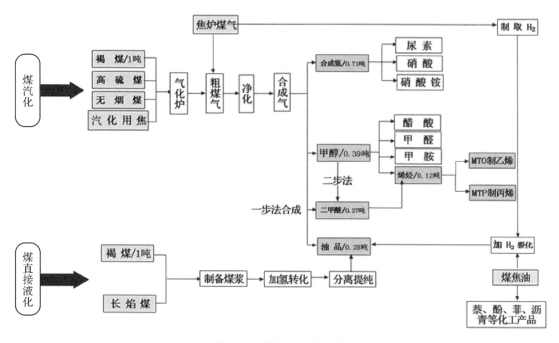

图 12-6　煤化工工艺流程

煤汽化产生的 CO 和 H_2 在催化剂条件下合成甲醇，其反应式为：$2CO + 4H_2 \rightarrow 2CH_3OH$。

煤汽化工艺主要有固定床汽化和气流床汽化。煤直接液化技术是具有自主知识产权的煤炭直接液化技术。

煤炭产业链分析

第三节　煤炭价格分析框架

一、煤炭供求分析

全球的煤炭资源分布很不平衡,澳大利亚和南非等国煤炭资源丰富,但是国内需求量相对较小,日本和韩国等国煤炭需求量大但资源匮乏,中国和印度等国煤炭资源较为丰富,但是国内需求也较为旺盛。世界煤炭生产国产量变化情况如表 12-7 所示。全球煤炭产量与消费量如图 12-7、图 12-8 所示。根据《BP 世界能源统计年鉴》,2021 年的煤炭消费增长中,中国和印度两国的煤炭消费量依旧占据着全球总消费量的三分之二,预计中国 2022—2024 年煤炭的需求量平均每年增长将降至 1%。印度由于日益增长的电气化需求,预计将推动煤炭需求每年增长 4%。同时越南、菲律宾和孟加拉国等国的煤炭需求近年来也出现了非常强劲的增长。受制于高额的天然气价格,美国和欧盟的电力部门推动了煤炭消费的反弹。预计未来两年,全球煤炭的需求将升至 80.25 亿吨,是迄今为止煤炭消费需求的最高水平。

表 12-7　世界主要煤炭生产国产量变化情况

序号	国别	2018 年		2019 年		2020 年		2021 年	
		产量/亿吨	增速/%	产量/亿吨	增速/%	产量/亿吨	增速/%	产量/亿吨	增速/%
	世界	78.27	3.7	79.44	1.7	75.75	−4.8	70.89	4.5
1	中国	37.00	4.9	38.50	4.0	39.00	14	40.71	4.7
2	印度	7.44	7.1	7.32	−1.6	7.41	0.8	8.04	7.0
3	美国	6.84	2.7	6.40	6.7	4.89	−23.7	5.25	8.0
4	澳大利亚	5.84	4.4	5.90	1.0	5.42	−8.1	4.14	−0.2
5	印度尼西亚	5.59	20.0	6.16	9.5	5.63	−8.3	6.14	8.9
6	俄罗斯	4.33	6.1	4.37	1.0	40.12	−8.2	4.37	8.8
7	南非	2.53	0.4	2.59	2.2	2.52	−2.4	2.15	−7.4
8	德国	1.69	−3.0	1.31	−210	1.07	+18.2	0.58	30.5
9	波兰	1.22	−3.7	1.12	−8.2	1.00	−10.4	1.07	6.7
10	哈萨克斯坦	1.18	4.9	1.15	2.6	1.13	−1.6	1.16	2.0
11	哥伦比亚	0.86	−5.6	0.80	−75	4.95	−40.0	0.60	20,9
12	土耳其	0.84	13.2	0.87	3.8	0.71	−18.9	0.35	19.5
13	加拿大	0.55	−10.3	0.52	−5.1	0.41	−21.8	0.39	5.5
14	蒙古国	0.50	6.2	0.51	1.7	0.40	−20.3	0.30	−29.7
15	越南	0.42	9.1	0.46	116	0.49	5.1	0.50	9.0
16	乌克兰	0.33	4.7	0.33	−3.3	0.28	−7,7	0.29	2.0

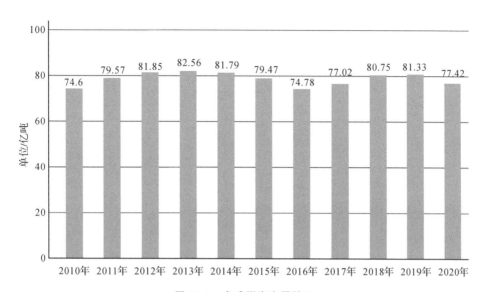

图 12-7　全球煤炭产量情况

数据来源：前瞻数据库。

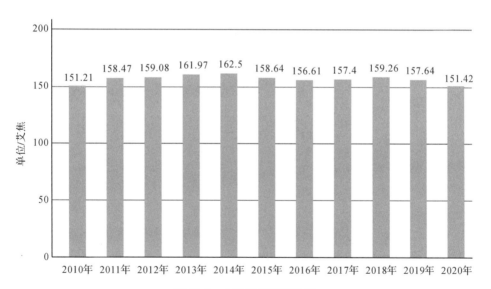

图 12-8　全球煤炭消费情况

资料来源：前瞻数据库。

在中国，煤炭生产、运输保持较快增长，市场需求旺盛，库存相对充足，价格高位趋降，市场供需除南方个别地区受诸多因素影响一度出现电煤供应偏紧外，总体基本平衡。近年来，随着一批新建、改扩建和资源整合的煤矿技术改革完成并陆续投产，煤炭产能释放逐步加快。根据方正中期 2021 年年报，2021 年 11 月份，生产原煤 37084 万吨，同比增长 4.6%，增速比上月提高 0.6 个百分点，比 2019 年同期增长 6.1%，两年平均增长 3.0%，日均产量 1236 万吨；1—11 月份，生产原煤 367427 万吨，同比增长 4.2%，

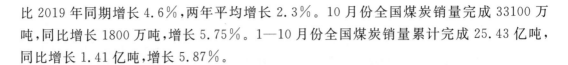

比 2019 年同期增长 4.6％,两年平均增长 2.3％。10 月份全国煤炭销量完成 33100 万吨,同比增长 1800 万吨,增长 5.75％。1—10 月份全国煤炭销量累计完成 25.43 亿吨,同比增长 1.41 亿吨,增长 5.87％。

二、煤炭价格分析

2014 年 2 月至 2022 年 1 月的煤炭价格走势如图 12-9 所示。

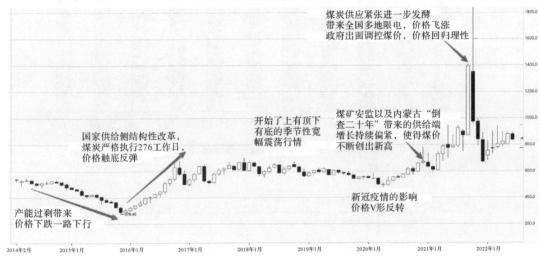

图 12-9　动力煤价格走势

(一)煤炭"黄金十年"终结

动力煤品种于 2013 年上市,恰逢煤炭"黄金十年"的终结,价格开始持续下跌,到了 2015 年底触底。在 2011 年之前,动力煤经历了周期性的大发展时期,价格持续上涨带来的是企业利润的不断增加,当时的煤老板可以说是最令人羡慕的人群。可也同样因为大规模无序化的发展,造就了行业整体的产能过剩。煤炭价格在 2011 年达到顶峰后开始了持续下行,彼时的煤炭企业苦不堪言,各种倒闭停产的企业随处可见。直到 2015 年供给侧结构性改革的兴起,情况才有了改善。

(二)供给侧结构性改革带来新活力

2016 年,乘着国家供给侧结构性改革的东风,煤炭价格开始持续反弹,基本收回了此前长达 4 年的下跌行情。煤炭供给端去产能的重拳出击,淘汰了绝大部分中小型煤矿,煤矿生产严格执行"276 个工作日"的规定。从此煤炭行业才逐渐挣脱出了产能过剩的泥淖,逐渐散发新的活力。随着煤炭价格的上涨,煤炭企业的盈利水平也逐渐回归到正常水平。

(三)上有顶下有底的宽幅震荡

在供给侧结构性改革之后,动力煤的运行逻辑就是政策面的调控外加自身供需的周期性变化。动力煤的价格开始了上有顶下有底的宽幅震荡行情。此阶段非常之长,基本从 2016 年一直持续到了 2020 年。这一阶段前期波动幅度还相对较大,到了后期,煤炭价格的波动幅度就变得极为平缓了,有时候一年的涨幅也不过上下两三百元的水平,这也与国家划定的煤炭价格绿色区间有较大关系。

(四)疫情以来的大幅波动行情

煤炭价格就这样不温不火地运行着,直到 2020 年的疫情来袭叠加上供给端持续紧缩。煤炭价格也打破了平静,形成 V 形反转后持续大幅上涨。到了 2021 年,由于煤炭供应持续偏紧叠加上全球能源危机,煤炭价格飞速上行并且创出历史新高,全国多地因为用煤紧张而大面积限电。之后国家采取行政手段调控煤价、稳定民生,煤炭价格才迅速回落至前期较为合理的水平。

2020 年时,由于内蒙古"倒查 20 年"以及山西、陕西地区的煤炭安全检查,煤矿产能受到较大压制,全年维持着供应偏紧的格局。春节后由于疫情的影响,动力煤也像绝大多数工业品一样出现了深 V 形反转。在复工复产全面展开后,价格很快反弹并且回到了疫情前水平。只是从第二季度就开始的水电满负荷运行挤压火电需求,动力煤价格也开始了一段平台期震荡整理。直到下游旺季提前补库以及进口煤配额用尽等因素开始共同发酵,动力煤再度上行并且突破了前期震荡区间。后期因为保供放开部分产能,价格出现了短时回落,但始终偏低的一、二港库存以及不断升级的煤矿安监力度再度助推盘面上行。

进入 2021 年以后,随着春节传统用电淡季的到来,煤炭价格经历了一波季节性回落。在春节后复工复产进行时,煤价开始震荡上涨。尤其是在进入 5 月后,由于下游迎峰度夏的补库压力,煤价涨势开始加快,使得政府出手干预保供工作,价格呈现出明显的回调态势。但是随着旺季的来临,价格重回震荡走强的上行通道中。进入 9 月份后,由于冬季补库的开展以及全球性能源危机的影响,叠加上我国持续紧张的煤炭供应,全国范围的用煤紧张带来的限电开始蔓延,动力煤价格也呈现飞速上行态势。面对高价,全行业亏损,被迫限电成为常见现象。为了保障百姓温暖过冬,政府开始下大力气密集出台各项政策,促生产保供应,煤炭价格开始快速回落,并且终于在 11 月回归到 7—8 月时的水平。此后煤价开始窄幅震荡波动,现货价格也呈现止跌企稳的态势。

三、煤炭期货价格分析

2013 年 3 月 22 日,焦煤期货在大连商品交易所正式上市交易。在当天上午举行的上市启动仪式上,大连商品交易所党委书记、理事长刘兴强表示,焦煤期货的上市,对于完善煤炭市场体系、更好地发挥市场在煤炭资源配置中的基础性作用具有重要意义,大连商品交易所将严格按照中国证监会有关"高标准、稳起步"的要求,坚持防范市场风险,切实做好技术等保障工作,确保各项业务正常开展。

(一)煤炭期货市场的理论分析

煤炭市场长期的供需状况基本符合发散型蛛网的假设前提:煤炭企业生产周期长,

生产能力不可能在短期内有大的改变;本期产量决定本期价格;本期价格决定下一期产量。煤炭市场是由众多独立的单位组成的,集中度低,缺乏统一的安排,各自对市场价格的变动独立地做出反应,产量对价格相对敏感;而需求方集中度高,需求曲线相对陡峭,需求量对煤炭价格的变化相对不敏感。因此,煤炭市场是一个发散型蛛网,即供给弹性大于需求弹性。

世界各国对于煤炭期货品种的选择是不同的,南非的煤炭期货的交易品种是电煤,澳大利亚的交易品种是动力煤,日本是炼焦煤,而美国则是将阿巴拉契亚中心山脉的一种主要煤炭作为煤炭期货的交易品种。

中国作为全球第五大煤炭出口国,第三大煤炭进口国,应当积极参与煤炭国际定价权的竞争,扩大对煤炭定价权的影响力。根据中国煤炭工业协会发布的《2019 煤炭行业发展年度报告》,2019 年我国煤炭产量 35.2 亿吨,2019 年我国煤炭消费量达到 36.2 亿吨。郑州商品交易所的动力煤期货从 2009 年就开始准备,当时与中国煤炭运销协会合作对动力煤期货进行研究和论证,国务院于 2012 年批准了郑州商品交易所动力煤期货的立项申请。其期货合约如表 12-8 所示。

表 12-8　动力煤期货合约

项目	动力煤
交易单位	100 吨/手
报价单位	元(人民币)/吨
最小变动价位	0.2 元/吨
每日价格波动限制	上一交易日结算价±4% 及《郑州商品交易所期货交易风 险控制管理办法》相关规定
最低交易保证金	合约价值的 5%
合约交割月份	1—12 月
交易时间	每周一至周五(法定节假日除外) 上午 9:00—11:30,下午 1:30—3:00 及交易所规定的其他交易时间
最后交易日	合约交割月份的第 5 个交易日
最后交割日	车(船)板交割:合约交割月份的最后 1 个日历日 仓单交割:合约交割月份的第 8 个交易日
交割品级	见《郑州商品交易所动力煤期货业务细则》
交割地点	交易所指定交割地点
交割方式	实物交割
交易代码	ZC
上市交易所	郑州商品交易所

有贸易商表示,如果推出煤炭期货,对贸易商而言是好事。因为现在的煤炭实物贸易利润已经没有保证,参与期货交易或是他们未来业务的增长点之一。

（二）煤炭的期货特性分析

期货商品的交易是以合约交易的形式表现的,而合约必须有一个统一的标准,期货合约在到期前经多次转手,不可能每交易一次,买卖双方就对商品检验一次,而只有到了交割期时才进行统一的检验,这要求期货商品在包装和数量上有一个标准的衡量体系,不至于因人而异、因地而异。煤炭期货市场的有效运行依赖完善的交易机制、结算机制、风险管理机制以及监管机制,包括煤炭期货交易所的布局、市场参与主体、价格形成制度、实物交割制度等各项工作。中国目前有上海期货交易所、郑州商品交易所和大连商品交易所。而中国煤炭的主要产地在山西、陕西、内蒙古,主要集散地在秦皇岛。从地理位置和交易角度考虑,三家交易所各有利弊,若主要以秦皇岛、黄骅港的煤为交易对象,可以选择大连商品交易所。在价格形成制度方面,煤炭期货交易应该与中国现有期货交易市场采用的方法一致,实行计算机竞价交易。在市场参与主体方面,可以广泛吸收煤炭生产企业和煤炭需求企业参与,符合煤炭行业惯例,交投定能活跃。另外,煤炭期货交易的参与者多数都是为了获得实际的煤炭产品,所以应该建立详细的实物交割制度,所选定的交割仓库应当交通便利。

（三）焦炭期货价格走势

焦炭期货价格走势如图 12-10 所示。

图 12-10　焦炭期货价格走势图

焦炭市场供求矛盾加剧,价格仍将承压震荡。

供应方面,2022 年 1—4 月原煤产量 129439.6 万吨,累计同比上升 11.1%,焦炭产量累计同比上升 7.4%。从蒙煤通关量来看,2022 年 1—2 月蒙煤月度日均通关量均维持在 100 车以下,国内主焦煤资源紧张。而俄罗斯—乌克兰冲突带来的全球煤炭供应紧缺预期,进一步带动主焦煤价格的坚挺。

从需求端来看,2022 年 1—4 月统计局的日均生铁产量从 1 月的 223.95 万吨上升到 4 月的 255.93 万吨。日均铁水产量从 1 月的 215 万吨上升到 4 月底的 231 万吨。

在供需的双重支撑下,焦煤期货价格快速上行。从期货价格来看,焦煤期货指数从2022年1月24日低点的2160.8元/吨,上涨到4月15日的高点3196.9元/吨,涨幅48.0%。焦炭期货指数从1月24日低点的2893.5元/吨,上涨到4月15日的4116.9元/吨,涨幅42.3%。

2022年5月,终端需求释放乏力开始体现。从钢材端情况看,从3月中旬开始,螺纹钢厂库存与社会库存开始同比恶化,到5月上旬,螺纹钢厂库存与社会库存同比增加100万吨以上,钢厂去库存压力显著上升,利润快速压缩。

煤炭价格的影响因素

第四节　煤炭产业未来趋势

煤炭是全球大宗能源消耗商品,煤炭的消费量已经成为世界经济发展状况的晴雨表。国际经济环境的重大变化直接影响到煤炭的产销量,煤炭产业的兴衰已经不是一个区域性的问题。就我国而言,煤炭行业在近几年的整顿重组中行业集中度有所提高,煤炭企业已经不再是过去的区域经济代表,而是出现了不少大型跨区域的全国性质的企业,还出现了跨国的煤炭企业集团。

一、关于我国煤炭需求的预测

电力、钢铁、建材和化工四大行业的用煤量占我国原煤年消耗量的90%左右,我们通过这四大行业的原煤需求来进行分析。

电力方面,2022年4—5月份需求呈现疲弱态势。一方面受疫情影响,全社会用电量增速出现明显回落,尤其以第二和第三产业为主。4月第三产业用电量979亿千瓦时,环比下跌7.9%,同比下跌6.4%;第二产业4月用电量4468亿千瓦时,环比下跌6.7%,同比仅上涨0.38%;另一方面,2022年可再生能源替代作用明显增强。受来水量丰沛的影响,2022年1—5月水力累计发电4346亿千瓦时,累计同比增加17.5%,而火力累计发电量在1—5月为22712亿千瓦时,累计同比−3.5%。

再看钢铁行业,从生铁产量来看,2022年1—5月全国生铁产量达到36087万吨,较2021年同期的37362万吨,减少1275万吨,累计同比下降5.9%。但从单月的角度来看,2022年5月,单月日均生铁产量已经达到了259.65万吨,为有数据以来的最高点。从钢联口径来看,最新一期日均铁水产量,相较于2022年第一季度低点的203.01万吨上升至243.26万吨,而2021年日均铁水高点为245.38万吨,2020年日均铁水高点为253.3万吨。

总的来看,煤炭供需总量处于震荡阶段,动力煤、焦煤、焦炭需求提升看不到空间。

国内煤炭产量和进口量增加导致价格有下行压力,可以适当控制产能,加大煤炭资源整合力度。

二、煤炭产业发展对策

2000 年以来,在全球油气资源日益短缺的背景下,我国的煤化工产业得到了迅速发展。但是,受市场容量、技术发展成熟程度以及煤资源利用本身的特点制约,当前,煤化工产业发展正处在一个十字路口,如何选择发展方向不仅仅是煤化工产业本身发展的问题,而且是一个事关国家能源安全的战略性问题。

(一)为石油天然气产业的发展开拓新的国内资源

2020 年我国发电热力用原煤约 23 亿吨,发电热力用原煤总热值 61.03EJ。在采用较成熟先进技术的条件下,通过热解过程,至少可以从每吨原煤中获得 20% 左右的液体产品和可燃性气体产品,以及 50% 的半焦。

(二)提高油气资源的自给率,降低对进口原油和天然气的依赖

因为受制于国内油气资源,随着国内能源需求的增长,进口原油和天然气的比重将会持续上升。对于中国来说,数量巨大的油气产品进口本身将会对全球油气市场的供求平衡和价格带来重大的冲击,油气产品供应的稳定性和价格的波动也会对国内经济的稳定发展和能源成本带来重大的影响,所以大幅度降低对进口油气资源的依赖是必不可少的。

(三)显著提高煤炭资源开发的综合经济价值

在分级、分组的条件下,一方面,对焦油和可燃性气体的深度加工,可以获得多种高附加值的化工产品、气体燃料、液体燃料及其他产品。液体和气体的综合产出率越高,高附加值部分产出率越高,煤炭的综合经济价值也越高。同时,热解产出的半焦本身既是一种洁净的燃料,也是一种优良的工业还原剂,可广泛应用于冶金、有色、化工等多个领域,具有高于原煤的经济价值。

(四)为全面治理环境污染提供技术手段和基础

大规模使用煤炭的最突出问题是煤的污染特征。热解技术的大规模产业化则可以全面提升治理环境污染的能力,较大幅度地降低煤炭使用过程中二氧化硫等温室气体的排放量,推进煤炭洁净化利用的实质性进展。

(五)可以较大幅度降低煤炭转化过程中的投资和成本

热解的单位投资能力远低于汽化和直接液化,由于投资构成了固定成本中最主要的部分,单位投资的显著差距导致热解技术在生产成本和低于市场波动方面具有显著的优势。

综合上述讨论,可以看出煤炭产业在高油气率的技术路线支持下,通过与发电、热力等用煤产业的协同发展,将逐步发挥重新构造中国能源产业链的作用,并替代进口

油气资源,承担起保障关键产品领域中能源安全的功能。

 小 结

    本章首先分析了煤炭的由来、分类和分布,接着通过分析煤炭产业流程、煤炭产业链的上下游,使我们了解煤炭产业链运作,最后分析影响煤炭价格形成的种种因素,并展望了煤炭产业未来的走势。

推荐阅读

    [1] 陈鹏:《中国煤炭性质、分类和利用(第二版)》,化学工业出版社 2006 年版。

    [2] 张华明,赵国浩,焦斌龙:《煤炭资源价格形成机制的政策体系研究》,冶金工业出版社 2011 年版。

名词解释

    ①动力煤

    ②焦煤

思 考 题

    ①煤炭的产业链有什么特征?

    ②煤炭价格为什么长时间低迷?

第十二章课后练习资料

第十三章　商品期货分析逻辑

　　范·撒普教授撰写的《通向财务自由之路》认为基本面分析在确定价格目标上明显优于技术分析。正确的解释是,技术指标可以给你指明方向和选择的时机,但是它在对预期价格移动程度的指示方面是不足的。而好的基本面分析帮你确认大致的利润目标毫无问题,可以告诉你未来价格移动的方向和大致的程度,但是很少告诉你价格移动什么时候开始,或者确切能走多远。然而即使是未来价格变动的方向和大致程度,对交易商和投资者而言也是十分珍贵的信息。基本面分析和技术面分析的合理结合为交易难题提供了一个很好的解决方案。基本面是趋势运行的基础,同时基本面分析又是分析师与研究员以及实战家必须做足的基本功课,基本面分析师似乎比市场投资者或者交易员更容易预测价格趋势。首先,实战家必须很小心谨慎地对时机进行选择,而不是分析师给出什么样的基本面状况就直接交易。如果因冲动而过早地进入市场,那么短期内你可能会亏损一笔钱。因此要有耐心,让技术指标告诉你市场何时开始朝着它应该走的方向挺进(前提是基本面已经给出市场可能会运行的趋势判断)。因此,实战操作需要确立基本面形势给出的方向,然后根据技术面来确认趋势已经展开,如果技术面不给出配合的信号,宁愿观望,而不要盲目进入市场。

第一节　商品期货分析方法

　　期货分析方法主要分为两类:一个是基本面分析,一个是技术分析。其以判断金融市场未来走势为目标,对经济数据进行透彻分析。基本面从字面上可以理解为共同拥有的属性指标。如股票基本面就是指那些各自都拥有的基本情况的汇总。一般我们所讲的基本面分析是指对宏观经济面、公司主营业务所处行业、公司业务同行业竞争水平和公司内部管理水平等诸多方面的分析,数据在这里充当了最重要的分析依据,但往往不能以数据来做最终的投资决策,如果数据可以解决问题,那计算机早就代替人脑完成基本面分析了,事实上除了数据,分析依据还包括许许多多无法以数据来衡量的东西。技术分析研究的是以往价格和交易量数据,进而预测未来的价格走向。此类型分析侧重于图标与公式的构建,以捕获主要和次要的趋势,并通过估测市场周期长短,识别买入/卖出机会。根据选择的时间跨度,人们可以使用日内(每5分钟、每15分钟、每小时）技术分析，也可使用每周或每月技术分析。

本章主要给大家介绍基本面分析。

第二节　基本面分析

一、基本面分析原理

基本面分析指分析价格变动的中长期趋势，研究价格变动的根本原因，主要分析宏观性的因素。这里所指的宏观性因素跟宏观经济是两个概念，宏观性因素是指整个行业大方面的因素。

基本面分析原理见图 13-1。本课程主要研究商品期货。商品原理中最主要的原理就是供求原理，所有的数据和政策都围绕供求关系。供求关系法则里：商品价格高，商品需求低；商品价格低，商品需求高。消费者收入高，商品需求高；消费者收入低，商品需求低。消费者偏好高，商品需求高；消费者偏好低，商品需求低。价格预期涨，商品需求高；价格预期跌，商品需求低。存在替代品，消费者的消费比重大，消费者适应新价格的时间长，需求的弹性就大。需求弹性是反映价格变化对需求影响大小的指标。

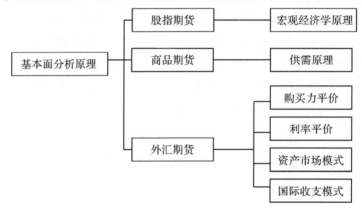

图 13-1　基本面分析原理

二、基本面分析特点

基本面分析的优势在于稳定。价格长期下跌导致供应产能闲置，投资就减少，接下来供应不足，价格开始上涨，利润增加，导致投资增加，最后牛市又形成，这是有周期性的。

基本面分析具有预期性，基本面分析有时可以预示主要的价格走势，在时间上可以领先于任何的技术信号。

基本面分析的局限：对分析者的素质要求高。分析者必须对产业链非常清楚，而且分析费时费力,比较复杂,难度高。现在的现货企业、相关国家职能部门、证券公司和期货公司的研究部及基金会常做基本面分析,一般的中小投资者不会做基本面分析,而是参考这些机构的研究成果。

三、需求法则

大家都觉得某类商品赚钱,这类商品的价格就会高。像钢铁行业,大家都在炼钢,到一定程度,供应就会增加。这是供应法则所起的作用。再一个是生产水平。生产水平高了,效率就高了,供应也就增加了。还有一个生产成本,生产成本实质上是与利润挂钩的。成本低,利润高,供应就增加了;成本高,利润低,供应就减少了。所以,这就是我们在研究消费时,要研究产能、开工率和生产成本的原因。

四、供应法则

(一)供应法则

供应法则如图 13-2 至图 13-5 所示。

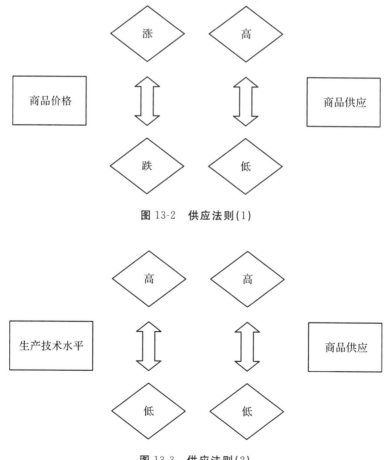

图 13-2　供应法则(1)

图 13-3　供应法则(2)

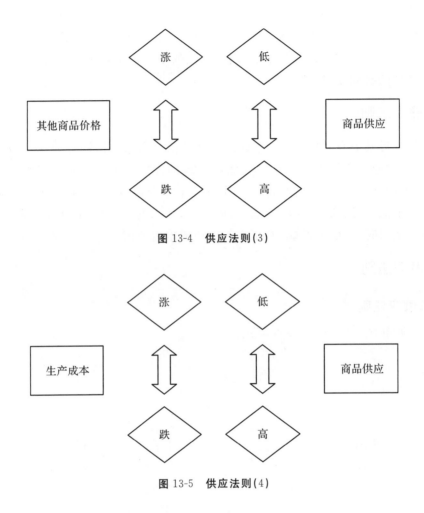

图 13-4　供应法则（3）

图 13-5　供应法则（4）

（二）供应弹性

1. 供应量对价格的敏感程度

不同的商品在供求弹性和供求曲线上有很大的差别。供给价格弹性是指商品供给量对于价格变动做出反应的敏感程度，通常用供给量变动的幅度对价格变动幅度的比值来表示。

2. 农产品的年度性

农产品是非常特殊的，很多农产品一年才有一季。它的供应相对来说是比较稳定的。但是需求可能发生改变。所以农产品的供给曲线、需求曲线就会发生很大的变化。比如说，以棉花为例，棉花的作物年度是从 9 月份开始的，从 9 月 1 日到次年的 8 月 31 日。所以你会发现，所有的棉花年度上，我们会写 2018—2019 年度、2020—2021 年度。农产品都有一个作物年度，这一点我们要注意。变化的主要是消费这一块。越到年度的后期，农产品的供应量会越少。这时就算需求再大，供应也不会变。

第三节　影响因素

一、收储抛储

国家储备起到蓄水池的作用,通过政府的运作,直接传达政府对商品的调控政策。而这些政策的背后目的就是响应国家整体经济政策,理顺市场价格,熨平过激波动,指导市场预期。这是国家储备与地方储备以及企业联合自救的本质区别。比如生产的商品好不好销售,需要关注它的库存,库存流转的天数对销售量有一个衡量。

二、进出口量

分析棉花的进出口量时我们要从不同年度、不同月度、不同国家、不同海关的角度进行分析。从不同维度了解棉花的量有多少,分布在哪些地方。我们在分析这些时,实际上都是从量的角度衡量供应需求方面的变化。

三、供求关系

分析供求关系主要就是分析供给、需求和进出口量。我们要关注具体的指标。我们在供求关系中要关注哪些大的方面？只有搞清楚这些后,才能对这个产业有一个大致的认识。有大致认识之后,你才能知道分析的时候应该从哪些点来分析,它的影响有多大。

四、经济周期

完整的经济周期应该包含这 4 个阶段:复苏、繁荣、衰退、萧条。这 4 个阶段每个行业都会有,但是它们的周期又不同。大的经济环境有周期,行业也有周期。如果你把所分析行业的周期搞清楚了,那对你研究产品的价格和供求关系就会有很大的帮助。大的经济周期还要关注宏观指标,比如 CPI(居民价格消费指数)和 GDP(国内生产指数),此外我们还可以参考 PDI 数据和 PMI 数据。

五、政府政策

政府财政政策的核心是增加或减少税收,这直接影响生产供给和市场需求状况。产业政策也是各个国家经常采用的经济政策。产业政策往往有着特定的产业指向,即扶持或抑制什么产业发展。产业政策一般主要通过财政手段和货币手段实现其政策目标。

六、心理因素

心理因素是指投资者对市场的信心。当人们对市场信心十足时,即使没有什么利好消息,价格也可能上涨;反之,当人们对市场失去信心时,即使没有什么利空因素,价格也会下跌。在期货交易中,市场心理变化往往与投资行为交织在一起,相互制约、相互依赖,产生综合效应。过度投机将造成期货价格与实际的市场供求相脱节。

七、自然因素

自然因素主要指气候条件、地理变化和自然灾害等。具体来讲,包括地震、洪涝、干旱、严寒、虫灾、台风等方面的因素。期货交易所上市的粮食、金属、能源等商品,其生产和消费与自然条件密切相关。自然条件的变化也会对仓储和运输造成影响,从而也间接影响生产和消费。自然因素对农产品的影响尤其大、制约性尤其强。

八、金融货币因素

金融货币因素主要包括利率和汇率两个方面。货币政策是世界各国普遍采用的一项主要宏观经济政策,其核心是对货币供应量的管理。为了刺激经济增长、增加就业,中央银行实行宽松的货币政策,降低利率,增加流通中的货币量,一般物价水平随之上升。为了抑制通货膨胀,中央银行实行紧缩的货币政策,提高利率,减少流通中的货币量,一般物价水平随之下降。随着经济全球化的发展,国际贸易和国际投资的范围和规模不断扩大。汇率对于国际贸易和国际投资有着直接影响。当本币升值时,本币的国际购买力增强,有利于对外投资。当本币贬值时,外币的国际购买力增强,有利于吸引外商直接投资。

基本面分析方法

 小 结

本章分析了商品期货基本面分析方法的基本概念、基本原理及影响的基本因素。供求原理是进行商品期货分析的主要原理,此外货币因素、宏观因素、心理因素等会影响商品价格。

推荐阅读

[1] 中国期货业协会:《期货市场教程》,中国财政经济出版社 2013 年版。

[2] 李强:《商品期货实务操作手册》,中国财政经济出版社 2013 年版。

名词解释

①平衡表法

②基本面分析

思 考 题

①简述影响价格变化的基本因素。

②基本面分析有哪些步骤?

第十四章 套期保值理论及实务

2021年上半年,在大宗商品价格波动加剧的背景下,产业客户通过期货市场进行避险的意识和需求显著提升。避险网统计显示,2021年第二季度,357家实体行业的A股上市公司共发布702条关于套期保值的公告,包括291家大型公司和66家中小型公司,其中有92家公司为首次发布。2021年第二季度发布套期保值公告的上市公司数量比2020年同期增加85家,首次发布套期保值公告的上市公司数量比2020年同期增加43家。

从期货市场成交情况看,中国期货业协会统计显示,2021年上半年,全国期货市场累计成交量约为37.16亿手,累计成交额约为286.33万亿元,同比分别增长47.37%和73.05%。

而随着期货衍生体系进一步丰富,企业参与套期保值时有了更多选择。在避险产品方面,2020年上半年,期货市场上市了生猪期货、花生期货、棕榈油(8128,44.00,0.54%)期权和原油期权,相关产业链企业的避险"工具箱"进一步丰富。同时,场外交易基础设施也进一步完善,如上海期货交易所推出了标准仓单交易平台报价专区业务,上线了石油沥青(3116,-48.00,-1.52%)品种标准仓单交易业务;郑州商品交易所新增了动力煤(910,-6.00,-0.66%)等7个品种仓单交易业务;大连商品交易所新增了15个品种的基差交易。

市场分析人士认为,开展风险管理业务,既可以平抑商品价格波动、平滑企业利润,同时还能够改善企业财务表现和业绩预期、估值水平,长期则有利于企业维持充裕的现金流,同时实现稳健盈利。

值得一提的是,尽管期货衍生品是企业风险管理常用工具,但企业在操作时有许多问题需要注意。从专业性上看,企业需要专业团队进行期现市场产业链供需、基差及政策面分析,而不是简单凭感觉进行保值;需要建立一个风险管理体系,涉及制度流程、产业链研究、期现对应等内容。新湖期货股份有限公司副总经理李强表示,上市公司参与期货套期保值最重要的是初期就要把制度体系完善好。

第一节　套期保值概述

一、套期保值的定义

套期保值本质上也是一种转移风险的方式,是由企业通过买卖衍生工具,将风险转移给其他交易者。套期保值活动主要转移的是价格风险和信用风险。本章中的套期保值主要讨论的是转移价格风险的功能。

套期保值,又称避险、对冲等。广义上的套期保值是指企业在一个或一个以上的工具上进行交易,预期全部或部分对冲其生产经营中所面临的价格风险的方式。在该定义中,套期保值交易选取的工具是比较广的,主要有期货、期权、远期、互换等衍生工具,以及其他可能的非衍生工具。

本章我们将主要讨论期货的套期保值,它是指同一生产经营者在现货市场上买进(或卖出)一定数量的现货商品的同时,在期货市场上卖出(或买进)与现货品种相同、数量相等、方向相反的期货合约。企业通过套期保值,可以降低价格风险对企业经营活动的影响,实现稳健经营。

二、套期保值者

套期保值者是指通过持有与其现货市场头寸相反的期货合约,或将期货合约作为其现货市场未来要进行的交易的替代物,以期对冲现货市场价格风险的机构和个人。他们可以是生产者、加工者、贸易商和消费者,也可以是银行、券商、保险公司等金融机构。

一般来说,套期保值者具有的特点是:第一,生产、经营或投资活动面临较大的价格风险,直接影响其收益或利润的稳定性;第二,避险意识强,希望利用期货市场规避风险,而不是像投机者那样通过承担价格风险获取收益;第三,生产、经营或投资规模通常较大,且具有一定的资金实力和操作经验,一般来说规模较大的机构和个人比较适合做套期保值;第四,在套期保值操作上,所持有的期货合约头寸方向比较稳定,且保留时间长。

三、套期保值的目的

企业参与套期保值的目的概括为"两锁一降"。

(一)锁定原材料成本

在未来某一时间准备购进原材料的企业,担心其价格上涨,为了避免原材料价格上涨的风险,保证原材料成本稳定,可以采取买入套期保值。企业担心未来采购价格上涨,已签约了下游产品的售出,但要保证原材料的供应,虽然认为目前原材料价格已进

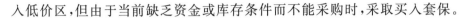

入低价区,但由于当前缺乏资金或库存条件而不能采购时,采取买入套保。

(二)锁定产品销售利润

在未来某一时间准备出售产品的经营者,担心销售价格下跌,为了避免产品价格下跌的风险,锁定利润,可以采取卖出套期保值。经营者担心产品价格下跌,已签约了原料的购进,但要保证下游产品的销售。虽然认为目前产品价格已进入高价区,但限于产能等条件的限制而不能卖出,可采取卖出套保。

(三)降低原材料或产品的库存成本和风险

担心库存产品或原料价格下降,可以采用卖出套期保值。为了节省库存费用,可以先在现货市场上抛出库存,同时在期货市场上进行买入套期保值。

业界实例 14-1

饲料厂锁定采购成本

背景资料:2003 年 10 月份,豆粕价格大幅上涨。之前的豆粕价格一直稳定在 2200 元/吨之下,饲料产品的定价是以 2200 元/吨以下的豆粕价格定位的,由于豆粕价格急剧上升,而饲料价格和养殖业产品价格不能配合上涨,造成了第四季度 40% 的小饲料厂停产以及饲料行业的全年性的亏损。

对于饲料行业,原材料如豆粕、玉米、鱼粉等价格波动非常剧烈,但饲料企业为了竞争的需要,对于自己产品的价格调整是非常谨慎的。同时养殖行业对饲料价格的高低也有一个接受认可的过程,因而导致了原材料和产品价格之间的传导滞后。

这种滞后效应往往会造成饲料企业的亏损和倒闭。

对策:对豆粕、玉米等原材料进行买入套期保值。

四、套期保值的种类

套期保值的目的是回避价格波动风险,而价格的变化无非下跌和上涨两种情形。与之对应,套期保值也分为两种:一种是用来回避未来某种商品或资产价格下跌的风险,称为卖出套期保值;另一种是用来回避未来某种商品或资产价格上涨的风险,称为买入套期保值。

卖出套期保值,又称空头套期保值,是指套期保值者通过在期货市场建立空头头寸,预期对冲其目前持有的或者未来将卖出的商品或资产的价格下跌风险的操作。

买入套期保值,又称多头套期保值,是指套期保值者通过在期货市场建立多头头寸,预期对冲其现货商品或资产空头,或者未来将买入的商品或资产的价格上涨风险的操作。

卖出套期保值与买入套期保值的区别见表 14-1。

表 14-1　卖出套期保值与买入套期保值的区别

套期保值种类	市场		目的
	现货市场	期货市场	
卖出套期保值	现货多头或未来要卖出现货	期货空头	防范现货市场价格下跌风险
买入套期保值	现货空头或未来要买入现货	期货多头	防范现货市场价格上涨风险

五、套期保值原理

套期保值之所以能够规避现货价格风险,是因为期货市场价格与现货市场价格同方向变动而且最终趋同。其具体原因已在第二章讲解,本章不再赘述。

下面以案例形式说明套期保值的原理。

【案例 14-1】

9 月份,某油厂预计 12 月份需要 100 吨大豆作为原料。当时大豆的现货价格为 2010 元/吨。该油厂负责人预测 12 月份大豆价格可能上涨。为了避免将来价格上涨,导致原材料成本上升的风险,决定在大连商品交易所进行大豆套期保值交易,即买入 11 月份大豆期货合约,价格为 2020 元/吨。果不其然,12 月份大豆现货价格上涨到了 2100 元/吨,期货合约价格为 2110 元/吨。因为该厂负责人的远见卓识,该厂的大豆成本损失降到了最低。大豆交易情况如表 14-2 所示。

表 14-2　油厂大豆交易情况

	现货市场	期货市场
9 月份	大豆价格 2010 元/吨	买入 12 月份大豆期货合约价格 2020 元/吨
12 月份	买入 100 吨大豆价格 2100 元/吨	卖出大豆期货合约价格 2110 元/吨
结果	亏损 90 元/吨	盈利 90 元/吨
	盈亏:(90−90)×100＝0 元	

从该例可以得出:通过这一套期保值交易,虽然现货市场价格出现了对该油厂不利的变动,价格上涨了 90 元/吨,因而原材料成本提高了 9000 元;但是在期货市场上的交易盈利了 9000 元,从而消除了价格不利变动的影响。如果该油厂不做套期保值交易,现货市场价格下跌它可以得到更便宜的原料,但是一旦现货市场价格上升,它就必须承担由此造成的损失。相反,它在期货市场上做了买入套期保值,虽然失去了获取现货市场价格有利变动的盈利,可同时也避免了现货市场价格不利变动的损失。因此可以说,买入套期保值规避了现货市场价格变动的风险。

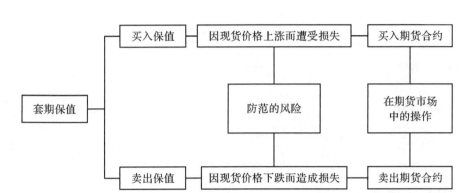

图 14-1　套期保值

六、套期保值的原则

许多企业在套期保值之前都会经过深思熟虑,会根据企业风险类型、企业经营状况和行情趋势综合决定到底是做买入套保还是卖出套保,以及确定套期保值的金额。

套期保值的原则主要包括三个方面:期货的时间、品种、方向。具体见图 14-2。

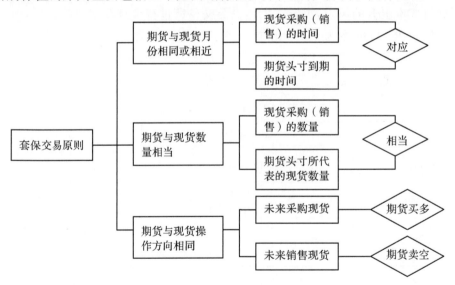

图 14-2　套保交易原则

业界实例 14-2

保证原材料的供应

背景资料:2005 年 9 月中旬,广东、福州地区由于玉米到货量骤减,玉米价格飞涨。2004 年"固定班轮"诞生,即被货主承包的货轮以固定的频率、运费,运输固定的品种到固定的港口。据不完全统计,2004 年往返于南北港口的大型固定班轮有 8 艘,玉米配舱共计 30 余万吨,往返周期 20—25 天。但 9 月份受台风和运费等因素影响,固定班轮未能正常运营,导致广东、福建等地玉米价格大涨,饲料企业虽然没有得到饲料价格的相应上涨,但为了保证市场的正常供应,忍痛在高位抢购玉米。

总结:在物流中断的情况下,要想保证产品供应就要抢购原材料,但做不做套保的结果却大不一样:一个是你抢购,你买单;另一个是你抢购,由别人买单。

对策:对大豆、玉米等原材料买入套期保值。当春节期间东北地区存在运输瓶颈或因自然灾害阻断物流时要考虑买入套保。

套期保值的概念

第二节　套期保值应用

本节将通过具体案例进一步阐释卖出套期保值和买入套期保值的应用。需说明的是,虽然套期保值是在期货市场和现货市场建立风险对冲关系,但在实际操作中,两个市场涨跌的幅度并不完全相同,因而不一定能保证盈亏完全冲抵。

一、卖出套期保值的应用

卖出套期保值的操作主要适用于以下情形:

第一,持有某种商品或资产(此时持有现货多头头寸),担心市场价格下跌,使其持有的商品或资产市场价值下降,或者其销售收益下降。

第二,已经按固定价格买入未来交收的商品或资产(此时持有现货多头头寸),担心市场价格下跌,使其商品或资产市场价值下降或其销售收益下降。

第三,预计在未来要销售某种商品或资产,但销售价格尚未确定,担心市场价格下跌,使其销售收益下降。

【案例 14-2】

10 月初,某地玉米现货价格为 1710 元/吨。当地某农场预计年产玉米 5000 吨。该农场对当前价格比较满意,但担心待新玉米上市后,销售价格可能会下跌,该农场决定进行套期保值交易。当日卖出 500 手(每手 10 吨)第二年 1 月份交割的玉米期货合约进行套期保值,成交价格为 1680 元/吨。到了 11 月,随着新玉米的大量上市,以及养殖业对玉米需求疲软,玉米价格开始大幅下滑。该农场将收获的 5000 吨玉米进行销售,平均价格为 1450 元/吨,与此同时将期货合约买入平仓,平仓价格为 1420 元/吨。套期保值结果见表 14-3。

表 14-3　卖出套期保值案例(价格下跌情形)

套期保值种类	现货市场	期货市场
10 月 5 日	市场价格 1710 元/吨	卖出第二年 1 月份玉米期货合约,1680 元/吨
11 月 5 日	平均售价 1450 元/吨	买入平仓玉米期货合约,1420 元/吨
盈亏	相当于亏损 260 元/吨	盈利 260 元/吨

在该例子中,该农场通过在期货市场建立 4 个替代性的头寸,即空头头寸,进行卖出套期保值操作,来规避价格下跌风险。由于现货玉米价格下跌,该农场在玉米收获时,每吨玉米少赚 260 元,可视为现货市场亏损 260 元/吨。而期货空头头寸因价格下跌获利 260 元/吨,现货市场的亏损完全被期货市场的盈利对冲。通过套期保值操作,该农场玉米的实际售价相当于是 1450＋260＝1710 元/吨,即与 10 月初计划进行套期保值操作时的现货价格相等。套期保值使农场不再受未来价格变动不确定性的影响,保持了经营的稳定性。如果该农场不进行套期保值,价格下跌将导致收益减少 260 元/吨,也将减少农场的利润,甚至会导致亏损。

在该例子中,我们还可以考虑市场朝着相反的方向变化,即价格出现上涨的情形。假设经过一个月后,现货价格涨至 1950 元/吨,期货价格涨至 1920 元/吨。该套期保值结果见表 14-4。

表 14-4　卖出套期保值案例(价格上涨情形)

套期保值种类	现货市场	期货市场
10 月 5 日	市场价格 1710 元/吨	卖出第二年 1 月份玉米期货合约,1680 元/吨
11 月 5 日	平均售价 1950 元/吨	买入平仓玉米期货合约,1920 元/吨
盈亏	相当于盈利 240 元/吨	亏损 240 元/吨

在这种情形下,因价格上涨,该农场玉米现货销售收益增加 240 元/吨,但这部分现货的盈利被期货市场的亏损所对冲。通过套期保值,该农场玉米的实际售价仍为 1950－240＝1710 元/吨,与最初计划套期保值时的现货价格相等。在该例子中该农场似乎不进行套期保值操作会更好些,因为可以实现投资性的收益 240 元/吨。但需要注意的是,农场参与套期保值操作的目的是规避价格不利变化的风险,而非获取投资性收益。

事实上,套期保值操作在规避风险的同时,也放弃了获取投资性收益的机会。如果农场不进行套期保值,虽然可以在价格有利变化时获取投资性收益,但也要承担价格不利变化时的风险,这将增加其经营结果的不确定性。

二、买入套期保值的应用

买入套期保值的操作,主要适用于以下情形:

第一,预计在未来要购买某种商品或资产,购买价格尚未确定时,担心市场价格上涨,使其购入成本提高。

第二,目前尚未持有某种商品或资产,但已按固定价格将该商品或资产卖出(此时处于现货空头头寸),担心市场价格上涨,影响其销售收益或者采购成本。例如,某商品的生产企业,已按固定价格将商品销售。那么待商品生产出来后,其销售收益就不能随市场价格上涨而增加。再例如,某商品的经销商,已按固定价格将商品销售,待其采购该商品时,价格上涨会使其采购成本提高。这都会使企业面临风险。

第三,按固定价格销售某商品的产成品及其副产品,但尚未购买该商品进行生产(此时处于现货空头头寸),担心市场价格上涨,购入成本提高。例如,某服装厂已签订销售合同,按某价格卖出一批棉质服装,但尚未开始生产。若之后棉花价格上涨,其要遭受成本上升的风险。

【案例 14-3】

某一铝型材厂的主要原料是铝锭,某年 3 月初铝锭的现货价格为 16430 元/吨。该厂计划 5 月份使用 600 吨铝锭。由于目前库存已满且能满足当前生产使用,如果现在购入,要承担仓储费和资金占用成本,而如果等到 5 月份购买可能面临价格上涨风险,于是该厂决定进行铝的买入套期保值。3 月初,该厂以 17310 元/吨的价格买入 120 手(每手 5 吨)6 月份到期的铝期货合约。到了 5 月初,现货市场铝锭价格上涨至 17030 元/吨,期货价格涨至 17910 元/吨。此时,该铝型材厂按照当前的现货价格购入 600 吨铝锭,同时将期货多头头寸对冲平仓,结束套期保值。该铝型材厂的套期保值结果见表 14-5。

表 14-5 买入套期保值案例(价格上涨情形)

套期保值种类	现货市场	期货市场
3 月初	市场价格 16430 元/吨	买入 6 月份铝期货合约,17310 元/吨
5 月初	买入价格 17030 元/吨	卖出平仓铝期货合约,17910 元/吨
盈亏	相当于亏损 600 元/吨	盈利 600 元/吨

在该案例中,该铝型材厂在过了 2 个月后以 17030 元/吨的价格购进铝锭,与 3 月初的 16430 元/吨的价格相比高出 600 元/吨,相当于亏损 600 元/吨。但在期货交易中盈利 600 元/吨,刚好与现货市场的亏损相对冲。通过套期保值,该铝型材厂实际购买铝锭的成本为 17030－600＝16430 元/吨,与 3 月初现货价格水平完全一致,相当于将 5

月初要购买的铝锭价格锁定在 3 月初的水平,完全回避了铝锭价格上涨的风险。如果不进行套期保值,该企业将遭受每吨铝锭成本上涨 600 元的损失,影响其生产利润。

假如 5 月初铝锭的价格不涨反跌,现货、期货都下跌了 600 元/吨,则铝型材厂的套期保值结果见表 14-6。

表 14-6　买入套期保值案例(价格下跌情形)

套期保值种类	现货市场	期货市场
3 月初	市场价格 16430 元/吨	买入 5 月份铝期货合约,17310 元/吨
5 月初	买入价格 15830 元/吨	卖出平仓铝期货合约,16710 元/吨
盈亏	相当于盈利 600 元/吨	亏损 600 元/吨

在这种情形下,因价格下跌,该铝型材厂铝锭购入成本下降 600 元/吨,但这部分现货的盈利被期货市场的亏损所对冲。通过套期保值,该铝型材厂铝锭实际的采购价为 15830＋600＝16430/吨,与 3 月初计划套期保值时的现货价格相等。在该例子中,该铝型材厂似乎不进行套期保值操作会更好些,因为可以实现投资性的收益 600 元/吨。但需要注意的是,铝型材厂参与套期保值操作的目的是规避价格不利变化的风险,而非获取投资性收益。事实上,套期保值操作在规避风险的同时,也放弃了获取投资性收益的机会。如果铝型材厂不进行套期保值,虽然可以在价格有利变化时获取投资性收益,但也要承担价格不利变化时的风险,这将增加其经营结果的不确定性。

三、不同的企业选择不同的套期保值方法

套期保值是对现货交易中的价格风险采取的一种回避方法。这种价格风险因生产者、流通工业者、需求者的性质不同而异,因而其套期保值方式也各有特殊。

就生产者而言,粮食等第一次产业的生产者与第二次产业的生产者之间就存在着差异。粮食生产者将农作物播种下去等到收获,当期货市场上出现"所希望的价格"时采用"卖期保值"即可。但是与粮食生产者不同,工厂生产者处于"原料与产品"双重关系中。"原料与产品"是指棉花与布、玉米与饲料、大豆与豆油之间的关系。

一般来说,原料价格与产品价格是大致平行的。因而将其中的一个套期保值,基本上就可以消除风险。

【案例 14-4】

美国科罗拉多州的饲养业者就曾处于气候失常导致的饲料价格暴涨和萧条导致的市场不振、家畜价格下降的夹板之中。整个行业平均每头牛损失 65 美元。对此,考瑞斯公司采用了套期保值的方法,进行了饲料作物 6 个月期的买期保值,对家畜进行卖期保值,使每头牛的利润从 15 美元提高到了 25 美元。但是,奶酪业经营者因库存过多却没有期货市场可以套期保值而蒙受了巨大损失。仅卡菲契科公司一家,就亏损 1530 万美元。图 14-3 即考瑞斯公司套期保值操作过程。

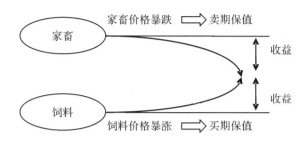

图 14-3　考瑞斯公司套期保值案例

（一）农产品

农产品的套期保值者,主要是农产品的生产者和农产品的加工者。由于农产品的季节性,其价格风险高于其他大宗商品。农产品的生产者进入期货市场,目的是对其种植的农产品的价格进行套期保值,消除价格下跌的风险,其保值方式就是卖期保值。

生产企业具体可以分为 3 种情况。第一种,在没有找到现货市场买主之前,对未来产量可以在期货市场进行卖出套期保值。第二种,已经找到现货买主,签订了远期合约但签订的是浮动价格,即按交货时的现货价格进行交易。为防止未来价格下跌,需要进行卖出套期保值;到期时将期货平仓同时履行现货合同,此时期货市场上买入,现货市场上卖出,方向相反。第三种,已经找到现货买主,签订了远期合同,而且已经确定了远期价格,此时由于已经消除了未来价格下跌的风险,可以不进行期货交易。

加工企业也可以分成 3 种情况:第一种,在没有找到原料供应商之前,对未来所需原料可以在期货市场进行买入套期保值。如果以后找到原材料供应商,可将相应部分原料平仓;如果到期货合约到期时仍未找到原材料供应商,可以进行期货实物交割,或将期货合约平仓的同时在现货市场上买入原材料。第二种,已经找到了原材料供应商,签订了远期合约但签订的是浮动价格。为防止未来价格上涨,需要进行套期保值,到期时,将期货平仓同时履行现货合约。此时,期货市场上卖出,现货市场上买入,方向相反。第三种,已经找到原料供应商,签订了远期合约,而且价格为固定价格。此时由于已经消除了未来价格的不确定性,可以不进行期货交易。

【案例 14-5】

蚌埠兴旺面粉厂近年来一直从事套期保值业务。1998 年 6 月初,小麦现货价格在 1.20 元/公斤,但是现货市场有价无市,各供求单位都在观望,实际现货成交价格为 1.27 元/公斤,且价格上扬趋势明显。这时郑州商品交易所小麦 7 月份期货合约价格为 1300 元/吨。由于担心价格上涨,兴旺面粉厂以 1330 元/吨的均价买入 7 月份小麦期货 2630 吨。到了 7 月份,由于政策性原因,小麦期货价格大幅上扬。于是该厂以 1450 元/吨的均价全部平仓出局,获利 31 万元。但是在现货市场上,由于现货价格也上涨到了 1.4 元/公斤,该厂在现货市场购买小麦每吨亏损 130 元。但是经过计算,期货市场的盈利弥补了现货市场的大部分亏损。

(二)能源产品

能源期货主要是原油和原油产品,其中原油占65.6%,取暖用油占15.6%,无铅汽油占18.4%,其他占0.4%。能源期货的交易量逐年上升,主要原因是全球石油需求的大幅度增长导致的石油产品的价格波动频繁,且波动幅度大。

能源期货价格的主要特点是:期货价格低于现货价格,到期日越远的期货合约,其价格越低。这一特点的原因是,储存需要付出大量的储存保管费。一般用户都只购买自己需要的数量的期货合约,目的是少付一些保管储存费用。但往往由于突然的需求增加,现货价格或近期期货合约的价格大于远期期货合约的价格。另外,能源期货价格也有很强的周期性。能源与农产品不同,农产品具有季节性,能源可以一年四季生产,但是能源的需求却存在周期性,即冬季取暖对于石油的需求大幅度增加。

处于不同供应链的能源企业,其套期保值方案不同。

第一种,向市场提供原油的产油商和提供成品油的炼油厂是社会原油商品的供应者,他们为了保证其已经生产出来准备提供给市场,或尚在生产过程中将来要向市场出售的商品的合理经济利润,防止正式出售时价格下跌而遭受损失,可采用相应商品期货的卖期保值来降低价格风险,即在期货市场以卖主身份出售数量相等的期货,等到要销售现货时再买进期货头寸对冲作为保值手段。

第二种,对于以原油等为原料的石化企业或炼油厂和航空公司等成品油消费企业来说,它们担心原油价格上涨。为了防止原油价格上涨而遭受损失,这类企业可采用买期保值的交易方式来降低价格风险。

第三种,成品油的贸易商,既可以向甲客户买现货又可以向乙客户卖现货。如果签约的买卖数量不等,时间不一致,就会有风险存在,应根据具体情况决定如何进行买期或卖期保值。

【案例14-6】

2004年10月,国际原油价格涨势迅猛,带动国内燃料油价格上涨。杭州某燃料公司是一家专业从事燃料油贸易的油品经营企业,在油价的不断上涨过程中,企业囤积了近千吨货物,当石油价格再次涨到历史最高值时,企业已获利颇丰,为保住胜利果实,其决定在期货市场进行产品的卖出套期保值。

(三)金属产品

金属期货分为两大类:一是贵金属期货(黄金、白银、钯、铂),二是工业金属期货(铜、铝、铅、锌、镍、锡)。这两者的性质和价格特征都不一样,因此在期货交易中应把这两类金属分开。

一般来说,贵金属期货合约的价格,到期日越远,其价格越高;到期日越近,价格越低。工业金属期货合约的价格,则不遵循此规则,常常不可预测,也没有农产品或能源期货那样的季节性或周期性变动。

第三节　基差与套期保值

一、完全套期保值与不完全套期保值

在第二节中,我们所举的卖出和买入套期保值的例子,均是假设在套期保值操作过程中,期货头寸盈(亏)与现货头寸亏(盈)幅度是完全相同的,两个市场的盈亏是完全冲抵的,这种套期保值被称为完全套期保值或理想套期保值。

事实上,盈亏完全冲抵是一种理想化的情形,现实中套期保值操作的效果更可能是不完全套期保值或非理想套期保值,即两个市场盈亏只是在一定程度上相抵,而非刚好完全相抵。

导致不完全套期保值的原因主要有:

第一,期货价格与现货价格变动幅度并不完全一致。在相同或相近的价格变动影响因素作用下,同一商品在期货市场和现货市场的价格走势整体是趋同的,但受到季节等各种因素的影响,两个市场价格变动程度可能不一致。例如,农产品在收获季节即将来临时,期货价格受预期供给大量增加因素影响,其价格下跌幅度往往会大于现货市场价格下跌幅度,或者其价格上涨幅度往往会小于现货价格上涨幅度,从而导致两个市场价格虽整体趋同,但变动程度存在差异。如果做卖出套期保值,可能出现现货市场亏损小于期货市场盈利,或者现货市场盈利大于期货市场亏损的情形,盈亏冲抵之后还存在一定的净盈利。

第二,由于期货合约标的物可能与套期保值者在现货市场上交易的商品在等级上存在差异,当不同等级的商品在供求关系上出现差异时,虽然两个市场价格变动趋势相近,但在变动程度上会出现差异。

第三,期货市场建立的头寸数量与被套期保值的现货数量之间存在差异时,即使两个市场价格变动幅度完全一致,也会出现两个市场盈亏不一致的情况。这主要是由于每张期货合约代表一定数量的商品,例如 5 吨或 10 吨,交易时必须是其整数倍。而现货市场涉及的头寸有可能不是期货合约交易单位的整数倍,这就导致两个市场数量上的差异,从而影响两个市场盈亏相抵的程度。

第四,因缺少对应的期货品种,一些加工企业无法直接对其所加工的产成品进行套期保值,只能利用其使用的初级产品的期货品种进行套期保值,由于初级产品和产成品之间在价格变化上存在一定的差异性,从而导致不完全套期保值。例如,电线电缆企业若想对电线、电缆等产成品套期保值,只能利用其生产所使用的初级产品——阴极铜期货来实现。初级产品价格是其产成品价格的主要构成因素,两者之间存在一定的同方向变化的关系,套期保值操作可以起到对冲风险的作用。但是,影响产成品价格构成的还有其他因素,例如人工成本、水电成本等,这会导致两者的价格在变动程度上存在一

定差异,从而影响套期保值的效果。

二、基差相关概念

在导致不完全套期保值的原因中,现货市场和期货市场价格变动幅度的不完全一致是最常见的情形。在此,我们将引入基差的概念,详细分析两个市场价格变动幅度不完全一致与套期保值效果之间的关系。

基差是某一特定地点某种商品或资产的现货价格与相同商品或资产的某一特定期货合约价格之间的价差。

用公式可表示为:基差=现货价格-期货价格。

【案例 14-7】

11 月 24 日,美湾 2 号小麦离岸价(FOB,Free on Board,即指定港船上交货价格)对美国芝加哥期货交易所 12 月小麦期货价格的基差为"+55 美分/蒲式耳",这意味着品质为 2 号的小麦在美湾交货的价格要比芝加哥期货交易所 12 月小麦期货价格高出 55 美分/蒲式耳。

由于受到相近的供求因素的影响,期货价格和现货价格表现出相同趋势,但由于供求因素对现货市场、期货市场的影响程度不同以及持仓费等因素,两者的变动幅度不尽相同,因而计算出来的基差也在不断变化中,我们常用走强或走弱来评价基差的变化。

基差变大,称为"走强"。基差走强常见的情形有:现货价格涨幅超过期货价格涨幅,以及现货价格跌幅小于期货价格跌幅。这意味着,相对于期货价格表现而言,现货价格走势相对较强。

【案例 14-8】

1 月 10 日,小麦期货价格为 800 美分/蒲式耳,现货价格为 790 美分/蒲式耳,此时基差为-10 美分/蒲式耳。至 1 月 15 日,小麦期货价格上涨 100 美分/蒲式耳至 900 美分/蒲式耳,现货价格上涨 105 美分/蒲式耳至 895 美分/蒲式耳,此时基差为-5 美分/蒲式耳。该期间基差的变化就属于走强的情形。如果基差从-2 美分/蒲式耳变为+4 美分/蒲式耳,或者从+5 美分/蒲式耳变为+10 美分/蒲式耳均属于走强的情形。

基差变小,称为"走弱"。基差走弱常见的情形有:现货价格涨幅小于期货价格涨幅,以及现货价格跌幅超过期货价格跌幅。这意味着,相对于期货价格表现而言,现货价格走势相对较弱。

【案例 14-9】

1 月 10 日,小麦期货价格为 800 美分/蒲式耳,现货价格为 795 美分/蒲式耳,此时基差为-5 美分/蒲式耳;至 1 月 15 日,小麦期货价格下跌 100 美分/蒲式耳至 700 美分/蒲式耳,现货价格下跌 105 美分/蒲式耳至 690 美分/蒲式耳,此时基差为-10 美分/蒲式耳。该期间基差的变化就属于走弱的情形。

三、影响基差的因素

基差的大小主要受到以下因素的影响:

第一,时间差价。距期货合约到期时间长短,会影响持仓费的高低,进而影响基差值的大小。持仓费又称为持仓成本,是指为拥有或保留某种商品、资产等而支付的仓储费、保险费和利息等费用的总和。持仓费高低与距期货合约到期时间长短有关,距交割时间越近,持仓费越低。理论上,当期货合约到期时,持仓费会减小到零,基差也将变为零。

第二,品质差价。由于期货价格反映的是标准品级的商品的价格,如果现货实际交易的品质与交易所规定的期货合约的品级不一致,则该基差的大小就会反映这种品质差价。

第三,地区差价。如果现货所在地与交易所指定交割地点不一致,则该基差的大小就会反映两地间的运费差价。

四、基差与正反向市场

当不存在品质价差和地区价差的情况下,期货价格高于现货价格或者远期期货合约大于近期期货合约时,这种市场状态称为正向市场。此时基差为负值。当现货价格高于期货价格或者近期期货合约大于远期期货合约时,这种市场状态称为反向市场,或者逆转市场、现货溢价。此时基差为正值。

正向市场主要反映了持仓费。持仓费与期货价格、现货价格之间的关系可通过下面的例子来说明:假定某企业在未来3个月后需要某种商品,它可以有两种选择:一是立即买入3个月后交割的该商品的期货合约,一直持有并在合约到期时交割;二是立即买入该种商品的现货,将其储存3个月后使用。买入期货合约本身除要缴纳保证金而产生资金占用成本外,不需要更多的成本。而买入现货意味着必须支付从购入商品到使用商品期间的仓储费、保险费以及资金占用的利息成本。如果期货价格与现货价格相同,很显然企业都会选择在期货市场而不愿意在现货市场买入商品,这会造成买入期货合约的需求增加,现货市场的需求减少,从而使期货价格上升现货价格下降,直至期货合约的价格高出现货价格的部分与持仓费相同,这时企业选择在期货市场还是在现货市场买入商品是没有区别的。因此,在正向市场中,期货价格高出现货价格的部分与持仓费的高低有关,持仓费体现的是期货价格形成中的时间价值。持仓费的高低与持有商品的时间长短有关,一般来说,距离交割的期限越近,持有商品的成本就越低,期货价格高出现货价格的部分就越少。当交割月到来时,持仓费将降至零,期货价格和现货价格将趋同。

反向市场的出现主要有两个原因:一是近期对某种商品或资产需求非常迫切,远大于近期产量及库存量,使现货价格大幅度增加,高于期货价格;二是预计将来该商品的供给会大幅度增加,导致期货价格大幅度下降,低于现货价格。反向市场的价格关系并非意味着现货持有者没有持仓费的支出,只要持有现货并储存到未来某一时期,仓储费、保险费、利息成本的支出就是必不可少的。只不过在反向市场上,由于市场对现货及近期月份合约需求迫切,购买者愿意承担全部持仓费来持有现货而已。在反向市场上,随着时间的推进,现货价格与期货价格如同在正向市场上一样,会逐步趋同,到交割期趋向一致。

五、基差变动与套期保值效果

期货价格与现货价格趋同的走势并非每时每刻保持完全一致,标的物现货价格与期货价格之间的价差(即基差)也呈波动性,因此在一定程度上会使套期保值效果存在不确定性。但与单一的现货价格波动幅度相比,基差的波动相对要小,并且基差的变动可通过对持仓费、季节等因素进行分析,易于预测。套期保值的实质是用较小的基差风险代替较大的现货价格风险。

下面我们将通过卖出套期保值和买入套期保值的案例来说明基差变动与套期保值效果之间的关系。

【案例 14-10】

5月初某糖厂与饮料厂签订销售合同,约定将在8月初销售100吨白糖,价格按交易时的市价计算。目前白糖现货价格为5500元/吨。该糖厂担心未来糖价会下跌,于是卖出10手(每手10吨)9月份的白糖期货合约,成交价格为5800元/吨。至8月初交易时,现货价跌至每吨5000元/吨,与此同时,期货价格跌至5200元/吨。该糖厂按照现货价格出售100吨白糖,同时按照期货价格将9月份白糖期货合约对冲平仓。套期保值结果见表14-7。

表 14-7　卖出套期保值案例(基差走强情形)

时间	市场		基差
	现货市场	期货市场	
5月初	市场价格 5500 元/吨	卖出9月份白糖期货合约,5800 元/吨	−300 元/吨
8月初	卖出价格 5000 元/吨	买入平仓白糖期货合约,5200 元/吨	−200 元/吨
盈亏	相当于亏损 500 元/吨	盈利 600 元/吨	走强 100 元/吨

在该案例中,由于现货价格下跌幅度小于期货价格下跌幅度,基差走强100元/吨。期货市场盈利600元/吨,现货市场亏损500元/吨,两者相抵后存在净盈利100元/吨。通过套期保值,该糖厂白糖的实际售价相当于:现货市场实际销售价格+期货市场每吨盈利=5000+600=5600元。该价格比5月初的5500元/吨的现货价格还要高100元/吨。而这100元/吨,正是基差走强的变化值。这表明,进行卖出套期保值,如果基差走强,两个市场盈亏相抵后存在净盈利100元/吨,它可以使套期保值者获得一个更为理想的价格。

六、基差变动与套期保值效果

根据以上分析,我们可以将买入套期保值和卖出套期保值在基差不同变化情形下的效果进行概括(见表 14-8)。

表 14-8　基差变动与套期保值效果关系

	基差变化	套期保值效果
卖出套 期保值	基差不变	完全套期保值,两个市场盈亏刚好完全相抵
	基差走强	不完全套期保值,两个市场盈亏相抵后存在净盈利
	基差走弱	不完全套期保值,两个市场盈亏相抵后存在净亏损
买入套 期保值	基差不变	完全套期保值,两个市场盈亏刚好完全相抵
	基差走强	不完全套期保值,两个市场盈亏相抵后存在净亏损
	基差走弱	不完全套期保值,两个市场盈亏相抵后存在净盈利

套期保值有效性是度量风险对冲程度的指标,可以用来评价套期保值效果。通常采取的方法是比率分析法,即以期货合约价值变动抵销被套期保值的现货价值变动的比率来衡量。在采取“1∶1”的套期保值比率的情况下,套期保值有效性可简化为:

套期保值有效性＝期货价格变动值÷现货价格变动值

该数值越接近 100％,代表套期保值有效性越高。在我国的《企业会计准则——基本准则》中规定,当套期保值有效性在 80％至 125％的范围内时,该套期保值被认定为高度有效。

【案例 14-11】

某套期保值企业对其生产的豆油进行卖出套期保值操作,且卖出期货合约的数量与现货被套期保值的数量相同。在整个套期保值期间,期货价格上涨 400 元/吨,现货价格上涨 500 元/吨,这意味着该套期保值者在期货市场亏损 400 元/吨,在现货市场盈利 500 元/吨。

两者的比值为 80％,即套期保值有效性为 80％,可以视为有效地实现了套期保值。如果在整个套期保值期间,期货价格下跌 400 元/吨,现货价格下跌 500 元/吨,这意味着该套期保值者在期货市场盈利 400 元/吨,在现货市场亏损 500 元/吨,套期保值有效性仍为 80％。

由此可见,套期保值有效性的评价不是以单个的期货或现货市场的盈亏来判定的,而是根据套期保值的“风险对冲”的实质,以两个市场盈亏抵销的程度来评价的。

基差与套期保值

第四节 企业套期保值操作策略

一、企业套期保值的操作手续

套期保值应当是企业的一个风险控制工具，是企业生产经营中的一个环节。企业通过期货市场进行套期保值就是要转移和抛售风险，保证企业的核心利润。

企业进行套期保值的操作主要包括4个步骤，具体如图14-4所示。

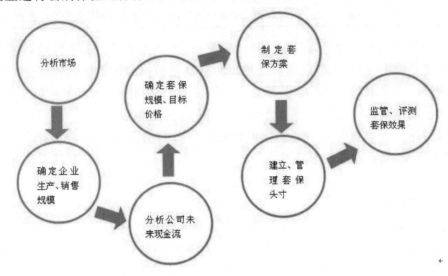

图14-4 企业套期保值操作图

（一）事先分析

首先，企业应根据自身的类型，分析国内国际市场环境，确定今后生产所需大宗商品的规模。然后进行公司现金流测算分析，以明确今后有多少资金可用于套期保值，从而确定套期保值的规模。

（二）制订计划

一般，企业以年度为单位制订操作计划，每季度根据实际情况修订一次，特殊情况可随时修订。根据年度操作计划和实际情况，再制订针对每笔采购业务的单项套保操作方案。主要包括入场时机、套期保值比率、目标价位。

在入场时机的选择上要因企业而异。生产者可以在价格较高时卖出收获时到期的期货合约，如果到了收获季节期货价格下跌了，那么期货市场上原来卖出的合约产品盈利就可以弥补现货市场上的损失。贸易商或加工者可以在价格较低的季节买进消费旺季到期的期货合约，如果到了消费旺季现货价格出现上涨，那么期货市场原来买进的合约产生的盈利就可以弥补在现货市场上高价采购带来的损失。

套期保值比率的确定应以公司现货实际需求为依据,以规避现货交易价格风险为目的。保值力度是指企业参与保值的数量占企业消费量的百分比,介于 0 与 100 之间,0 代表"不保",100 代表"全保"。如果超出 100,就是所谓的"保值过度",保值过度也是一种投机,它有可能会给企业带来不良的后果。例如,1997 年株洲冶炼厂在伦敦金属交易所遭受重大损失的原因就是,企业在期货市场抛售了两倍于自己产量的锌,使过量的保值成为投机,后因价格暴涨而损失惨重。

目标价位的设定有两种形式:即单一目标价位策略和多级价位策略。单一目标价位策略是指企业在市场条件的允许下,在为保值所设定的目标价位已经达到或可能达到时,企业在该价位一次性地完成保值操作。这样一来,不管今后市场如何变动,企业产品的采购价和销售价都是锁定的,市场上的价格波动对企业不再产生实质性影响,国际上很多大企业都是采用此种策略进行保值操作的。

所谓多级目标价位是指企业在难以正确判断市场后期走势的情况下,为避免一次性介入期货市场造成不必要的损失,从而设立了多个保值目标价位,分步、分期地在预先设定的不同目标价位上按计划地进行保值操作,这样可能更好地回避市场风险。

(三)套期保值过程

市场分析贯穿套期保值的整个过程。这是因为保值操作能否成功的关键因素是市场分析,只有通过市场分析,才能评估市场目前处在何种状态。

在市场分析的基础上,针对预期价格的波动给企业带来的威胁、造成的影响、企业的弱点以及三者综合作用而带来风险的可能性进行评估。

风险评估的主要任务包括:识别价格波动的各种风险,评估风险概率和给企业经营带来的影响,确定企业承受风险的能力,确定风险消减和控制的优先等级,推荐套期保值策略。

随后,就是策略的选择。一般来说,生产者进行套期保值时,只需计算出自身产品的成本,再加上预期的目标利润,只要商品期货价格高于此价格即可进行套期保值,因此,成本水平和利润水平在一定程度上决定了企业是否可以进行套期保值。

产业链各方对套期保值存在不同需求,不同库存或资金条件须采取不同的套期保值策略。另外,根据市况研判,还可以选择牛市策略、熊市策略或震荡策略。在策略制定阶段,还要制订应急预案,即如果市况发生逆转,需要采取的调整保值策略的具体预案。

根据套期保值策略确定详细的套保方案建立头寸,也可以是头寸的组合。可以根据方案计划对头寸进行调整,比如将近期头寸移仓为远期头寸。头寸的了结一般通过对冲进行平仓,如果出于业务需要或者基差变动的原因,则可以进行实物交割。

如果之前的市场预期与市场实际发展走向出现较大的偏差,原先所制订的一些保值操作方案在其实际执行过程中不一定十分有效,有时甚至会出现与市场明显背离的情况,这时应根据应急预案对原来的保值方案进行修改,比如保值的目标价位、保值的力度问题等,同时对已保值的头寸进行处理,比如采用止损斩仓、锁仓保护或压缩头寸等方式。

(四)套保效果预测与评估

企业应在单笔保值操作完成后的一个星期内,以及年度保值计划完成后的一个月内,对单笔保值操作方案和年度保值计划实施情况做出总结,并对下一笔操作和下一年度保值计划就所需资金、风险敞口等进行预测。如图 14-5 所示。

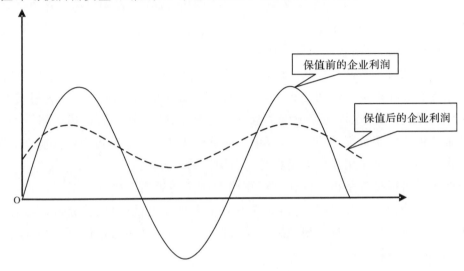

图 14-5　套期保值前后企业的利润比较

二、企业套期保值操作策略

(一)交割月份的选择

在套期保值操作中,需要将期货头寸持有的时间段与现货市场承担风险的时间段对应起来。但这并不一定要求期货合约月份的选择与现货市场承担风险的时期完全对应起来。例如,5 月初某企业计划在 3 个月后卖出一批铜,为了防范铜价下跌风险,做卖出套期保值。这是不是说,该企业在合约月份选择上,一定要选择卖出 8 月份的铜期货合约呢?不一定。合约月份的选择主要受下列几个因素的影响。

第一,合约流动性。流动性不足的合约,会给企业开仓和平仓带来困难,影响套期保值效果。套期保值一般应选择流动性好的合约来进行交易。

第二,合约月份不匹配。有时企业现货头寸面临风险时,并没有对应月份的期货合约可以交易。例如,企业要在 8 月份购买商品,但没有对应的 8 月份的期货合约。再例如,套期保值期限超过 1 年以上时,市场上尚没有对应的远月期货合约挂牌。此时通常会涉及展期操作。所谓展期,是指在对近月合约平仓的同时在远月合约上建仓,用远月合约调换近月合约,将持仓移到远月合约的交易行为。

第三,不同合约基差的差异性。如前所述,基差变化直接影响套期保值效果。不同交割月份的期货合约的基差总是存在差异,套期保值者可以选择对其有利的合约进行交易。例如,3月初,卖出套期保值者发现7月份和9月份期货合约的基差分别是－50元/吨和－100元/吨,假设7月至9月间持仓费为30元/吨,这意味着扣除持仓费因素,9月份基差较7月份基差弱,换而言之,9月基差走强可能性更大,企业可以选择9月份合约进行套期保值。

上述3个方面的原因,将要求企业根据实际情况,灵活选择套期保值合约的月份。

(二)套期保值比率的确定

在前述套期保值案例中,均按照"1∶1"的套期保值比率操作,这种方式操作很简单。但由于期货价格与现货价格波动幅度不完全相同,采取"1∶1"的套期保值比率会带来基差变动的风险,造成不完全套期保值。在实际操作中,企业可以结合不同的目的,以及现货市场和期货市场价格的相关性,来灵活确定套期保值比率。

(三)期转现与套期保值

在对现货交易进行套期保值时,恰当地使用期转现交易,可以在完成现货交易的同时实现商品的保值。

【案例 14-12】

一个出口商与客户签订了一项出售大豆现货的远期合约,但是他没有现货库存,为防止交货时大豆价格上涨,他在芝加哥期货交易所做买入套期保值。某储藏商持有大豆的现货,为了防止大豆价格下跌,他在芝加哥期货交易所做卖出套期保值,所卖出的合约月份与该出口商相同。出口商向储藏商收购大豆现货,并协商进行期转现交易。这就意味着,在期货合约到期前,双方向交易所申请期转现交易,按约定价格将各自头寸平仓,结束套期保值交易。与此同时,交易双方按照协商好的价格、商品品质、交割地点等进行现货商品的交收。

以上套期保值交易与期转现交易结合在一起的操作,对交易双方都是有利的。对出口商来说,不仅获得所需要的现货,同时也避免了价格上涨的风险。对储藏商来说,既出售了现货商品,也避免了价格下跌的风险。期转现操作与期货实物交割相比,可以省去一笔交割费用,而且期转现交易在现货贸易伙伴间进行,交易细节更符合双方交易的需要。

三、企业开展套期保值业务的注意事项

套期保值操作虽然可以在一定程度上规避价格风险,但并非意味着企业做套期保值就是进了"保险箱"。事实上,在套期保值操作上,企业除了面临基差变动风险之外,还会面临诸如流动性风险、现金流风险、操作风险等各种风险。这需要企业针对套期保值业务设置专门的人员和组织机构,制定相应的规章和风险管理制度等。

企业在套期保值业务上,需要在以下几个方面予以关注。

第一,企业在参与期货套期保值之前,需要结合自身情况进行评估,以判断是否有套期保值需求,以及是否具备实施套期保值操作的能力。企业要结合行业风险状况、市场动态风险状况和企业自身的风险偏好等,综合评价自身对套期保值的需求。一般来

说,行业利润越低,相关原材料、产成品、利率、汇率等资产价格波动对企业盈利及生存能力影响越大,进行套期保值越有必要。即便是该企业处于平均利润率较高的行业,也有必要对相关资产价格波动进行实时监控,一旦风险超越企业可承受界限,则需要及时介入衍生品市场进行套期保值运作。

企业对自身套期保值能力的评估也十分必要。从国内外运用衍生金融工具的调查结果和我国套期保值头寸的审批看,规模大的企业运用程度要明显高于规模小的企业。这主要是因为规模大的企业,通常在套期保值资金支持、专业人才储备、机构设置及制度保障等方面具有优势。企业套期保值活动服务于稳健经营的目标,只要该目标不变,企业参与套期保值活动就应纳入企业长期的生产经营活动之中,而非企业偶然性、随意性的行为。这要求企业在开展套期保值业务之前,综合评价其自身是否在资金、人才、机构设置、风险控制制度建设等方面做好了充足准备,切忌仓促上阵。

第二,企业应完善套期保值机构设置。要保证套期保值效果,规范的组织体系是科学决策、高效执行和风险控制的重要前提和基本保障。有条件的企业可以设置从事套期保值业务的最高决策机构——企业期货业务领导小组,一般由企业总经理、副总经理、财务、法律等部门负责人和期货业务部经理组成。其负责确定企业参加期货交易的范围、品种、企业套期保值方案、风险监控以及与期货相关的其他重大问题的处理。

针对企业套期保值交易,可设置交易部、风险控制部门和结算部,分别构成套期保值业务的前台、中台和后台。

第三,企业需要具备健全的内部控制制度和风险管理制度。其中与套期保值业务相关的内部控制制度主要包括:套期保值业务授权制度和套期保值业务报告制度。

套期保值业务授权包括交易授权和交易资金调拨授权。企业应保持授权的交易人员和资金调拨人员相互独立、相互制约,保证公司交易部有资金使用权但无调拨权,财务部有资金调拨权但无资金使用权。交易授权制度应明确有权进行套期保值交易的人员名单、可从事套期保值交易的具体品种和交易限额;交易资金调拨制度应明确有权进行资金调拨的人员名单和资金限额。

套期保值业务报告制度,是指相关人员应当定期向企业期货业务主管领导和总经理报告有关工作,以便及时了解套期保值进度和盈亏状况。期货交易人员应定期向企业期货业务主管领导报告新建头寸状况、持仓状况、计划建仓及平仓状况,以及市场信息等基本内容。风险管理人员应向企业期货业务主管领导定期书面报告持仓风险状况、保证金使用状况、累计结算盈亏、套期保值计划执行情况等。企业期货业务主管领导须签阅报告并返还风险管理人员。资金调拨人员应定期向财务主管领导报告结算盈亏状况、持仓风险状况、保证金使用状况等,同时应通报风险管理人员及企业期货业务主管领导。

企业进行套期保值业务,还应建立严格有效的风险管理制度,明确内部风险报告制度、风险处理程序等。利用事前、事中及事后的风险控制措施,预防、发现和化解风险。企业在进行期货套期保值业务时,应把交易部、结算部和风险控制部的岗位和人员进行有效分离,确保其能够相互监督制约。

第四,加强对套期保值交易中相关风险的管理。套期保值主要以衍生品为避险工具,衍生品具有高风险特征,如果不能对套期保值操作中可能面临的风险进行科学管理,可能会使企业陷入更大的风险中。除了基差风险之外,套期保值操作还可能面临现金流风险、流动性风险、操作风险等。

现金流风险,是指企业在对生产经营进行套期保值的同时,由于暂时的流动性不足而导致期货头寸被迫强平,从而给企业带来不必要的损失的风险。为了防范现金流风险,企业在进行套期保值操作时,除了交易保证金之外,还要有一定的流动资金以应对市场不利变化对追加保证金的需要。要合理地确定流动资金的水平,需要研发部门对未来每月商品价格有一定程度的预估,期货交易部也需要定期和财务部门有效沟通使得财务部门对未来资金需求有一定的计划。

流动性风险,是指在期货交易中,受市场流动性因素限制,其不能以有利价格出入市,从而影响套期保值效果。流动性不足的主要原因包括:某些月份的期货合约不活跃,市场处于极端单边行情,或企业建立头寸相对过大,等等。企业在管理流动性风险方面,要尽量避免选择即将临近交割和流动性差的合约。

套期保值的操作风险,是指由内部工作流程、风险控制系统、员工职业道德问题、信息和交易系统导致交易过程中发生损失的风险。它包括:员工风险、流程风险和系统风险。这需要企业在机构设置、职责分工和风险管理制度等方面有效防范操作风险。

第五,掌握风险评价方法。在套期保值中,企业在事前、事中都要对市场风险进行评估,并在事后对套期保值的风险状况做出评价。主要使用的风险测度方法包括风险价值法(VaR)、压力测试法、情景分析法等。

业界实例 14-3

我国套期保值额度

在我国期货交易所申请套期保值交易的会员或客户必须填写套期保值申请(审批)表,并向交易所提交相关证明材料。会员申请套期保值额度直接向交易所办理申报手续;客户申请套期保值额度向其开户的会员申报,会员对申报材料进行审核后向交易所办理申报手续。交易所批准的套期保值额度一般不超过会员或客户所提供的套期保值证明材料中所申报的数量。

大连商品交易所、郑州商品交易所和上海期货交易所规定,申请套期保值交易的客户和非期货公司会员必须具备与套期保值交易品种相关的生产经营资格;交易所对套期保值的申请,按主体资格是否符合,套期保值品种、交易部位、买卖数量、套期保值时间与其生产经营规模、历史经营状况、资金等情况是否相当进行审核,确定其套期保值额度;套期保值交易的持仓量不受交易所规定的持仓限量的限制。中国金融期货交易所规定,套期保值额度由交易所根据套期保值申请人的先后市场交易情况、资信状况和市场情况审批。

企业套期保值操作策略

 小 结

本章通过讲述套期保值原理、套期保值的实务,结合案例分析,对什么是套期保值、如何做好套期保值等问题做出了相应的解答。

规避风险和价格发现是期货市场的两大基本功能。规避风险功能是指货市场能够规避现货价格波动的风险。这是期货市场的参与者通过套期保值交易实现的。

套期保值业务可将经营成本控制在一定的范围之内,是企业和贸易商首选的有效规避风险的工具之一。当前现货企业有必要参与和运用套期保值,利用现、期货市场这个平台,达到套期保值的预期目标和现货企业规避风险的目的。

推荐阅读

[1] 中国期货业协会:《期货市场教程》,中国财政经济出版社 2013 年版。

名词解释

①套期保值
②基差
③净头寸
④保证金

思考题

①企业应用套期保值规避风险的原理是什么,如何操作?

第十四章课后练习资料

第十五章 套利理论及实务

第一节 套利的概念与分类

一、定义

套利是套期图利的简称,指的是在买入或卖出某种商品(合约)的同时,卖出或买入相关的另一种商品(合约),当两者的差价收缩或扩大到一定程度时,就予以平仓了结。简单来说,这就是一个买入卖出的套利操作。2 个合约之间的价格波动不是一致的,正是因为存在不确定性,当两者的差价收缩或扩大到一定程度时,就可以获利。

二、内因套利和关联套利

(一)内因套利

期现套利属于内因套利范畴,是期货和现货之间价差的套利。以铜的期货价格和现货价格为例,铜的期货价格会不会永远低于铜的现货价格?铜的现货价格会不会永远高于铜的期货价格?因为不会永高于,也不会永低于,因此它们之间存在区间的波动。期货价格比现货价格高的时候,肯定会有大批的卖出者进入市场,将期货价格压下来,那么价格就会回落。反之,就会有很多买入者,那么价格就会回归。这就是期现套利属于内因套利范畴的原因。

同一品种的跨期套利,可以理解成期现套利的一个变动模式,期货分为远期合约和近期合约。近期合约是近期要交割的合约,而远期合约是未来交割的合约。就理论而言,远期合约要比近期合约的价格高。假设豆油 1205 合约的价格要比豆油 1201 的价格高,这说明远期合约的价格是基元合约加上成本。远期合约有持仓成本,因此在期货市场上远期合约要比近期合约价格高。

远期合约的价格要比近期合约的价格高,还有几种特殊情况,比如:菜油 1205 的合约价格要比菜油 1201 的合约价格高,通过两者的价差图可得,理论上 1205 价格要比1201 价格高,但是在九十月份的时候,远期合约要比近月合约价格跌得快,原因是远期合约没有现货基础,更远的东西的影响会更加大,因此 5 月份的合约要比 1 月份的合约价格低,但是远期价格不可能永远低于现货价格。因为即使把货囤到明年去,这个货的价格还是低的。那这样的话,就没有人愿意去做远期合约,远期合约的卖方力量会减弱。力量减弱的时候,这个价格就会回归。5月份远期的价格差低于1月份,而在11月份的时候,就会出现回温。这样的波动就是套利的基础。对于套利的短期收益而言,其不会比单纯的收益低。

(二)关联套利

关联套利是指套利对象之间没有必然的内因约束,但价格受共同因素所主导,而受影响的程度不同。通过两种对象对同一影响因素表现不同而建立的套利关系称为关联套利。一般来说,商品的价格总是围绕其内在价值上下波动,而不同的商品因其内在的某种关联,如需求替代品、需求互补品、生产替代品或生产互补品等,使得他们的价格存在着某种稳定的合理的比值关系。但由于受市场、季节、政策等因素的影响,这些相关联的商品之间的比值关系又经常偏离合理的区间,表现为一种商品被高估,另一种被低估,或相反,从而为跨品种套利带来可能。在此情况下,交易者可以通过期货市场卖出被高估的商品合约,买入被低估的商品合约进行套利,等有利时机出现后再分别平仓,从中获利。例如,铜和铝都可以用作电线的生产原材料,两者之间具有较强的可替代性,铜的价格上升会引起铝的需求量上升,从而导致铝价格的上涨。因此,当铜和铝的价格关系脱离了正常水平时,就可以用这两个品种进行跨品种套利。具体做法是:买入(或卖出)一定数量的铜期货合约,同时卖出(或买入)与铜期货合约交割月份相同、价值量相当的铝期货合约,待将来价差发生有利变化时再分别平仓了结,以期获得价差变化的收益。

三、蛛网原理区别两类套利机制

蛛网模型分为收敛性和发散性。收敛性模型反映了内因套利的基础,要么期货价格高于现货价格,要么期货价格低于现货价格,它只会在固定区间内进行波动。发散性模型反映了关联套利的基础,关联套利是有趋势性的,是从波峰到波谷之间来回的过程。

内因套利:套利对象之间基差的大小负反馈于买卖力量,形成一个收敛性的蛛网。

关联套利:套利对象之间基差的大小不对买卖力量产生负反馈作用,多数的情况下形成一个发散性的蛛网。

技术分析区别:关联套利的理论基础是市场具有趋势性。内因套利的理论基础是市场是波动的。理论上,内因套利的收益会比关联套利收益大,市场80%是具有波动性的,20%是具有趋势性的,这就使内因套利盈利的机会大于关联套利。这是从市场波动角度反映出来的。

关联套利的盈利模式:在低的位置买入,高的位置卖出。内因套利的盈利模式是高抛低清。因为从统计来看,你可以知道什么是高点,什么是低点。在高点的时候做空这个价差,在低点的时候买入价差。

套利的概念及分类

第二节 内因套利和关联套利的模型介绍

一、内因套利模型简介

正向市场定义:远期合约升水;反向市场定义:远期合约价格贴水。正向市场一般是在牛市出现,反向市场一般是在熊市出现。若一个时间段内,价格上涨,即是正向市场,价格下跌,即是反向市场。

在正向市场,做正向套利,无风险。在正向市场,做反向套利,有风险。在反向市场,做正向套利,风险有限,盈利无限。在反向市场,做反向套利,风险无限,盈利有限。正向市场是买前卖后,合约波动较小。由于是买前卖后,那么就可以把拿到的货物在期货市场上抛出,这个过程是无风险的。反向,是卖前买后。那么前面的合约在进行交割的时候,风险在于货有没有。期货市场消息传递很快,若是知道了一方没有货那么有货的可能就不会把货卖给你了。

没有货的时候,在期货市场交割,根据交易市场规则,会被强制性平仓,同时保证金会被以一定比例扣除。买强卖弱最大的风险就是交割风险,不能确定到时候是否有货在期货市场上进行交割。而正向套利的话,就不存在此类的风险。

内因套利成功的关键:第一,寻找导致目前价格关系过分背离的原因。第二,分析未来能够恢复价格关系的内在因素。

内因套利模型的几个组成部分:第一,行情原始数据库。第二,数理分择系统。第三,内因佐证分析。第四,资金管理模块。第五,风险控制系统。

(一)内因套利建模步骤

第一步:选择经过有效性检验的并且有内因约束的套利对象,确定套利追踪目标。第二步:建立套利对象的历史比价(差价)数据库,并每日更新。第三步:将当前比价(差价)分别导入各套利对象的比价(差价)区间,用数理的方法鉴别出当前比价(差价)在区间中的所处位置,并计算该比价(差价)在历史上所出现的概率。第四步:通过数理分析,判定基差偏离程度和套利机会的大小。第五步:内因佐证分析。建立各影响因子的数据资料库,通过多因素分析方法来分析寻找导致目前价格关系过分背离的原因,分析未来能够恢复价格关系的内在因素。第六步:按照内因套利的五大原则,对套利外部环境进行评估,再次鉴别市场的有效性以及头寸的可持续性。第七步:进入资金管理和风险控制的实际操作阶段。表 15-1 为内因套利交易的流程。

表 15-1　内因套利交易的流程

套利对象确立	确定 11 种套利	
计算历史上出现的概率	通过数理分析,判定基差偏离程度和套利机会的大小	
内因佐证	进口成本	压榨利润
	现货走势图	政策因素
	运费变化图	需求方面
	升贴水变化图	供给方面
	仓单变化	经济周转
资金管理和风险控制	根据风险大小,确定动用资金量	

内因套利建模步骤

二、关联套利的模型简介

套利对象之间虽然没有必然的内因约束,但价格由共同因素所主导。受因素影响的程度不同,通过两种对象对同一影响因素表现不同而建立的套利关系称为关联套利。

关联套利理论基础:供需关系决定了商品的价格趋势;供需关系紧张的程度决定了价格趋势的强度。价格趋势在没有受到新的力量作用时,会保持原来的方向。基本面不会在一天之内改变。

(一)关联套利原则

关联套利实际上属于受相关关系约束的两种投资交易的对冲,所以在关联套利中要遵循一般的投资原则,即要正确合理地解决套利交易中的三要素问题:方向、买卖价位和买卖量。

原则一:总是买入供需关系相对紧张的品种,卖出供需关系相对宽裕的品种。两个品种在下跌过程中,一个跌得快,一个跌得慢,那么跌得快的品种反弹得慢,而跌得慢的品种反弹得快,这是一个基础理论,也是技术分析很重要的原则。

原则二:总是买入供需关系相对紧张但处于价格低谷的品种,而对应卖出供需关系相对宽裕但价格处于相对高点的品种。

原则三:总体价格趋势的方向与波动弹性较大的品种相一致。否则,就要考虑套利头寸中的套头保护问题。类似于买强卖弱的原则。

(二)相关性套利分析

相关性套利分析包括三个方面的研究内容:套利对象之间供求关系的对比分析,套利对象之间的相对强弱关系,套利对象之间的波动率的研究。

关联套利原则

第三节　套利的实务

一、期现套利

期现套利是利用同一种商品在期货市场与现货市场之间的不合理的价差进行的套利行为。涉及持有成本假说,即不同商品、不同合约之间的理论价格是依靠持有成本来看的。所谓持有成本,指的是商品的存储成本加上融资购买资产所支付的利息,再减去该资产所得的收益。

期现套利要考虑交易成本,将期指理论价格分别向上移和向下移所形成的一个区间,即无套利区间。在这个区间内,套利交易不但得不到利润,反而将导致亏损。具体而言,若将期指理论价格上移一个交易成本之后的价位称为无套利区间的上界,将期指理论价格下移一个交易成本之后的价位称为无套利区间的下界,只有当实际的期指高于上界时,正向套利才能够获利;反之,只有当实际期指低于下界时,反向套利才能够获利。

以菜籽油期现套利的无套利区间计算为例。假定符合交割标准的菜籽油收购价为 A 元/吨,期货价格为 B 元/吨,则每吨交割费用＝交易手续费＋交割手续费＋入库费用＋仓储费＝4＋1＋25＋0.9×60＝84 元

入库成本:菜籽油入库成本为 25 元/吨,但会退还。

菜籽油仓单入库最迟在交割前一个月下旬,到交割完毕需 1—2 个月时间,仓储费:按 2 个月计算。

仓储成本:菜籽油期货仓储成本为 0.9 元/天,是仓库的主要收入。

仓单利息:菜油仓单资金占用利息＝现货价格×月息×月数＝A×0.505％×3＝0.01515A元。套利的最重要一点,就是套利息。

菜油期货头寸占用资金利息＝B×0.505％×3×0.25＝0.007875B 元。

注:本利率是按照农发行短期贷款利息率计算的,月息 0.505％。

每吨菜油增值税＝(卖出某月菜油结算价－菜油收购价)×7％÷(1＋7％)＝(B－A)×7％÷(1＋7％)＝0.0654(B－A)元。

注:由于期货菜油价格在临近交割月时通常会向现货价格回归,故结算价以 B 计算,实际结算价以当月结算为准。

无套利区间的上边界＝每吨交割费＋每吨菜油资金占用利息＋每吨菜油增值税＝84＋0.01515A＋0.007875B＋0.0654(B－A)。

在数据库中,我们可以看到交割成本包括入库成本、检验费、交割手续费等。在计算过程中,需要注意到收购价格、现货资金利息等。若是在卖出保值的情况下,所拥有的持有现货产生的资金利息是相当高的。还有仓储费用、期货资金利息、交割成本等,将所有费用相加便是交割成本。交割成本与现货的差,便是交割利润。这都是在计算交割成本中要关注的几点。

由于期现套利的现货采购是直接针对交割的,所以在收购现货的时候,要严格按照期货交割标准去组织现货。而期货市场实行无负债交易制度,所以对于资金和财务的要求比现货贸易要高得多。

总结菜籽油期现套利时的注意点:一是交货时间点的把握。由于有仓储费的存在,在交割时,企业不要过早将货物拖放到交割仓库,在交割仓库存放时间越长,利润越低,建议在仓单集中注销前 1 个月左右进行货物交割。二是财务预算要严格。要保证套利交易成功,就要对所有环节发生的费用进行严密的预算,特别是对仓单成本要进行周密的预估,另外,财务安排上要充分预留期货保证金的追加可能。三是数量要匹配。进行套利交易时,卖出的期货头寸不要超过现货头寸,避免价格的大幅波动导致手中没有足够的货物交割,造成重大损失。

期现套利实务

二、跨期套利

第一,同一种商品不同交割月份的期货合约价格之间也存在着无套利机会的定价关系。当远期合约的价格超过无套利区间的上边界时,可以从事正向套利操作;而下跌超过无套利区间的下边界时,可以进行反向套利操作。不同交易之间存在着一个无套利区间,这个套利区间是一个上下圆周。第二,当市场满足套利条件之后我们开始做市场有效性检验,这个主要是针对反向套利来看的,就是市场是否有效,你能不能承担一个逼仓的环境。第三是展期或者展期收益,比如两个品种的价差可能确实会回归,也可能回归的周期比较长,可能到前面的合约已经交割的时候才回归。第四,风险评估,即你能承受风险的极值。第五是加仓或执行的一个计划。

(一)套利步骤

通过计算无套利区间,建立套利机会每日跟踪系统。

当满足套利条件时,开始做市场有效性检验,比如,具备不具备逼仓条件,市场容量,交易群体调查,等等。

展期条件和展期收益评估:预期收益率(5%—7%)。

风险评估和风险预警措施制订:最大风险承受点。

实施操作:加仓和止损计划。

计算无套利区间:计算两个商品之间的仓储费用、交易交割费用、套利期间的资金成本和增值税。还是以菜籽油为例,相邻合约间跨期套利的持仓成本＝间隔期内的商品仓储费用＋交易交割手续费＋套利期内资金占压成本(贷款利息)＋增值税[(交割结算价－买入价格)×税率]

菜油套利成本＝仓储费＋资金成本＋交易(交割)费用＋增值税。

仓储费:0.9元/天。

交割手续费:1元/吨,两次交割。

交易手续费:4÷5＝0.8元/吨,两次交易(这里以 4 元/手计,每手 5 吨)。

增值税:以建仓价位与交割结算价差×7%计算。

资金成本:如实行交割则计算交割资金的利息。

(二)跨期套利的注意事项

理论上,跨月套利的收益率是在考虑交割的情形下计算出来的,一旦出现有利的价差变化情形,就可以将套利头寸全部平仓。理论上的跨月套利是在考虑交割的这样一个情况下计算出来的。

还要注意周密的资金安排。期现套利可能涉及实物交割,在交割日需要提交全部货款,但在交割之前,期货交易的保证金不多,所以,周密合理地利用资金,可以提高资金使用效率。因为可能是实物交割,因此我们也要做好最坏的打算。在交割日,你要提供全部的货款。按旬来看,第一旬的最后一天会提报,如果我们原来的保证金是在 5%到 10%之间,那么第一旬的最后一个交割日,这个保证金比率可能会提高到 15%,第二旬的最后交割日可能提高到 25%,而第三旬,也就是交割月前的一个月的最后一日,保证金可能提高到 30%到 33%。所以在交割月前一月,资金使用会很多,这个时候大家一定要注意。

 小 结

本章中我们主要针对套利的类型、流程以及模型等展开具体的介绍,同时,利用一些典型的案例来进行阐述。

推荐阅读

[1] 中国期货业协会:《期货市场教程》,中国财政经济出版社 2013 年版。

名词解释

①期现套利

②跨市套利

③跨期套利

思 考 题

①简述期货套利与投资的区别。

②简述内因套利建模的步骤。

第十五章课后练习资料